शिक्षा में समाजोपयोगी उत्पादन कला

शिक्षा में समाजोपयोगी उत्पादन कला

हेमंत वर्मा

इशिका पब्लिशिंग हाउस
जयपुर दिल्ली

इशिका पब्लिशिंग हाउस

ए -25, ''गणेश सदन'', गली न. 4, आदर्श बस्ती,
बी.एल. हाउस के पास, टोंक फाटक,
जयपुर-302018 (राजस्थान) भारत
फोन : 0141-2761280, Mob. 9887532741
Email: ishikapublishinghouse@yahoo.in

दिल्ली कार्यालय : 102, प्रथम मंजिल, 'सत्यम हाउस'
4324/3, अंसारी रोड़, दरियागंज, नई दिल्ली - 110 002
फोन : 011-45652440

ISBN: 9789382629368

टाइपसेटिंग : बी.एस. कम्प्यूटर्स, जयपुर

मुद्रक : थॉमसन प्रेस, नई दिल्ली

अनुक्रमणिका

	भूमिका	vii
1.	सेवा एवं सामुदायिक कार्य	1
2.	कृषि एवं बागवानी	23
3.	सिलाई एवं वस्त्र	39
4.	स्वास्थ्य एवं पर्यावरण	71
5.	अनुपयोगी को बनाये उपयोगी	93
6.	घरेलू उपयोगी सामग्री का निर्माण	130
7.	घरेलू उपकरण	153
8.	क्षेत्रीय वनस्पति से घरेलू उपचार	164
9.	आओ-श्रमशील बनें	172

भूमिका

विभिन्न व्यक्ति विभिन्न प्रकार की सेवाएँ प्रदान करते हैं जैसे– खेतों में, फैक्ट्रियों, दफ्तरों में काम करने, निर्माण कार्य, व्यापार, परिवहन, विज्ञापन आदि कार्य में लगे व्यक्तियों द्वारा दी जाने वाली सेवाएँ इसी प्रकार डाक्टर, वकील, चार्टेड एकाउन्टेंट आदि द्वारा दी गई व्यावसायिक सेवाएँ। इस प्रकार की सेवाओं को उत्पादन और उपभोक्ता सेवाओं में वर्गीकृत किया जा सकता है। जो कार्य या सेवाएँ वस्तुओं और सेवाओं के उत्पादन में सहायक होती हैं, उन्हें उत्पादक सेवाएँ कहते हैं। ये सेवाएँ व्यक्तियों द्वारा उत्पादन इकाईयों के लिए या विभिन्न उत्पादन इकाइयों द्वारा अन्य उत्पादन इकाइयों के लिए भी की जाती है।

जैसे– खेतों मे काम करना, फैक्ट्रियों, कारखानों, बैकों, अस्पतालों, स्कूल, बीमा कम्पनी, विज्ञापन आदि में कार्य करना उत्पादक सेवाएँ है।

वे सभी सेवाएँ जो उपभोक्ताओं की आवश्यकताओ को प्रत्यक्ष रूप से संतुष्ट करने के लिए प्रदान की जाती है उपभोग सेवाएँ कहलाती हैं। उपभोक्ता ऐसी सेवाएँ प्रदान करने वालों को प्रत्यक्ष रूप से भुगतान करते हैं। उदाहरण के लिए–घरेलू नौकर, नाइयों, धोबियो, डाक्टरों, बैको, बीमा कम्पनियों, डाकघरों, रेलों, बसों, दुकानदारों आदि द्वारा प्रदान की गई सेवाएँ उपभोग सेवाएँ है।

सामान्य शिक्षा व तकनीकी शिक्षा दोनों ही योग्यता को बढ़ाती है जिन संस्थओं में अधिक शिक्षित व उन्नत तकनीकी शिक्षा वाले व्यक्ति होगें उस संस्थान द्वारा उतनी ही अच्छी सेवाएँ प्रदान की जा सकेंगी। जैसे– किसी अस्पताल में अच्छी व्यवस्था, योग्य डाक्टर व नर्से हो तो उस अस्पताल में उतनी ही अच्छी स्वास्थ्य सेवाएँ प्रदान की जायेगी।

प्रशिक्षण के द्वारा सेवाओं को बेहतर बनाया जा सकता है जैसे–बैंको में कार्यरत श्रमिकों को उनके काम–काज, जन सम्पर्क तथा व्यवस्था के बारे में प्रशिक्षण नहीं दिया जाये तो ग्राहकों को अच्छी सेवाएँ प्रदान नहीं कर सकेंगें।

काम करने की अच्छी परिस्थितियाँ, लोगों की इच्छा और योग्यता पर अनुकूल प्रभाव डालती है और वे बेहतर सेवाएँ प्रदान करते हैं। उचित मजदूरी, भुगतान का तरीका, काम करने के घण्टे, छुट्टियाँ और प्रशिक्षण की सुविधाएँ परिस्थितियां को अनुकूल बनाने में मदद कर कार्यकुशलता को प्रभावित करते हैं।

–लेखक

अध्याय-1

सेवा एवं सामुदायिक कार्य

हमारे जीवन में सेवा का बहुत महत्त्व है। सेवा भाव स्वतः ही उत्पन्न होता है। हम अपने पड़ौस और परिवार के सदस्यों को सेवा करते देखते हैं। सेवा के कई क्षेत्र हैं जैसे बीमार की सेवा, दुर्घटना होने पर सहायता सेवा, भूखे व्यक्ति को दोपहर देकर सेवा, वृद्ध और असहाय की सेवा, अनपढ़ व्यक्तियों को पढ़ाकर सेवा आदि।

निर्मल और संजू दोनों एक ही कक्षा में पढ़ते थे, उनके मकान भी आस-पास ही थे। दोनों साथ-साथ विद्यालय जाते थे और शाम को बगीचे में खेलने भी साथ ही जाया करते थे। एक दिन शाम को उन्होंने देखा कि बगीचे के माली की मां घर पर अचानक बीमार हो गई है और घर के बाहर खाट पर बैठी कराह रही है। माली काका परिवार सहित बाहर गए हुए थे। निर्मल और संजू दौड़ कर दादी मा के पास गए और पूछा 'दादी मां सब कहाँ गए है?' इतने में संजू ने दादी को छूआ और बोला-'इतनी तेज बुखार है' निर्मल मी माताजी डाक्टर थी। दोनों ने आपस में चर्चा की और घर गए। निर्मल ने घर जाकर अपनी मां से आग्रह किया कि वह उनके साथ बगीचे में जाकर माली काका की वृद्धिा मां को देख लें और दवा देवें। बच्चों का आग्रह देख डॉक्टर साहिबा बगीचे में पहुँची और वृद्धा मां का निरीक्षण किया। उन्होंने कहा 'चलो जो दवा देनी है वह में तुम्हें दे दती हूं, तुम समय-समय पर इन्हें देते रहना निम्रल मां के साथ चला गया। संजू अपने घर गई उसने भी सारी घटना माता पिता को बताई और अपने घर से फल दूध, बिस्कुट और ब्रेड ले आई।' मां के निर्देयानुसार समय पर दवा और खाद्य पदार्थ देकर सात दिन लगातार दादी मा की तरह ही माली की वृद्धा मां की सेवा की। निर्मल और संजू की सेवा रंग लाई और मीी काका की मा पूर्ण स्वस्थ हो गई। जब आठवें दिन माली अपने परिवार के साथ लौटा तो उसकी मां ने पड़ौस के दोनों बच्चों के बारे

में अपने पुत्र को बताया। माली की आँखें भर आई और उसने अपने मन में संकल्प लिया। दूसरे दिन दो सुन्दर पुष्प हार तैयार कर वह उन बालकों के विद्यालय पहुँचा और संस्था प्रधान को बालक-बालिका द्वारा की गई सेवा से अवगत कराया। संस्था प्रधान भी उन विद्यार्थियों द्वारा किए गये सेवाकार्य से प्रसन्न हुए। उन्होंने प्रार्थना सभा में निर्मल और संजू को माला पहनाकर सम्मानित किया तथा उनके द्वारा किए गए सेवा कार्य को विद्यालय के सभी बालको व शिक्षकों को बताया। सभी ने उनकी प्रशंसा की।

हमें भी इसी प्रकार परिवार में, समुदाय में, समाज में वृद्ध एवं असहाय व्यक्तियों की सेवा करनी चाहिए।

सेवा के क्षेत्र

1. वृद्ध एवे असहाय की सेवा करना।
2. प्राथमिक उपचार करना।
3. दुर्घटना पर तत्काल सहायता उपलब्ध कराना।
4. बीमार को दवा लाकर देना।
5. स्वास्थ्य सम्बन्धी जानकारी देना।
6. अनपढ़ को पढ़ाना
7. किसी सार्वजनिक समस्या को समझना एवे निदान में सहायता करना।

सेवा कार्य अभिलेख प्रपत्र

विद्यालय का नाम ....

विद्यार्थी का नाम ....

कक्षा .... वर्ग ....

वृद्ध/असहाय व्यक्ति का नाम ....

प्रभारी शिक्षक का नाम ....

सेवा क्षेत्र- ....

(नेत्र शिविर में, अस्पताल में, घर पर, पड़ोस में, आवागमन में दुर्घटना स्थल पर, राष्ट्रीय कार्यक्रमों में, अन्य काई)

सेवा का दिनांक व अवधि ....

सेवा का विवरण ....

सेवा से सेवार्थी को लाभ ....

....

सेवा कार्य की अनुभूति ....

....

हस्ताक्षर प्रभारी शिक्षक हस्ताक्षर सेवाकर्त्ता

साक्षर बनाएं

साक्षरता ज्ञान के नए द्वार खोलती है। पढ़ने-लिखने का कौशल व्यक्ति को नई ऊर्जा प्रदान करता है। वह नई बातें सीखनें को प्रेरित होता है। साक्षरता के लिए विभिन्न विद्याओं को काम में लिया जा सकता है जैसे-हास्य, जीवनी, कथा, संवाद, संस्मरण आदि।

राजस्थान राज्य के प्रत्येक जिले में सम्पूर्ण साक्षरता मिशन चलाया जा रहा है। कोई भी व्यक्ति आखर ज्ञान से वंचित न रहे चाहे वह बालक हो या प्रौढ़। इस साक्षरता मिशन में स्वयं सेवक विद्यार्थी और उसी गांव के शिक्षित कुछ लोग निरक्षर को साक्षर बनाने में सहयोग दे रहे हैं। इनके द्वारा 15 से 35 वर्ष की आयु के सभी महिला व पुरूष को साक्षर बनाया जा रहा है। यह कार्य समयबद्ध रूप से तैयार किया गया है।

साक्षरता केवल अक्षर ज्ञान तक ही सीमित नहीं है और न ही होनी चाहिए। इसके लिये जो विद्यार्थी निरक्षर व्यक्ति को चयनित करता है उसे अक्षर ज्ञान के बाद पढ़ना लिखना सिखावें। इससे उनमें कुरीतियों, अंधविश्वासों, सामाजिक बुराइयों, संकीर्ण मनोवृत्ति आदि के प्रति विकर्षण की भावना पैदा होगी तथा वे अपने पर्यावरण को सुधारने की ओर आगे आ सकेंगे एवे पारस्परिक प्रेम, सहयोग, सद्भावना आदि की ओर अग्रसार होकर स्वस्थ समाज की संरचना में सहयोग कर सकेंगे।

विद्यार्थी शिविर के दौरान अथवा समूह में अपने क्षेत्र का सर्वे कर शेष रहे निरक्षरों एवं अर्द्धसाक्षरों का चयन कर प्रत्येक विद्यार्थी कम से कम दो व्यक्तियों को साक्षर बनाएं। यदि आपके क्षेत्र में निरक्षरों की संख्या विद्यार्थियों के अनुपात में कम है तो चयनित व्यक्तियों को शिक्षण कराने कक्षा के विद्यार्थी बारी-बारी से जावें। किए कार्य का अभिलेख संधारण करें। अपने जिले के साक्षरता प्रकोष्ठ से तैयार कराई गई आखर पोथियों का शिक्षण पूर्ण करावें। साक्षरता मिशन द्वारा तैयार किया गया प्रमाण पत्र शिक्षण पूर्ण होने पर उसे देवें।

(कार्यानुभव शिविर गतिविधि हेतु)

प्रमाण-पत्र

में प्रमाणित करता/करती हूँ कि ....
कुमारी/श्रीमति/श्री .... पुत्री/पुत्र/पत्नी श्री
.... निवासी ....
को सर्वे में चिन्हित किए गए ....
जिले का नाम... जिला साक्षरता अभियान में आखर अभियान में आखर पोथी पूरी करा दी है।

दिनांक

हस्ताक्षर
विद्यार्थी (स्वयंसेवक)

सेवाओं की आवश्यकता

सेवाओं से तात्पर्य किसी भी किए गये उपयोगी कार्य से है। इन सेवाओं को मोटे रूप से दो भागों में बॉटा जा सकता है– (1) आर्थिकेतर सेवाएँ (2) आर्थिक सेवाएँ

आर्थिकेतर सेवाएँ– वे सेवाएँ जो स्नेह व प्यार के कारण परिवार के सदस्यों, मित्रों, रिश्तेदारों, पड़ोसियों, समाज व देश के लिए की गई हों या स्वयं अपने लिए की गई हो, आर्थिकेतर सेवाएँ कहलाती हैं।

आर्थिक सेवाएँ– वे सभी सेवाएँ जो आर्थिक दृष्टि को मद्दे नजर रखकर की जाती है, आर्थिक सेवाएँ कहलाती हैं।

भुगतान के लिए किया गया कार्य दो प्रकार का हो सकता है– (1) अन्तर्निहित भुगतान (2) सुस्पष्ट भुगतान

अन्तर्निहित भुगतान– जब कोई व्यक्ति अपनी स्वयं की उत्पादन इकाई में काम करता है तो उस इकाई में होने वाली आमदनी में उसकें द्वारा किये गये कार्य का भुगतान अन्तर्निहित भुगतान कहलाता है। जैसे– व्यक्ति स्वयं की दुकान या फैक्ट्री या खेत पर काम करना।

सुस्पष्ट भुगतान – जब कोई व्यक्ति किसी अन्य उत्पादन इकाई में कार्य करता है, तो उस इकाई का स्वामी उसे प्रदान की गई सेवा के बदले में भुगतान करता है। यह भुगतान दिखलाई देता है इसलिए इसे सुस्पष्ट भुगतान कहते हैं।

इस प्रकार का भुगतान मुद्रा के रूप मे या अन्य रूप (जैसे– वस्तु आदि) में हो सकता है। जैसे– किसी मजदूर को उसकी सेवा के बदले में रूपये के रूप में भुगतान कर सकते है या उसे भोजन (वस्तु) के रूप में भी भुगतान कर सकते है। वस्तु या मुद्रा के रूप में किये गये भुगतान सुस्पष्ट भुगतान कहलाते है।

सेवाओं के प्रकार– विभिन्न व्यक्ति विभिन्न प्रकार की सेवाएँ प्रदान करते हैं जैसे– खेतों में, फैक्ट्रियों, दफ्तरों में काम करने, निर्माण कार्य, व्यापार, परिवहन, विज्ञापन आदि कार्य में लगे व्यक्तियों द्वारा दी जाने वाली सेवाएँ इसी प्रकार डाक्टर, वकील, चार्टेड एकाउन्टेंट आदि द्वारा दी गई व्यावसायिक सेवाएँ।

इस प्रकार की सेवाओं को उत्पादन और उपभोक्ता सेवाओं में वर्गीकृत किया जा सकता है।

उत्पादक सेवाएँ– जो कार्य या सेवाएँ वस्तुओं और सेवाओं के उत्पादन में सहायक होती हैं, उन्हें उत्पादक सेवाएँ कहते हैं। ये सेवाएँ व्यक्तियों द्वारा उत्पादन इकाईयों के लिए या विभिन्न उत्पादन इकाइयों द्वारा अन्य उत्पादन इकाइयों के लिए भी की जाती है।

जैसे– खेतों मे काम करना, फैक्ट्रियों, कारखानों, बैकों, अस्पतालों, स्कूल, बीमा कम्पनी, विज्ञापन आदि में कार्य करना उत्पादक सेवाएँ है।

उपभोग सेवाएँ – वे सभी सेवाएँ जो उपभोक्ताओं की आवश्यकताओ को प्रत्यक्ष रूप से संतुष्ट करने के लिए प्रदान की जाती है उपभोग सेवाएँ कहलाती हैं। उपभोक्ता ऐसी सेवाएँ प्रदान करने वालों को प्रत्यक्ष रूप से भुगतान करते हैं। उदाहरण के लिए

– घरेलू नौकर, नाइयों, धोबियो, डाक्टरों, बैको, बीमा कम्पनियों, डाकघरों, रेलों, बसों, दुकानदारों आदि द्वारा प्रदान की गई सेवाएँ उपभोग सेवाएँ है।

बहुत सी सेवाएँ उत्पादक और उपभोक्ता दोनों प्रकार की होती हैं।

बैक, बीमा कम्पनियाँ, वाहक, डाकखाने आदि परिवारों द्वारा उत्पादन इकाइयाँ दोनों को ही सेवाएँ प्रदान करते हैं। ऐसी संस्थाओं द्वारा उत्पादन इकाइयों को प्रदान की गई सेवाएँ उत्पादक सेवाएँ कहलायेगी और परिवारों को प्रदान की गई सेवाएँ उपभोक्ता सेवाएँ कहलायेगी। इस प्रकार ऐसी सेवाएँ उत्पादक सेवाएँ भी है और उपभोक्ता सेवाएँ भी।

कुछ महत्त्वपूर्ण सेवाएँ– उत्पादकों और उपभोक्ताओं को प्रदान की जाने वाली सेवाएँ अनेक प्रकार की होती हैं। कुछ महत्त्वपूर्ण सेवाएँ जिनकी हमें अपने जीवन में बहुधा आवश्यकता होती हैं उनमें से कुछ निम्न है–

व्यापारिक सेवाएँ, परिवहन सेवाएँ, संचार सेवाएँ, बैकिंग और वित्तीय सेवाएँ, बीमा सेवाएँ, भण्डारन सेवाएँ, पैकिंग सेवाएँ, सार्वजनिक प्रशासन और सुरक्षा सेवाएँ।

व्यापारिक सेवाएँ– साधारणतः व्यापार से तात्पर्य वस्तुओं के क्रय–विक्रय से लिया जाता है। साधारणतः उत्पादित वस्तुएँ अंतिम उपभोक्ताओं के पास बहुत सी व्यापारिक एजेंसियों के माध्यम से पहूँचती है, लेकिन कभी–कभी इन वस्तुओं के निर्माता इन्हें प्रत्यक्ष रूप से अंतिम उपभोक्ताओं को बेच देते है। जैसे– ऐसे दूध वाले जो दूध स्वयं घर–घर जाकर बेचते है, ऐसे ही कुछ किसान अपनी सब्जी घर–घर जा कर बेचते है आदि ऐसे उदाहरण है जो उत्पादक अपनी उत्पादित वस्तुओं को सीधे ही उपभोक्ताओं द्वारा पहुँचाते है इन्हें किसी भी प्रकार के मध्यस्थों की आवश्यकता नहीं होती।

परन्तु कुछ बड़े निर्माता भी अपनी वस्तुएँ सीधे ही उपभोक्ताओं को बेचने के लिए अपनी फुटकर दुकानें खोल लेते है जैसे– बाटा शू कम्पनी की अधिकृत दुकानें, एच. एम. टी. कम्पनी की अधिकृत दुकानें आदि।

उपरोक्त दोनों प्रकारों में उत्पादन, उपभोक्ताओं के प्रत्यक्ष रूप से व्यापारिक सेवाएँ प्रदान करते हैं।

अधिकृत व्यापारिक सेवाएँ तीन रूपों में प्रदान की जाती है–

(1) उत्पादकों द्वारा जो अधिक मात्रा में वस्तुएँ खरीदकर थोक व्यापारियों को बेचते हैं।

(2) थोक व्यापारियों द्वारा जो अधिक मात्रा में वस्तुएँ खरीदकर थोड़ी–थोड़ी मात्रा में फुटकर व्यापारियों को बेचते है।

(3) फुटकर व्यापारियों के द्वारा जो अंतिम उपभोक्ताओ की बहुत थोड़ी मात्रा में वस्तुएँ बेचते हैं।

निर्माताओं को अपनी वस्तुएँ बेचने के लिए व्यापारियों की सेवाएँ प्राप्त करनी होती हैं व्यापारियों को थोक व्यापारी और फुटकर व्यापारियों में वर्गीकृत किया जाता है।

व्यापारिक सेवाओं का महत्त्व– व्यापारिक सेवाओं के बिना उत्पादक अपनी वस्तुओं को नहीं बेच सकता। इसी प्रकार उपभोक्ताओं भी इन सेवाओं को बिना इन वस्तुओं को प्राप्त नहीं कर सकते जिनका वे उपभोग करते हैं। इसलिए व्यापारियों की सेवाएँ उत्पादकों व उपभोक्ताओं दोनों के लिए आवश्यक है।

परिवहन सेवाएँ– वस्तुओं और यात्रियों को एक स्थान से दूसरे स्थान पर ले जाने के लिए हवाई जहाज, साईकिल, रिक्शा, ट्रक, स्कूटर, कार, बैलगाड़ी आदि अनेक परिवहन के साधन है। यदि ये साधन नहीं हो तो आर्थिक क्रियाएँ नाममात्र के लिए होगी। परिवहन सेवाओं की आवश्यकता उपभोक्ता और उत्पादक दोनों को ही होती हैं। परिवहन सेवाओं की आवश्यकता तीन कार्यो के लिए होती हैं।

उत्पादन के लिए– उत्पादन करने के लिए जो चीजें चाहिए उन्हें बहुधा अन्य स्थानों से उत्पादन करने के स्थान तक लाना होता है।

वस्तुओं के वितरण के लिए– वे सभी वस्तुएँ हम जिनका उपभोग करते हैं, बिना परिवहन सेवाओं के उपलब्ध नहीं हो सकती है इन्हें ऐसे स्थानों तक लाने व ले जाना होगा जहॉ से हम इन्हें आसानी से खरीद सकें।

यात्रा के लिए– परिवहन सेवाओं के द्वारा अधिकांश व्यक्ति अपने काम के स्थानों पर पहूँचाते है, अपने रिश्तेदारों व मित्रों से मिल सकते है।

संचार सेवाएँ– संचार से तात्पर्य समाचारों, सूचनाओं और विचारों आदि के आदान–प्रदान से है। एक दूसरे को सूचित करने के बहुत से साधन होते हैं इनमें डाक सेवाएँ, टेलीफोन, रेडियो, टी.वी, समाचार पत्र, पत्रिकाएँ आदि संचार सेवाएँ है। संचार के ये विभिन्न साधन हमें विभिन्न स्थानों पर रहने वाले लोगों से सम्पर्क स्थापित करने में सहायक होते हैं। ऐसी सेवाओं से समय और धन दोनों की बचत होती हैं। परिवार के लिए ये सेवाएँ उपयोगी एवं महत्त्वपूर्ण है।

बैकिंग और वित्तीय सेवाएँ– बैकिंग संस्थाएँ उत्पादकों और उपभोक्ताओं को वित्तीय सेवाएं प्रदान करती हैं। उत्पादन इकाइयों को शुरू करने और चलाने के लिए धन चाहिए। निर्माताओं, किसानों, व्यापारियों आदि सभी को धन की आवश्यकता होती हैं। बैंक और वित्तीय संस्थाएँ उत्पादकों को बहुत उपयोगी और महत्त्वपूर्ण सेवाएँ प्रदान करते हैं।

बैकिंग सेवाएं उपभोक्ताओं के लिए भी बहुत उपयोगी है। परिवार अपनी बचत बैक में रखते हैं। इससे उनका पैसा सुरक्षित रहता है और ब्याज भी मिलता है। मूल्यवान वस्तुओं और दस्तावेजों को सुरक्षित रखने के लिए लॉकर की सुविधा भी प्रदान की जाती है। टिकाऊ उपभोक्ता वस्तुओं को खरीदने के लिए बैंक लोगों की ऋण सुविधा प्रदान करते हैं और वित्तीय संस्थाओं द्वारा ये सेवाएँ प्रदान की जाती है वे अधिक उत्पादन और अधिक उपयोग में सहायक होती हैं।

बीमा सेवाएँ– उपभोक्ताओ और उत्पादकों दोनों को बहुत सी जोखिम उठानी पड़ती है इसलिए लोग इन जोखिमो से सुरक्षा चाहते हैं। बीमा कम्पनियाँ इस प्रकार की सुरक्षा प्रदान करती हैं। बीमा कम्पनियाँ जीवन और सम्पत्ति की जोखिम से सुरक्षा प्रदान करती हैं।

बीमा सेवाएँ उत्पादकों को चोरी, दंगा, बाढ़, भूकम्प आदि जोखिमों से सुरक्षा प्रदान करती हैं।

बीमा कम्पनियाँ परिवार को भी कई तरह की जोखिमों से सुरक्षा प्रदान करती हैं। किसी परिवार के मुखिया की अचानक मृत्यु हो जाती है तो ऐसी स्थिति में परिवार के लिए आर्थिक समस्याएँ उत्पन्न हो जाती है। अतः जीवन बीमा ऐसी स्थिति में सुरक्षा प्रदान करती हैं। बीमा कम्पनियाँ आग, चोरी, भूकम्प और बाढ़ की स्थिति में उपभोक्ताओ को सुरक्षा प्रदान करती हैं।

संग्रहण एवं भण्डार सेवाएँ– वस्तुओं को बेचने से पहले जिस स्थान पर उनका संग्रह किया जाता है उसे भण्डार या गोदाम कहते हैं। वस्तुओं के उत्पादन व उपभोग में समय अन्तराल होता है अर्थात ये दोनों क्रिया एक साथ नहीं होती। दोनों के मध्य समय अन्तराल होता है। इसलिए इनका संग्रह करना होता है। खरीदे गये कच्चे माल का भी उसी दिन प्रयोग नहीं कर लिया जाता। इसलिए इन्हें भी संग्रह कर लिया जाता है। यह सुविधा थोक व्यापारियों एवं फुटकर व्यापारी दोनों को चाहिए। इसी प्रकार किसानों को भी माल–गोदाम की सुविधाएँ चाहिए।

पैकिंग सेवाएँ– वस्तुओं को गोदाम में रखने और उसे एक स्थान से दूसरे स्थान पर भेजने के लिए किसी कागज या डिब्बे आदि में भली–भॉति पैक करना जरूरी होता है इससे माल खराब नहीं होता तथा इन्हें आसानी से एक दूसरे स्थान पर लाया व ले जाया जा सकता है। अच्छी पैकिंग ग्राहकों को आकर्शित करती हैं, इससे माल की बिक्री अधिक होती हैं। उचित पैकिंग वस्तुओं को टूटने व खराब होने से बचाती है।

सार्वजनिक प्रशासन और सुरक्षा सेवाएँ– इस श्रेणी में पुलिस, सरकारी विभागों द्वारा प्रदान की जाने वाली सेवाएँ सामाजिक सुरक्षा सेवाएँ, प्राकृतिक आपदा के समय प्रदान की जाने वाली सेवाएँ आदि आती है। ऐसी सेवाएँ मुख्यतया सरकार प्रदान करती हैं।

पुलिस कानून व व्यवस्था बनाए रखने में भी सेवाएँ प्रदान करती हैं। ऐसी सेवाएँ निर्माताओं, व्यापारियों, परिवारों आदि सभी को चाहिए। देश को विदेशी आक्रमणों से बचाने के लिए फौज की सेवाएँ चाहिए। शांति का वातावरण और अच्छा प्रशासन देश के विकास और रहन–सहन को बेहतर बनाने में सहायक होता है।

उपभोक्ता सेवाओं के अतिरिक्त और बहुत सी आवश्यक व महत्त्वपूर्ण सेवाएँ होती हैं जैसे– भौतिक सेवाएँ, अनुसंधान व वैज्ञानिक सेवाएँ, स्वास्थ्य सेवाएँ, सफाई सेवाएँ,

कानूनी सेवाएँ और मनोरंजन प्रदान करने वाली सेवाएँ आदि। शिक्षा और अनुसंधान जैसे– सेवाएँ तकनीकी विकास में सहायक होती हैं। इनसे नई खोजें व आविष्कार संभव होते हैं। ये सभी बेहतर और अधिक वस्तुओं व सेवाओं के उत्पादन में सहायक होते हैं। घरेलू सेवाएँ जीवन को बेहतर बनाती है।

आर्थिक रूप से सेवाओं से तात्पर्य उन कार्यो से होता है जिनका मुद्रा के रूप में भुगतान किया जाता है। इसमें उत्पादन इकाइयों को प्रदान की गई सेवाएँ भी सम्मिलित की जाती है। इस प्रकार आर्थिक दृष्टि से सेवा का अर्थ है भुगतान हेतु किया गया कार्य जैसे– अध्यापक द्वारा अध्यापन, श्रमिक तथा कर्मचारियों द्वारा प्रदान की गई सेवाएँ, परिवहन तथा बैकिंग सेवाएँ आदि। सामान्यत यदि भुगतान चैक या नकद मुद्रा के रूप में किया जाता है।

उत्पादक इकाइयों को प्रदान की गई सेवाएँ उत्पादक सेवाएँ कहलाती हैं। खेतों मे काम करना, कारखानों, बैकों, अस्पतालों, स्कूल, बीमा कम्पनी आदि में कार्य करना उत्पादक सेवाए है।

उपभोग सेवाएँ वे सभी सेवाएँ जो उपभोक्ताओं की आवश्यकताओं को प्रत्यक्ष रूप से संतुष्ट करने के लिए की जाती है, उपभोग सेवाएँ कहलाती है। दुकानदारों, डाक्टरों, घरेलू नौकर, डाकघर, रेल, बस आदि के द्वारा प्रदान की जाने वाली सेवाएँ उपभोग सेवाएँ है।

प्रायः उत्पादक स्वयं अपनी वस्तुएँ उपभोक्ताओं को सीधे ही नहीं बेचते तथा सभी वस्तुएँ देश के सभी भागों में उत्पादित भी नहीं की जा सकती। इसलिए उत्पादक व्यापारियों के माध्यम से बहुत अधिक मात्रा मे थोक व्यापारियों को, थोक व्यापारी थोड़ी मात्रा में फुटकर व्यापारियो को, फुटकर व्यापारी उपभोक्ताओं को वस्तुएँ उपलब्ध कराते हैं। व्यापारियों की सेवाएँ उत्पादकों और उपभोक्ता दोनों के लिए आवश्यक है।

सेवाओं से तात्पर्य किसी भी किए गये उपयोगी कार्य से है। इन सेवाओं को मोटे रूप से दो भागों में बॉटा जा सकता है– (1) आर्थिकेतर सेवाएँ (2) आर्थिक सेवाएँ

आर्थिकेतर सेवाएँ– वे सेवाएँ जो स्नेह व प्यार के कारण परिवार के सदस्यों, मित्रों, रिश्तेदारों, पड़ोसियों, समाज व देश के लिए की गई हों या स्वयं अपने लिए की गई हो, आर्थिकेतर सेवाएँ कहलाती हैं।

आर्थिक सेवाएँ– वे सभी सेवाएँ जो आर्थिक दृष्टि को मद्दे नजर रखकर की जाती है, आर्थिक सेवाएँ कहलाती हैं।

भुगतान के लिए किया गया कार्य दो प्रकार का हो सकता है– (1) अन्तर्निहित भुगतान (2) सुस्पष्ट भुगतान

अन्तर्निहित भुगतान– जब कोई व्यक्ति अपनी स्वयं की उत्पादन इकाई में काम करता है तो उस इकाई में होने वाली आमदनी में उसकें द्वारा किये गये कार्य का भुगतान

अन्तर्निहित भुगतान कहलाता है। जैसे– व्यक्ति स्वयं की दुकान या फैक्ट्री या खेत पर काम करना।

सुस्पष्ट भुगतान – जब कोई व्यक्ति किसी अन्य उत्पादन इकाई में कार्य करता है, तो उस इकाई का स्वामी उसे प्रदान की गई सेवा के बदले में भुगतान करता है। यह भुगतान दिखलाई देता है इसलिए इसे सुस्पष्ट भुगतान कहते हैं।

इस प्रकार का भुगतान मुद्रा के रूप मे या अन्य रूप (जैसे– वस्तु आदि) में हो सकता है। जैसे– किसी मजदूर को उसकी सेवा के बदले में रूपये के रूप में भुगतान कर सकते है या उसे भोजन (वस्तु) के रूप में भी भुगतान कर सकते है। वस्तु या मुद्रा के रूप में किये गये भुगतान सुस्पष्ट भुगतान कहलाते है।

सेवाओं के प्रकार– विभिन्न व्यक्ति विभिन्न प्रकार की सेवाएँ प्रदान करते हैं जैसे– खेतों में, फैक्ट्रियों, दफ्तरों में काम करने, निर्माण कार्य, व्यापार, परिवहन, विज्ञापन आदि कार्य में लगे व्यक्तियों द्वारा दी जाने वाली सेवाएँ इसी प्रकार डाक्टर, वकील, चार्टेड एकाउन्टेंट आदि द्वारा दी गई व्यावसायिक सेवाएँ।

इस प्रकार की सेवाओं को उत्पादन और उपभोक्ता सेवाओं में वर्गीकृत किया जा सकता है।

(क) उत्पादक सेवाएँ– जो कार्य या सेवाएँ वस्तुओं और सेवाओं के उत्पादन में सहायक होती हैं, उन्हें उत्पादक सेवाएँ कहते हैं। ये सेवाएँ व्यक्तियों द्वारा उत्पादन इकाईयों के लिए या विभिन्न उत्पादन इकाइयों द्वारा अन्य उत्पादन इकाइयों के लिए भी की जाती है।

जैसे– खेतों मे काम करना, फैक्ट्रियों, कारखानों, बैकों, अस्पतालों, स्कूल, बीमा कम्पनी, विज्ञापन आदि में कार्य करना उत्पादक सेवाएँ है।

उपभोग सेवाएँ – वे सभी सेवाएँ जो उपभोक्ताओं की आवश्यकताओ को प्रत्यक्ष रूप से संतुष्ट करने के लिए प्रदान की जाती है उपभोग सेवाएँ कहलाती हैं। उपभोक्ता ऐसी सेवाएँ प्रदान करने वालों को प्रत्यक्ष रूप से भुगतान करते हैं। उदाहरण के लिए – घरेलू नौकर, नाइयों, धोबियो, डाक्टरों, बैको, बीमा कम्पनियों, डाकघरों, रेलों, बसों, दुकानदारों आदि द्वारा प्रदान की गई सेवाएँ उपभोग सेवाएँ है।

बहुत सी सेवाएँ उत्पादक और उपभोक्ता दोनों प्रकार की होती हैं।

बैक, बीमा कम्पनियाँ, वाहक, डाकखाने आदि परिवारों द्वारा उत्पादन इकाइयाँ दोनों को ही सेवाएँ प्रदान करते हैं। ऐसी संस्थाओं द्वारा उत्पादन इकाइयों को प्रदान की गई सेवाएँ उत्पादक सेवाएँ कहलायेगी और परिवारों को प्रदान की गई सेवाएँ उपभोक्ता सेवाएँ कहलायेगी। इस प्रकार ऐसी सेवाएँ उत्पादक सेवाएँ भी है और उपभोक्ता सेवाएँ भी।

कुछ महत्त्वपूर्ण सेवाएँ– उत्पादकों और उपभोक्ताओं को प्रदान की जाने वाली

सेवाएँ अनेक प्रकार की होती हैं। कुछ महत्त्वपूर्ण सेवाएँ जिनकी हमें अपने जीवन में बहुधा आवश्यकता होती हैं उनमें से कुछ निम्न है–

व्यापारिक सेवाएँ, परिवहन सेवाएँ, संचार सेवाएँ, बैकिंग और वित्तीय सेवाएँ, बीमा सेवाएँ, भण्डारन सेवाएँ, पैकिंग सेवाएँ, सार्वजनिक प्रशासन और सुरक्षा सेवाएँ।

(1) व्यापारिक सेवाएँ– साधारणतः व्यापार से तात्पर्य वस्तुओं के क्रय–विक्रय से लिया जाता है। साधारणतः उत्पादित वस्तुएँ अंतिम उपभोक्ताओं के पास बहुत सी व्यापारिक एजेंसियों के माध्यम से पहूँचती है, लेकिन कभी–कभी इन वस्तुओं के निर्माता इन्हें प्रत्यक्ष रूप से अंतिम उपभोक्ताओं को बेच देते है। जैसे– ऐसे दूध वाले जो दूध स्वयं घर–घर जाकर बेचते है, ऐसे ही कुछ किसान अपनी सब्जी घर–घर जा कर बेचते है आदि ऐसे उदाहरण है जो उत्पादक अपनी उत्पादित वस्तुओं को सीधे ही उपभोक्ताओं द्वारा पहुँचाते है इन्हें किसी भी प्रकार के मध्यस्थों की आवश्यकता नहीं होती।

परन्तु कुछ बड़े निर्माता भी अपनी वस्तुएँ सीधे ही उपभोक्ताओं को बेचने के लिए अपनी फुटकर दुकानें खोल लेते है जैसे– बाटा शू कम्पनी की अधिकृत दुकानें, एच. एम. टी. कम्पनी की अधिकृत दुकानें आदि।

उपरोक्त दोनों प्रकारों में उत्पादन, उपभोक्ताओं के प्रत्यक्ष रूप से व्यापारिक सेवाएँ प्रदान करते हैं।

अधिकृत व्यापारिक सेवाएँ तीन रूपों में प्रदान की जाती है–

(1) उत्पादकों द्वारा जो अधिक मात्रा में वस्तुएँ खरीदकर थोक व्यापारियों को बेचते हैं।

(2) थोक व्यापारियों द्वारा जो अधिक मात्रा में वस्तुएँ खरीदकर थोड़ी–थोड़ी मात्रा में फुटकर व्यापारियों को बेचते है।

(3) फुटकर व्यापारियों के द्वारा जो अंतिम उपभोक्ताओ की बहुत थोड़ी मात्रा में वस्तुएँ बेचते हैं।

निर्माताओं को अपनी वस्तुएँ बेचने के लिए व्यापारियों की सेवाएँ प्राप्त करनी होती हैं व्यापारियों को थोक व्यापारी और फुटकर व्यापारियों में वर्गीकृत किया जाता है।

व्यापारिक सेवाओं का महत्त्व– व्यापारिक सेवाओं के बिना उत्पादक अपनी वस्तुओं को नहीं बेच सकता। इसी प्रकार उपभोक्ताओं भी इन सेवाओं को बिना इन वस्तुओं को प्राप्त नहीं कर सकते जिनका वे उपभोग करते हैं। इसलिए व्यापारियों की सेवाएँ उत्पादकों व उपभोक्ताओं दोनों के लिए आवश्यक है।

परिवहन सेवाएँ– वस्तुओं और यात्रियों को एक स्थान से दूसरे स्थान पर ले जाने के लिए हवाई जहाज, साईकिल, रिक्शा, ट्रक, स्कूटर, कार, बैलगाड़ी आदि अनेक परिवहन के साधन है। यदि ये साधन नहीं हो तो आर्थिक क्रियाएँ नाममात्र के लिए होगी।

परिवहन सेवाओं की आवश्यकता उपभोक्ता और उत्पादक दोनों को ही होती हैं। परिवहन सेवाओं की आवश्यकता तीन कार्यो के लिए होती हैं।

उत्पादन के लिए– उत्पादन करने के लिए जो चीजें चाहिए उन्हें बहुधा अन्य स्थानों से उत्पादन करने के स्थान तक लाना होता है।

वस्तुओं के वितरण के लिए– वे सभी वस्तुएँ हम जिनका उपभोग करते हैं, बिना परिवहन सेवाओं के उपलब्ध नहीं हो सकती है इन्हें ऐसे स्थानों तक लाने व ले जाना होगा जहॉ से हम इन्हें आसानी से खरीद सकें।

यात्रा के लिए– परिवहन सेवाओं के द्वारा अधिकांश व्यक्ति अपने काम के स्थानों पर पहूँचाते है, अपने रिश्तेदारों व मित्रों से मिल सकते है।

संचार सेवाएँ– संचार से तात्पर्य समाचारों, सूचनाओं और विचारों आदि के आदान–प्रदान से है। एक दूसरे को सूचित करने के बहुत से साधन होते हैं इनमें डाक सेवाएँ, टेलीफोन, रेडियो, टी.वी, समाचार पत्र, पत्रिकाएँ आदि संचार सेवाएँ है। संचार के ये विभिन्न साधन हमें विभिन्न स्थानों पर रहने वाले लोगों से सम्पर्क स्थापित करने में सहायक होते हैं। ऐसी सेवाओं से समय और धन दोनों की बचत होती हैं। परिवार के लिए ये सेवाएँ उपयोगी एवं महत्त्वपूर्ण है।

बैकिंग और वित्तीय सेवाएँ– बैकिंग संस्थाएँ उत्पादकों और उपभोक्ताओं को वित्तीय सेवाएं प्रदान करती हैं। उत्पादन इकाइयों को शुरू करने और चलाने के लिए धन चाहिए। निर्माताओं, किसानों, व्यापारियों आदि सभी को धन की आवश्यकता होती हैं। बैंक और वित्तीय संस्थाएँ उत्पादकों को बहुत उपयोगी और महत्त्वपूर्ण सेवाएँ प्रदान करते हैं।

बैकिंग सेवाएं उपभोक्ताओं के लिए भी बहुत उपयोगी है। परिवार अपनी बचत बैक में रखते हैं। इससे उनका पैसा सुरक्षित रहता है और ब्याज भी मिलता है। मूल्यवान वस्तुओं और दस्तावेजों को सुरक्षित रखने के लिए लॉकर की सुविधा भी प्रदान की जाती है। टिकाऊ उपभोक्ता वस्तुओं को खरीदने के लिए बैंक लोगों की ऋण सुविधा प्रदान करते हैं और वित्तीय संस्थाओं द्वारा ये सेवाएँ प्रदान की जाती है वे अधिक उत्पादन और अधिक उपयोग में सहायक होती हैं।

उपभोक्ताओ और उत्पादकों दोनों को बहुत सी जोखिम उठानी पड़ती है इसलिए लोग इन जोखिमो से सुरक्षा चाहते हैं। बीमा कम्पनियाँ इस प्रकार की सुरक्षा प्रदान करती हैं। बीमा कम्पनियाँ जीवन और सम्पत्ति की जोखिम से सुरक्षा प्रदान करती हैं।

बीमा सेवाएँ उत्पादकों को चोरी, दंगा, बाढ़, भूकम्प आदि जोखिमों से सुरक्षा प्रदान करती हैं।

बीमा कम्पनियाँ परिवार को भी कई तरह की जोखिमों से सुरक्षा प्रदान करती हैं। किसी परिवार के मुखिया की अचानक मृत्यु हो जाती है तो ऐसी स्थिति में परिवार के

लिए आर्थिक समस्याएँ उत्पन्न हो जाती है। अतः जीवन बीमा ऐसी स्थिति में सुरक्षा प्रदान करती हैं। बीमा कम्पनियाँ आग, चोरी, भूकम्प और बाढ़ की स्थिति में उपभोक्ताओ को सुरक्षा प्रदान करती हैं।

संग्रहण एवं भण्डार सेवाएँ– वस्तुओं को बेचने से पहले जिस स्थान पर उनका संग्रह किया जाता है उसे भण्डार या गोदाम कहते हैं। वस्तुओं के उत्पादन व उपभोग में समय अन्तराल होता है अर्थात ये दोनों क्रिया एक साथ नहीं होती। दोनों के मध्य समय अन्तराल होता है। इसलिए इनका संग्रह करना होता है। खरीदे गये कच्चे माल का भी उसी दिन प्रयोग नहीं कर लिया जाता। इसलिए इन्हें भी संग्रह कर लिया जाता है। यह सुविधा थोक व्यापारियों एवं फुटकर व्यापारी दोनों को चाहिए। इसी प्रकार किसानों को भी माल–गोदाम की सुविधाएँ चाहिए।

पैकिंग सेवाएँ– वस्तुओं को गोदाम में रखने और उसे एक स्थान से दूसरे स्थान पर भेजने के लिए किसी कागज या डिब्बे आदि में भली–भाँति पैक करना जरूरी होता है इससे माल खराब नहीं होता तथा इन्हें आसानी से एक दूसरे स्थान पर लाया व ले जाया जा सकता है। अच्छी पैकिंग ग्राहकों को आकर्शित करती हैं, इससे माल की बिक्री अधिक होती हैं। उचित पैकिंग वस्तुओं को टूटने व खराब होने से बचाती है।

सार्वजनिक प्रशासन और सुरक्षा सेवाएँ– इस श्रेणी में पुलिस, सरकारी विभागों द्वारा प्रदान की जाने वाली सेवाएँ सामाजिक सुरक्षा सेवाएँ, प्राकृतिक आपदा के समय प्रदान की जाने वाली सेवाएँ आदि आती है। ऐसी सेवाएँ मुख्यतया सरकार प्रदान करती हैं।

पुलिस कानून व व्यवस्था बनाए रखने में भी सेवाएँ प्रदान करती हैं। ऐसी सेवाएँ निर्माताओं, व्यापारियों, परिवारों आदि सभी को चाहिए। देश को विदेशी आक्रमणों से बचाने के लिए फौज की सेवाएँ चाहिए। शांति का वातावरण और अच्छा प्रशासन देश के विकास और रहन–सहन को बेहतर बनाने में सहायक होता है।

उपभोक्ता सेवाओं के अतिरिक्त और बहुत सी आवश्यक व महत्त्वपूर्ण सेवाएँ होती हैं जैसे– भौतिक सेवाएँ, अनुसंधान व वैज्ञानिक सेवाएँ, स्वास्थ्य सेवाएँ, सफाई सेवाएँ, कानूनी सेवाएँ और मनोरंजन प्रदान करने वाली सेवाएँ आदि। शिक्षा और अनुसंधान जैसे– सेवाएँ तकनीकी विकास में सहायक होती हैं। इनसे नई खोजें व आविष्कार संभव होते हैं। ये सभी बेहतर और अधिक वस्तुओं व सेवाओं के उत्पादन में सहायक होते हैं। घरेलू सेवाएँ जीवन को बेहतर बनाती है।

सेवाओं में सुधार

बढ़ती हुई आवश्यकताओं के कारण अधिक बेहतर और नई–नई वस्तुओं व सेवाओं की आवश्यकता होती हैं। प्रत्येक देश को निम्नलिखित कारणों से अधिक, बेहतर और नई–नई प्रकार की सेवाओं की आवश्यकता होती हैं।

बढ़ती हुई जनसंख्या की आवश्यकताओं को पूरा करने के लिए– बढ़ती हुई जनसंख्या की आवश्यकताओं की पूर्ति के लिए अधिक मात्रा मे भोजन, कपड़े, आवास, यातायात के साधन, अस्पताल, स्कूल, कॉलेज आदि की जरूरत पड़ती है। उदाहरण के लिए 1951 में भारत की जनसंख्या 35 करोढ़ थी जो 1992 में बढ़कर 85 करोड़ हो गई। इससे सभी वस्तुओं और सेवाओं की मांग में वृद्धि हुई। इसलिए अधिक वस्तुओं और सेवाओं का उत्पादन करना आवश्यक हो गया तथा अधिक वस्तुएँ उत्पादित करने के लिए भी अधिक उत्पादक सेवाएँ चाहिए।

जीवन स्तर को उँचा उठाने के लिए– मनुष्य की इच्छा हमेशा बेहतर जीवन यापन करने की होती हैं। इसकें लिए अधिक तथा बेहतर वस्तुओं व सेवाओं की आवश्यकता होती हैं। ताकि वह ऊँचा जीवन स्तर बनाये रख सकें। इसकें अर्न्तगत बेहतर शिक्षा, भोजन, मनोरंजन के साधन, स्वास्थ्य सेवाओं आदि की आवश्यकता पड़ती है।

अधिक उत्पादन के लिए– अधिक उत्पादन के लिए अधिक उत्पादन के साधनों की आवश्यकता पड़ती है। वस्तुओं का उत्पादन, उत्पादन इकाइयों से होता है। इसकें लिए इन्हें व्यापारिक, बीमा, बैकिंग, परिवहन तथा भण्डारण आदि भी सेवाओं की जरूरत होती हैं।

सेवाएँ प्रदान करने वाली एजेन्सियाँ-

सभी सेवाएँ मूलतः व्यक्तियों द्वारा प्रदान की जाती है। एक साथ रहने वाले व्यक्तियो के समूहों से परिवार बनते है। ये परिवार दूसरे परिवारों और उत्पादन इकाइयों को सेवाएँ प्रदान करते हैं। उत्पादन इकाइयाँ भी परिवारों और अन्य उत्पादन इकाइयों को सेवाएँ प्रदान करते हैं। सेवाएँ प्रदान करने वाली उत्पादन इकाइयाँ निजी स्वामित्त्व में या सरकारी स्वामित्त्व में हो सकती है। इस प्रकार परिवार, निजी स्वामित्त्व वाली उत्पादन इकाइयाँ और सरकारी स्वामित्त्व वाली उत्पादन इकाइयाँ सेवाएँ प्रदान करने वाली विभिन्न एजेन्सियाँ है।

(क) परिवारों द्वारा प्रदान की जाने वाली सेवाएँ – परिवारों द्वारा प्रदान की जाने वाली सेवाओं को निम्नलिखित समूहों में बॉटा जा सकता है।

(1) व्यक्तिगत सेवाएँ– परिवार क्षेत्र से ही व्यक्तिगत सेवाएँ प्रदान की जाती है। इसकें अर्न्तगत धोबी, नाई, घरेलू नौकर आदि द्वारा प्रदान की गई सेवाएँ सम्मिलित की जाती है।

(2) उत्पादन इकाइयों की सेवाएँ – उत्पादन इकाइयों की सेवाएँ परिवार द्वारा ही प्रदान की जाती है। इसकें अर्न्तगत उद्यमी की सेवाएँ शामिल की जाती है।

(3) श्रम सेवाएँ –सभी प्रकार के श्रमिकों का स्त्रोत परिवार होता है। श्रम के बिना किसी भी वस्तु व सेवा का उत्पादन नहीं हो सकता।

परिवार उत्पादन इकाइयों को भूमि और पूँजी की सेवाएँ भी प्रदान करते हैं।

(ख) निजी स्वामित्त्व वाली उत्पादन इकाइयों द्वारा प्रदान की जाने वाली सेवाएँ– विभिन्न प्रकार की सेवाएँ जैसे– व्यापारिक, भंडारण, विज्ञापन, होटल तथा जलपान गृह, भू–सम्पत्ति, चिकित्सा तथा शिक्षा जैसे– महत्त्वपूर्ण सेवाएँ निजी उत्पादन इकाइयों द्वारा प्रदान की जाती है।

थोक व फुटकर विक्रेता मुख्यतः निजी क्षेत्र के अर्न्तगत आते है। निजी स्वामित्त्व वाली बसें तथा ट्रक इसकें अर्न्तगत शामिल किये जाते है। इसी प्रकार अधिकांश होटलों व जलपान गृहों का स्वामित्त्व निजी व्यक्तियों के हाथ में होता है। जो मुख्यतया भोजन की सुविधा व सेवा प्रदान करते हैं। भू–सम्पत्ति का व्यापार करने वाली कम्पनियाँ भी परिवारों व उत्पादन इकाइयों की सहायता करती हैं। ये इन्हें रहने के लिए मकान या फैक्ट्री आदि के लिए स्थान प्रदान करने में मदद करती हैं। इन सभी सेवाओं को निजी स्वामित्त्व वाली सेवाएँ कहा जाता है। निजी उत्पादन इकाइयों के समूह को निजी क्षेत्र कहा जाता है।

(ग) सरकार द्वारा प्रदान की जाने वाली सेवाएँ– सरकार भी उत्पादन तथा उपभोक्ता सेवाएँ प्रदान करती हैं। भारत में ये सेवाएँ संगठनों, वैधानिक नियमों, सरकारी कम्पनियों तथा अनुसंधान संस्थाओं आदि के द्वारा प्रदान की जाती है। इसकें अर्न्तगत निम्नलिखित सेवाएँ प्रदान की जाती है।

(1) वस्तुओं का वितरण– सरकार द्वारा उत्पादन इकाइयों व उपभोक्ता को कोयला, मिट्टी के तेल, गैस, लोहा, पैट्रोल, उर्वरक, मशीनें, औजार, कपड़े आदि वस्तुओं का उत्पादन व विक्रय करने की महत्त्वपूर्ण सेवा करती हैं।

(2) उत्पादकों और उपभोक्ताओं के लिए सेवाओं का प्रावधान– सरकार रेलो, हवाई जहाजों व राज्य परिवहन निगमों के द्वारा परिवहन सेवाएँ, डाक व तार द्वारा संचार सेवाएँ, बैंको, यूनिट ट्रस्ट तथा औद्योगिक वित्त निगमों से वित्तीय सेवाएँ, पर्यटन सूचना केन्द्रों और पर्याप्त होटलों के द्वारा पर्यटन को बढ़ाने की सेवा, गोदामों निगमों के द्वारा भंडारण की सुविधा प्रदान की जाती है।

(3) सरकार कानुन व व्यवस्था बनाये रखने के लिए पुलिस सेवाएँ, देश की सुरक्षा के लिए सुरक्षा सेवाएँ, स्कूलों, कॉलेजों व तकनीकी संस्थाओं द्वारा शैक्षिक व प्रशिक्षण सेवाएँ, सरकारी अस्पतालों द्वारा चिकित्सा व स्वास्थ्य सेवाएँ प्रदान करती हैं।

(4) सरकार द्वारा सड़के, पुल, नहरें, पानी व बिजली आपूर्ति आदि आधारभूत सेवाएँ प्रदान कर देश के विकास करने में मदद करती हैं।

सेवाओं में सुधार – सेवाओं में सुधार से तात्पर्य अधिक व बेहतर सेवाओं से है जो निम्न बातों पर निर्भर करती हैं।

(1) आधारभूत सुविधाएँ

(2) सेवाएँ प्रदान करने के लिए आवश्यक संसाधन

(3) मानवीय शक्ति की गुणवत्ता

आधारभूत सुविधाओं के होने से सेवाओं में सुधार लाया जा सकता है। जैसे– परिवहन की सुविधा को तभी बेहतर बनाया जा सकता है जब हमारे पास अच्छी सड़के, अच्छी मोटर व गाड़िया आदि हो। इसी प्रकार अच्छी चिकित्सा सुविधाओं हेतु अधिक अस्पताल, मशीनें और दवाइयाँ अधिक प्रशिक्षित डाक्टर, नर्सें व कम्पाउंडर हो।

अतः हम कह सकते हैं कि अधिक सेवाएँ प्रदान करने के लिए अधिक संसाधनो की आवश्यकता होती हैं। हमारे देश में पहले से ही संसाधन सीमित मात्रा मे है इसलिए उत्पादकों व उपभोक्ताओं दोनों को जो सेवाएँ चाहिए वे भी सीमित होती हैं। यदि सेवाओं में वृद्धि भी होती हैं तो वह जनसंख्या की तीव्र वृद्धि के कारण मालूम नही पड़ती क्योंकि प्रति व्यक्ति उपलब्धता नहीं बढ़ती।

निजी और सरकारी उत्पादन इकाइयों द्वारा प्रदान की जाने वाली सेवाओं की गुणवत्ता उनमें काम करने वालो की योग्यता, निपुणता, प्रशिक्षण, प्रोत्साहन और कार्यकुशलता पर निर्भर करती हैं।

सेवाओं की गुणवत्ता को प्रभावित करने वाले कारक -

(1) शिक्षा (2) प्रशिक्षण (3) काम करने की परिस्थितियाँ (4) प्रोत्साहन (5) संगठन व प्रबन्ध (6) मशीनीकरण (7) सामाजिक सुरक्षा व कल्याणकारी योजनाएँ (8) मनोवृत्ति एवं अभिप्रेरणा

(1) शिक्षा– सामान्य शिक्षा व तकनीकी शिक्षा दोनों ही योग्यता को बढ़ाती है जिन संस्थओं में अधिक शिक्षित व उन्नत तकनीकी शिक्षा वाले व्यक्ति होगें उस संस्थान द्वारा उतनी ही अच्छी सेवाएँ प्रदान की जा सकेंगी। जैसे– किसी अस्पताल में अच्छी व्यवस्था, योग्य डाक्टर व नर्से हो तो उस अस्पताल में उतनी ही अच्छी स्वास्थ्य सेवाएँ प्रदान की जायेगी।

(2) प्रशिक्षण– प्रशिक्षण के द्वारा सेवाओं को बेहतर बनाया जा सकता है जैसे– बैंको में कार्यरत श्रमिकों को उनके कामकाज, जन सम्पर्क तथा व्यवस्था के बारे में प्रशिक्षण नहीं दिया जाये तो ग्राहकों को अच्छी सेवाएँ प्रदान नहीं कर सकेंगें।

(3) काम करने की परिस्थितियाँ – काम करने की अच्छी परिस्थितियाँ, लोगों की इच्छा और योग्यता पर अनुकूल प्रभाव डालती है और वे बेहतर सेवाएँ प्रदान करते हैं। उचित मजदूरी, भुगतान का तरीका, काम करने के घण्टे, छुट्टियाँ और प्रशिक्षण की सुविधाएँ परिस्थितियां को अनुकूल बनाने में मदद कर कार्यकुशलता को प्रभावित करते हैं।

(4) प्रोत्साहन– प्रोत्साहन से लोगों को अच्छा कार्य करने के लिए प्रेरित किया जा सकता है। नकद राशि वेतन में अतिरिक्त वृद्धि या समय समय पर तरक्की जैसे– मौद्रिक प्रोत्साहन या सहकर्मियों के मध्य सम्मानित करना, अधिक छुट्टियाँ आदि के रूप में सुविधाए देकर गैर मौद्रिक प्रोत्साहन द्वारा लोगों की कार्यकुशलता और काम की गुणवत्ता पर अनुकूल प्रभाव डाला जा सकता है।

(5) संगठन और व्यवस्था– काम का अच्छा संगठन होने से समय और धन दोनों की बचत होती हैं। मालिकों और श्रमिकों के बीच सौहार्दपूर्ण संबंध होने से कार्यकुशलता में वृद्धि होती हैं।

व्यवस्था के आधुनिक तरीके, काम करने का अच्छा वातावरण श्रमिकों की कार्यकुशलता पर अनुकूल प्रभाव डालते हैं।

(6) मशीनीकरण और प्रौद्योगिकी– मशीनों का प्रयोग मशीनीकरण कहलाता है मशीनों का श्रमिकों द्वारा प्रयोग करने पर काम अधिक और बेहतर ढंग से होता है इससे श्रमिकों की कार्यकुशलता में वृद्धि होती हैं। उदाहरण टंकण, छपाई व संचार में इलैक्ट्रोनिक मशीनों का प्रयोग, परिवहन सेवाओं में बैलगाड़ियों से टैम्पों, टैम्पों से ट्रक, ट्रक से रेल, रेल से हवाई जहाज तक की प्रक्रिया मशीनीकरण की ही देन है।

कम्प्यूटरों के प्रयोग से भी सभी प्रकार की सेवाओं की गुणवत्ता में सुधार हुआ है।

(7) सामाजिक सुरक्षा और कल्याणकारी योजनाएँ– सेवा–निवृत्ति लाभ, भविष्य निधि, पैशन आदि सामाजिक सुरक्षा नौकरी के दौरान चिकित्सा बीमा, बच्चों की निःशुल्क शिक्षा आदि कल्याणकारी योजनाएँ कर्मचारियों के मानसिक तनाव को कम करती हैं तथा उनकी कार्यकुशलता बढ़ाती है।

(8) मनोवृत्ति और अभिप्रेरणा– मनोवृत्ति वह शक्ति है जो लक्ष्य प्राप्ति के लिए लोगों को कार्य करने के लिए तत्पर करती हैं व उसकी कार्यकुशलता में वृद्धि करती हैं।

इसी प्रकार अभिप्रेरणा वह शक्ति है जो लोगों को लक्ष्य प्राप्ति हेतु प्रेरित करती हैं।

मनोवृत्ति और अभिप्रेरणा दोनों ही सेवा की गुणवत्ता पर अनुकूल प्रभाव डालती है।

सेवाओं को बेहतर बनाने में सरकार की भूमिका– भारत मे बहुत सी उत्पादन इकाइयों का स्वामित्त्व सरकार के हाथों में होने के कारण सेवाओं को बेहतर बनाने में सरकार की अहम भूमिका होती हैं। सरकार निम्न उपायों द्वारा सेवाओं को बेहतर बना सकती है।

(1) श्रमिकों के शोषण को रोकने के लिए कानून बनाना
(2) प्रशिक्षण संस्थाओं का विकास करके
(3) आधारभूत सुविधाएँ प्रदान करके
(4) उपयुक्त नीतियों को बनाकर
(5) पुरस्कार देकर
(6) आधारभूत सुविधाएँ प्रदान करके।

(1) सरकार न्यूनतम मजदूरी अधिनियम, फैक्ट्री अधिनियम बंधवा मजदूरों की प्रथा के विरूद्ध कानून आदि बनाकर श्रमिकों के हितों की रक्षा कर उनके काम करने की परिस्थितियाँ और जीवन में सुधार लाकर उनकी कार्यकुशलता में वृद्धि करती हैं।

(2) सरकार, शहर व गॉवों में बड़ी संख्या में प्रशिक्षण शिविर को स्थापित कर विभिन्न कार्यो के लिए प्रशिक्षण प्रदान कर उनकी कार्यकुशलता में वृद्धि करती हैं।

(3) सरकार आधारभूत सुविधाएँ व आधुनिक प्रौद्योगिकी का आयात कर श्रमिकों की कार्यकुशलता में वृद्धि करती हैं।

(4) सरकार कर नीति, औद्योगिक नीति व अन्य आर्थिक नीतियाँ बनाकर सेवाओं की गुणवत्ता को प्रभावित करती हैं। ये नीतियाँ उद्योग और व्यापार के विकास के लिए एक अच्छा वातावरण बना सकती है।

(5) पुरस्कार देकर– सरकार विभिन्न सेवाओं को प्रदान करने वालो को अच्छी सेवाओं के लिए पुरस्कार प्रदान करके प्रात्साहित करती हैं जिससे उनकी सेवाओं में सुधार होता है।

उत्पादकों और उपभोक्ताओं के लिए सेवाओं का प्रावधान– सरकार रेलो, हवाई जहाजों व राज्य परिवहन निगमों के द्वारा परिवहन सेवाएँ, डाक व तार द्वारा संचार सेवाएँ, बैंको, यूनिट ट्रस्ट तथा औद्योगिक वित्त निगमों से वित्तीय सेवाएँ, पर्यटन सूचना केन्द्रों और पर्याप्त होटलों के द्वारा पर्यटन को बढ़ाने की सेवा, गोदामों निगमों के द्वारा भंडारण की सुविधा प्रदान की जाती है।

(3) सरकार कानुन व व्यवस्था बनाये रखने के लिए पुलिस सेवाएँ, देश की सुरक्षा के लिए सुरक्षा सेवाएँ, स्कूलों, कॉलेजों व तकनीकी संस्थाओं द्वारा शैक्षिक व प्रशिक्षण सेवाएँ, सरकारी अस्पतालों द्वारा चिकित्सा व स्वास्थ्य सेवाएँ प्रदान करती हैं।

(4) सरकार द्वारा सड़के, पुल, नहरें, पानी व बिजली आपूर्ति आदि आधारभूत सेवाएँ प्रदान कर देश के विकास करने में मदद करती हैं।

सेवाओं में सुधार – सेवाओं में सुधार से तात्पर्य अधिक व बेहतर सेवाओं से है जो निम्न बातों पर निर्भर करती हैं।

(1) आधारभूत सुविधाएँ

(2) सेवाएँ प्रदान करने के लिए आवश्यक संसाधन

(3) मानवीय शक्ति की गुणवत्ता

आधारभूत सुविधाओं के होने से सेवाओं में सुधार लाया जा सकता है। जैसे– परिवहन की सुविधा को तभी बेहतर बनाया जा सकता है जब हमारे पास अच्छी सड़के, अच्छी मोटर व गाड़िया आदि हो। इसी प्रकार अच्छी चिकित्सा सुविधाओं हेतु अधिक अस्पताल, मशीनें और दवाइयाँ अधिक प्रशिक्षित डाक्टर, नर्सें व कम्पाउंडर हो।

अतः हम कह सकते हैं कि अधिक सेवाएँ प्रदान करने के लिए अधिक संसाधनो की आवश्यकता होती हैं। हमारे देश में पहले से ही संसाधन सीमित मात्रा मे है इसलिए उत्पादकों व उपभोक्ताओं दोनों को जो सेवाएँ चाहिए वे भी सीमित होती हैं। यदि सेवाओं में वृद्धि भी होती हैं तो वह जनसंख्या की तीव्र वृद्धि के कारण मालूम नही पड़ती क्योंकि प्रति व्यक्ति उपलब्धता नहीं बढ़ती।

निजी और सरकारी उत्पादन इकाइयों द्वारा प्रदान की जाने वाली सेवाओं की गुणवत्ता उनमें काम करने वालो की योग्यता, निपुणता, प्रशिक्षण, प्रोत्साहन और कार्यकुशलता पर निर्भर करती हैं।

सेवाओं की गुणवत्ता को प्रभावित करने वाले कारक -

(1) शिक्षा (2) प्रशिक्षण (3) काम करने की परिस्थितियाँ (4) प्रोत्साहन (5) संगठन व प्रबन्ध (6) मशीनीकरण (7) सामाजिक सुरक्षा व कल्याणकारी योजनाएँ (8) मनोवृत्ति एवं अभिप्रेरणा

(1) शिक्षा– सामान्य शिक्षा व तकनीकी शिक्षा दोनों ही योग्यता को बढ़ाती है जिन संस्थओं में अधिक शिक्षित व उन्नत तकनीकी शिक्षा वाले व्यक्ति होगें उस संस्थान द्वारा उतनी ही अच्छी सेवाएँ प्रदान की जा सकेंगी। जैसे– किसी अस्पताल में अच्छी व्यवस्था, योग्य डाक्टर व नर्से हो तो उस अस्पताल में उतनी ही अच्छी स्वास्थ्य सेवाएँ प्रदान की जायेगी।

(2) प्रशिक्षण– प्रशिक्षण के द्वारा सेवाओं को बेहतर बनाया जा सकता है जैसे– बैंको में कार्यरत श्रमिकों को उनके कामकाज, जन सम्पर्क तथा व्यवस्था के बारे में प्रशिक्षण नहीं दिया जाये तो ग्राहकों को अच्छी सेवाएँ प्रदान नहीं कर सकेंगें।

(3) काम करने की परिस्थितियाँ – काम करने की अच्छी परिस्थितियाँ, लोगों की इच्छा और योग्यता पर अनुकूल प्रभाव डालती है और वे बेहतर सेवाएँ प्रदान करते हैं। उचित मजदूरी, भुगतान का तरीका, काम करने के घण्टे, छुट्टियाँ और प्रशिक्षण की सुविधाएँ परिस्थितियां को अनुकूल बनाने में मदद कर कार्यकुशलता को प्रभावित करते हैं।

(4) प्रोत्साहन– प्रोत्साहन से लोगों को अच्छा कार्य करने के लिए प्रेरित किया जा सकता है। नकद राशि वेतन में अतिरिक्त वृद्धि या समय समय पर तरक्की जैसे– मौद्रिक प्रोत्साहन या सहकर्मियों के मध्य सम्मानित करना, अधिक छुट्टियाँ आदि के रूप में सुविधाए देकर गैर मौद्रिक प्रोत्साहन द्वारा लोगों की कार्यकुशलता और काम की गुणवत्ता पर अनुकूल प्रभाव डाला जा सकता है।

(5) संगठन और व्यवस्था– काम का अच्छा संगठन होने से समय और धन दोनों की बचत होती हैं। मालिकों और श्रमिकों के बीच सौहार्दपूर्ण संबंध होने से कार्यकुशलता में वृद्धि होती हैं।

व्यवस्था के आधुनिक तरीके, काम करने का अच्छा वातावरण श्रमिकों की कार्यकुशलता पर अनुकूल प्रभाव डालते हैं।

(6) मशीनीकरण और प्रौद्योगिकी– मशीनों का प्रयोग मशीनीकरण कहलाता है मशीनों का श्रमिकों द्वारा प्रयोग करने पर काम अधिक और बेहतर ढंग से होता है इससे श्रमिकों की कार्यकुशलता में वृद्धि होती हैं। उदाहरण टंकण, छपाई व संचार में इलैक्ट्रोनिक मशीनों का प्रयोग, परिवहन सेवाओं में बैलगाड़ियों से टैम्पों, टैम्पों से ट्रक, ट्रक से रेल रेल से हवाई जहाज तक की प्रक्रिया मशीनीकरण की ही देन है।

कम्प्यूटरों के प्रयोग से भी सभी प्रकार की सेवाओं की गुणवत्ता में सुधार हुआ है।

(7) सामाजिक सुरक्षा और कल्याणकारी योजनाएँ– सेवा–निवृत्ति लाभ, भविष्य निधि, पैशन आदि सामाजिक सुरक्षा नौकरी के दौरान चिकित्सा बीमा, बच्चों की

निःशुल्क शिक्षा आदि कल्याणकारी योजनाएँ कर्मचारियों के मानसिक तनाव को कम करती हैं तथा उनकी कार्यकुशलता बढ़ाती है।

(8) मनोवृत्ति और अभिप्रेरणा– मनोवृत्ति वह शक्ति है जो लक्ष्य प्राप्ति के लिए लोगों को कार्य करने के लिए तत्पर करती हैं व उसकी कार्यकुशलता में वृद्धि करती हैं।

इसी प्रकार अभिप्रेरणा वह शक्ति है जो लोगों को लक्ष्य प्राप्ति हेतु प्रेरित करती हैं।

मनोवृत्ति और अभिप्रेरणा दोनों ही सेवा की गुणवत्ता पर अनुकूल प्रभाव डालती है।

सेवाओं को बेहतर बनाने में सरकार की भूमिका– भारत मे बहुत सी उत्पादन इकाइयों का स्वामित्त्व सरकार के हाथों में होने के कारण सेवाओं को बेहतर बनाने में सरकार की अहम भूमिका होती हैं। सरकार निम्न उपायों द्वारा सेवाओं को बेहतर बना सकती है।

(1) श्रमिकों के शोषण को रोकने के लिए कानून बनाना
(2) प्रशिक्षण संस्थाओं का विकास करके
(3) आधारभूत सुविधाएँ प्रदान करके
(4) उपयुक्त नीतियों को बनाकर
(5) पुरस्कार देकर
(6) आधारभूत सुविधाएँ प्रदान करके।

(1) सरकार न्यूनतम मजदूरी अधिनियम, फैक्ट्री अधिनियम बंधवा मजदूरों की प्रथा के विरूद्ध कानून आदि बनाकर श्रमिकों के हितों की रक्षा कर उनके काम करने की परिस्थितियाँ और जीवन में सुधार लाकर उनकी कार्यकुशलता में वृद्धि करती हैं।

(2) सरकार, शहर व गॉवों में बड़ी संख्या में प्रशिक्षण शिविर को स्थापित कर विभिन्न कार्यो के लिए प्रशिक्षण प्रदान कर उनकी कार्यकुशलता में वृद्धि करती हैं।

(3) सरकार आधारभूत सुविधाएँ व आधुनिक प्रौद्योगिकी का आयात कर श्रमिकों की कार्यकुशलता में वृद्धि करती हैं।

(4) सरकार कर नीति, औद्योगिक नीति व अन्य आर्थिक नीतियाँ बनाकर सेवाओं की गुणवत्ता को प्रभावित करती हैं। ये नीतियाँ उद्योग और व्यापार के विकास के लिए एक अच्छा वातावरण बना सकती है।

घरेलू कीड़ो से बचाव

हमारें मकानों के अंदर अथवा आस-पास पाए जाने वाले कीड़े घरेलू कीड़े कहलाते हैं। ये कीड़े हमारे आस-पास के वातावरण, जल एवं भोजन में विभिन्न प्रकार के रोगाणु छोड़ देते हैं। जिससे हवा, भोजन व जल प्रदूषित व विषाक्त हो जाते हैं।

प्रायः हमारे घरों में मक्खी, मच्छर, खटमल, दीमक, झींगुर, इल्ली, कॉकरोच आदि कीड़े पाए जाते है। ये कीड़े अधिकतर मकान के अंधेरे व सीलनदान स्थानों, कोनो, वस्त्रों व वस्तुओं के बीच में रहते हैं। स्वस्थ रहने के लिए इन कीड़ों से बचाव अति आवश्यक है।

घरेलू कीड़ों से बचने के सामान्य उपाय व सावधानियाँ–

घरेलू कीड़ों के उन्मूलन, नियंत्रण एवं बचाव से संबंधित कुछ सामान्य बातों को ध्यान में रखा जाए जो इनके हानिकारक प्रभावों से बचा जा सकता है–

1. घर तथा आसपास को स्वच्छ रखकर।
2. घर में तथा घर के आस–पास लम्बी घास नहीं पनपने दें।
3. घर के अंदर व आस–पास की नालियों व गड्ढों में गन्दा पानी एकत्र नहीं होने दें। इन गड्ढों को भरवा दें। यदि वर्षा के कारण पानी एकत्र हो जाए तो मिट्टी का तेल, डी.डी.टी. अथवा फ्लिट का छिड़काव प्रति सप्ताह नियमित रूप से करावे ताकि मक्खी, मच्छर आदि नष्ट हो जाएं व इनकी उत्पत्ति पर अंकुश लगे।
4. घर की दीवारों व फर्श के छेद व दरारों में भरवा देवें।
5. घर के आस–पास यदि डेयरी है तो वहां पशुओं एवं आसपास के स्थानों की स्वच्छता के प्रति सतर्क रहें। पशुओं के अपशिष्ट निस्तारण की उचित व्यवस्था की जाए।
6. घर में यदि पालतू पशु–पक्षी है तो उनकी स्वच्छता का भी पूरा ध्यान रखा जाना आवश्यक है। उनके खाने–सोने, बैठने की उचित व अलग व्यवस्था की जानी चाहिए।
7. घर के अंधेरे व सीलनयुक्त स्थानों पर अधिक सामान न रखें। ऐसे स्थानों पर फ्लिट का छिड़काव करें व फिनायल के घोल से आवश्यक रूप से सफाई करें।
8. मकान के खिड़की–दरवाजों पर जाली लगवाएं ताकि कीड़े–मकोड़े घर में प्रवेश न कर सकें लेकिन पर्याप्त मात्रा में वायु व सूर्य का प्रकाश घर में आ सके।
9. बिस्तर, फर्नीचर व बक्सों में बंद वस्त्रों को समय समय पर धूप दिखाते रहें। वर्षा ऋतु के पश्चात तो यह अवश्य करें, इससे उनमें से नमी निकल जाती है।
10. रोज काम में न आने वाले बिस्तरों को बक्सों में या ऊंची जगह पर अच्छी तरह से ढककर रखें। कीड़ों से बचाने के लिए उनमें फिनायल नेफ्थलीन की टिकिया रखें।
11. बक्सों में बंद कभी कभार काम में आने वाले महंगे रेशमी व ऊनी वस्त्रों को अच्छी तरह धो कर प्रेस करके ही रखें। कपड़ों को सूती वस्त्र में लपेट कर या अखबार में लपेट कर रखें। नीम की सूखी पत्तियों की तह भी बक्सों में नीचे बिछा कर रखने में वस्त्रों में कीड़े नहीं लगते हैं।
12. भोज्य सामग्री को अच्छी तरह ढक कर उचित स्थान पर रखें।
13. अनाज, दालें, मसाले, आटा–बेसन आदि खाद्य पदार्थों को साफ सुथरे ढक्कनदार डिब्बों में भर कर रखें।

कीड़े मारने की चॉक

आवश्यक सामग्रीः–

डेल्टामेथ्रिन	500 मि. ग्राम (0.5 ग्राम)
प्लास्टर ऑफ पेरिस	100 ग्राम
टैल्क	10 ग्राम
मोम	2 ग्राम
गोंद	5 ग्राम
पीला रंग	0.5 ग्राम

बनाने की विधि-

1. प्लास्टर ऑफ पेरिस में टैल्क, मोम, पीला रंग व डेल्टामेथ्रिन को किसी प्लास्टिक की प्लेट में लेकर अच्छी तरह से मिला लें।
2. हाथों में दस्ताने पहन लें। अब इस मिश्रण में गोंद व आवश्यकतानुसार थोड़ा सा पानी मिलाकर कड़ा गूंथ लें।
3. अब हसे हाथों से ही चॉक के आकार में बना ले या सांचों में जमा दें। जब ये अच्छी तरह सूख जाए तो बटर पेपर में या प्लास्टिक में अच्छी तरह लपेट कर रख दें।

उपयोग विधिः-

1. अलमारियों के आस-पास, ताकों के कोनों में, कचरे के डिब्बों, पानी निकासी के छिद्रों आदि के आस-पास इस रॉक से दो या तीन समानान्तर रेखाएँ खींच दें।
2. लकीरें जरा मोटी होनी चाहिए इससे परिणाम ज्यादा अच्छा होता है।
3. रात को सोने से पूर्व इसका उपयोग करना चाहिए।
4. उपयोग के पश्चात् राँक को वापिस लपेट कर रख देना चाहिए।

सावधानियाँः-

1. रॉक बनाते समय व उपयोग के समय हाथों में दस्ताने पहन लें।
2. उपयोग के पश्चात् शरीर के खुले हिस्से को साबुन और पानी से धो लें।
3. बच्चों व पालतू पशु-पक्षियों की पहुँच से दूर रखें।
4. चाक खत्म होने पर इसके ऊपर लपेटा गया बटर पेपर जला दें।
5. यह अत्यंत विषाक्त होता है। अतः उपयोग व संग्रहण के दौरान पूर्व सावधानी बरतें।

फिनाइल बनाना

आवश्यक सामग्रीः-

बिरोजा	1 किलो
अरण्डी का तेल	200 ग्राम
कास्टिक सोड़ा	75 ग्राम
पानी	300 मिली. (कास्टिक सोड़ा के लिए)
क्रियोजोट ऑयल	2 लीटर
कार्बोलिक एसिड	10 ग्राम
पानी	6 लीटर

विधिः-

1. कास्टिक सोड़ा को 300 मि.ली. पानी में घोल लें और ठण्डा होने के लिए रखें।
2. बिरोजा को भगोने में लेकर धीरे-धीरे गर्म करें तथा अरण्डी का तेल भी उसमें मिला लें।
3. एकदम कम आँच पर धीरे-धीरे उसमें कास्टिक सोड़ा का घोल मिलाते जाए। सारा घोल मिल जाने तक गर्म करें।

4. इस प्रकार जब साबुन बन जाए तब उसमें क्रियोजाट ऑयल व कार्बोलिक एसिड भी मिला दें। अंत में शेष पानी भी मिला लें।
5. फिनायल उपयोग के लिए तैयार है।

सावधानियाँ:-

1. फिनायल बनाने में प्रयुक्त बर्तन बड़ा होना चाहिए।
2. फिनायल बनाने का कार्य खुले में करना चाहिए।
3. काला बिरोजा ही फिनायल बनाने में प्रयुक्त करना चाहिए क्योकि यह अच्छा व सस्ता होता है।
4. इसे बनाने में हल्का वाला क्रियोजोट ऑंयल काम में लेना चाहिए।
5. बिरोजा से जो साबुन बने वह काफी पतला होना चाहिए।

❑❑❑

अध्याय–2

कृषि एवं बागवानी

फुलवारी के पौधे को उगाने का चार्ट

पौधे का नाम	उगाने का तरीका	पौधों या बीजों को लगाने की दूरी लाइन्न से लाइन	पौधो से पौधो की दूरी	विशेष टिप्पणी
(1)	(2)	(3)	(4)	(3)
चॉदनी	कलम द्वारा 1 मीटर एवं छोटे पौधे	1 मीटर	1 मीटर	बड़े गमलों में उगाई जा सकती हैं।
कनेर	कमलों द्वारा एव छोटे पौधों द्वारा	3–50 मी.	2–50 मी.	बड़े गमलों एवं क्यारी में भी
मोगरा	जड़ों सहित पौधे उगारकर	60 सेमी.	60 सेमी	बड़े गमलों में उगाई जा सकती है
केली	गांठों एवं छोटे पौधो द्वारा	50 सेमी	30 सेमी	बड़े गमलों में एवं क्यारी में भी लगाई जा सकती हैं
बारह मासी	बीजों के द्वारा पौधा तैयार करना	70 सेमी	40 सेमी	साधारण गमलों से एवं क्यारी में भी।
गुलाब	कलम लगाकर एवं छोटे पौधों द्वारा	1 मीटर	1 मीटर	बड़े गमलों में लगा सकते हैं और क्यारी में भी।

लिली	गांठो के द्वारा	40 सेमी	30 सेमी	साधारण गमलों में लगाई जा सकती हैं
गुड़हल	कलमों द्वारा एवं पौधे तैयार करना	1 मीटर	1 मीटर	बड़े गमलों में उगाई जा सकती हैं
तुलसी	बीजों द्वारा छोटे पौधे तैयार करना	70 सेमी	45 सेमी	बड़े गमलों में उगाई जा सकती हैं
पत्थर चट्टा	पके हुए पत्तों एवं एवं छोटे पौधों द्वारा	70 सेमी	40 सेमी	बड़े कमलो द्वारा लगाया जा सकता हैं।
टिकोमा	बीज द्वारा छोटे पौधे तैयार करना	3–50 सेमी	2–50 सेमी	बड़े गमलो द्वारा लगाया जा सकता हैं।
क्रोटन	कलमों द्वारा एवं छोटे पौधों द्वारा	1 मीटर	1 मीटर	बड़े एवं छोटे गमलों मे तैयार किये जा सकते हैं
एक्लीका	कलमों द्वारा छोटे पौधे	65 सेमी.	35 सेमी	बड़े गमलों एवं क्यारी में उगाई जा सकती हैं।
मरवा	बीजों द्वारा छोटे-छोटे पौधे उगाकर	70 सेमी.	50 सेमी	छोटे एवं बड़े गमलों में लगाए जा सकते हैं।
पाम	बीजों द्वारा छोटे पौधे उगाकर	एक लाइन में	3.50 मी.	बड़े गमले में या क्यारी में उगाई जा सकती है
फर्न	छोटे-छोटे पौधे तैयार कर उगाए जा सकते हैं।	1 मीटर	1 मीटर	साधारण एवं बड़े गमलों में लगाकर
एस्प्रेगम	जड़ों सहित पौधों के हिस्से बनाकर	1 मीटर	1 मीटर	साधारण गमलों में लगाया जा सकता है।
गुलदाउदी	छोटे-छोटे पौधे लगाकर	50 सेमी.	37 सेमी.	साधारण गमलों में में लगाए जा सकते हैं।

डेहलिया	छोटे-छोटे पौधे तैयार कर	50 सेमी.	45 सेमी.	साधारण गमलों में लगाये जा सकते हैं।
कोसमोस	सीधे बीज लगाये जा सकते है	40 सेमी.	30 सेमी.	साधारण गमलों में लगाये जा सकते हैं।
सालविया	पौधे तैयार कर	45 सेमी.	30 सेमी.	साधारण गमलों में लगाये जा सकते हैं
हजारा	बीजों से पौध तैयार कर	45 समी.	30 सेमी.	बड़े गमलों या छोटे गमलों में तैयार किया जा सकता हैं।

गमले छोटे-छोटे कई आकृतियों में उपलब्ध होते हैं। इन्हें साफ रखने के लिए पुताई अथवा रंग कर सकते हैं। इन्हें तैयार करने के लिए इनमें खाद मिली हुई मिट्टी भरनी चाहिए। गमले में एक छेद नीचे पैंदे में होता है, उसमें मिट्टी भरने से पहले एक कंकड़ रख दें। छेद को बन्द न करें, क्योंकि इससे जड़ को हवा मिलती है। कंकड़ इसलिए रखा जाता है कि पानी के साथ मिट्टी बहकर न निकले। यदि गमले में छेद न हो, तो छेद अवश्य कर लें।

फुलवारी लगाने सम्बन्धी महत्त्वपूर्ण बातें

विद्यालय की मुख्य शोभा फुलवारी है। इसकी व्यवस्था विद्यालय में अवश्य होनी चाहिए, जिसमें मौसम के अनुसार सभी तरह के फूलों के पौधे हों। इस फुलवारी में कार्य का बँटवारा हर कक्षा के ग्रुप (टोली) बनाकर अलग-अलग क्यारी में अलग-अलग फूलों की क्यारी लगाई जावे और उनमें समय-समय पर दवाई, पानी, गुड़ाई, निराई आदि कार्य कराते रहें, जिससे विद्यालय की शोभा अति सुन्दर रह सके।

(1) फूलों के प्रकार- विभिन्न प्रकार के फूलों के पौधों को लगाकर विद्यालय को सुन्दर बनाया जा सकता है। फूलों को तीन भागों में विभाजित किया जा सकता है-

1. बहुवर्षीय 2. मौसमी 3. बारहमासी

(2) फूलों के गमले-विद्यालय में फुलवाड़ी की व्यवस्था अवश्य होनी चाहिए जिसमें मौसम के अनुसार सभी तरह के फूलों के पौधे हो। इससे विद्यालय का प्रर्यावरण सुन्दर बनेगा।

(3) फूलों के गमले-विद्यालय के मुख्य द्वार एवं रास्ते आदि को फूलों के गमलों से सजाया जावे। फूल-पत्ते सौन्दर्य वृद्धि के साथ-साथ मनोरंजनात्मक कार्य करते हैं।

(4) वृक्षारोपण-बरसात के मौसम में उपयुक्त स्थान देखकर प्रत्येक छात्र से विद्यालय में और विद्यालय के आस-पास एक-एक पौधा लगवाएं और उसकी देखभाल को जिम्मेदारी

भी उनको ही सौंप दें। पुराने लगे पेड़ों की गुड़ाई, निराई, पानी देना आदि कार्य भी कराएं और छात्रों को ऐसे नए कार्यों की उपयोगिता को भी समझाना चाहिए।

बागवानी कार्य का विभाजन

बागवानी कार्य को निम्नलिखित भागों में बाँटा जा सकता है-

(1) स्थान का चयन-विद्यालय में बागवानी कार्य के लिए पूर्णतः उपयुक्त स्थान का चयन करना चाहिए। स्थान ऐसा हो जो पूर्णतः सुरक्षित और सुन्दरता में अभिवृद्धि करने वाला हो।

(2) सफाई करना- उस चयनित स्थान की सफाई करनी चाहिए। घास आदि साफ करके कंकड़-पत्थर निकाल कर फैंक देने चाहिए।

(3) क्यारी बनाना-क्यारी की साइज ऐसी रखें कि चलने-फिरने वालों को दिक्कत न हो। क्यारियों का साइज 150 सेमी लम्बा और 50 सेमी. चौड़ा तथा 15 सेमी. गहरा रखना उपयुक्त रहता हैं। क्यारी के चारों तरफ 10-15 सेमी. ऊँची डोली बनावें। तत्पश्चात उसकी मिट्टी को बिछाकर समतल बना दें, जिससे पानी एक तरफ इकट्ठा न हो।

(4) क्यारी में खाद, बीज व दवाई डालना-प्रत्येक क्यारी में गोबर की खाद (कम्पोस्ट) डालकर मिट्टी में अच्छी तरह मिला दें, कुछ रासायनिक खाद और थोड़ी-सी एल्ड्रीन पानी में घोल कर मिला दें। फिर गुड़ाई करें।

(5) बीज व पौधे लगाना-पौधों व बीजों को कतारों में लगावें। उनमें झार से पानी देना चाहिए। समय-समय पर सिंचाई करते रहना चाहिए।

(6) निराई करना-पौधे बड़े हो जाएं तब खरपतवार हटाते रहना चाहिए। सुरक्षा के लिए कंटीली झाड़ी या तार भी लगा देने चाहिए।

कृषि पद्धतियाँ एवं पशुपालन

याद रखने योग्य मुख्य बिन्दु-

(1) जीवित बने रहने के लिए हम सभी को भोजन चाहिए। भोजन सभी जीवित प्राणियों के लिए एक मूलभूत आवश्यकता है।

(2) हमारे भोज्य पदार्थ या तो पादप पदार्थ है जैसे अनाज, सब्जियां एवं फल या पशु पदार्थ। जैसे- दूध, अण्डा, मांस इत्यादि।

(3) हम भोजन के रूप में पौधों के विभिन्न भागों को खाते हैं। उदाहरण के लिए चावल, गेहूं और मक्का के अनाज, बीज है। मूली और गाजर जड़ है। आलू और अदरक स्तमी है। हम पत्तियो तथा फलों को खाते हैं। अतः मनुष्य पौधों और पशुओं पर भोजन के लिए निर्भर है।

(4) कृषि विकास की वह शाखा जो सब्जियों, फलों, सजावटी पौधें के उगाने एवं उत्पादन करने और फलोद्यान के प्रबंधन रखती है, उद्यान कृषि कहलाती है।

(5) बीच विवेचना विधि बीजों को सूक्ष्म जीवियों के हमले से पौधे की रक्षा करती

है। इस विधि में बीजों को सिरोसेन या ऐवोजसन जैसे रसायनों में डुबोकर उनका उपचार किया जाता है। इन रसायनों को कवकनाशी कहते हैं।

(6) रोपण क्यारी से नवोदमिदों को हटाकर उन्हें मुख्य खेत में लगाने वाली प्रक्रिया को प्रतिरोपण कहते हैं।

(7) फार्मयार्ड खाद्य उपघटित पशु मल ओर मूत्र, बचे हुए चारे और कटकर आदि उर्वरक का मिश्रण है।

(8) कम्पोस्ट, वह खाद्य है जो घरेलू कचरे, खपतवाद, सब्जियों और जानवरों के कचरे इत्यादि को एक गहरे गडडे में गाढकर वियोजन के द्वारा सड़ाकर बनाई जाती है।

(9) बैल, भैंस, उंट घोड़ा माल ढोन वाले पशु है जो खेते में कार्य करते हैं। मनुष्य माल ढ़ोन के लिए प्रयुक्त होते हैं। पहाड़ी स्थानों पर एक स्थान से दूसरे स्थान पर माल ढ़ोने के लिए विशेषकर सेना द्वारा खच्चरों का प्रयोग होता है।

(10) कृमि कम्पोस्ट वह कम्पोस्ट है जिसका केंचुओं ने विघटन किया हो। उर्वरकों की तरह खाद्य भी मृदा में पोषक तत्व मिलती है।

(11) पैदावार के लिए कुछ पादप वृद्धि नियत्रंकों, जैसे—ऑक्सीजन, जिब्बरेलिन, साईटोकाइनिन, एब्सीसिक एस्डि का प्रयोग में लाते हैं।

(12) दो समरूप फसलों के बीच में एक अन्य फसल विशेषकर एक शिवीफसल फलीदार फसल को उगाने के प्रक्रम को शस्यावर्तन कहते हैं।

(13) बहुशस्योत्पादन– एक ही भूमि पर, एक ही वर्ष में दो से चार फसले उगाना बहुशस्योत्पादन कहलाता है।

(14) दलहन फसले मृदा से अन्य पोषकों का उपयोग करती है, किन्तु वायु में नाइट्रोजन स्थिरिकरण देती है। ओर मृदा में नाइट्रोजन की समृद्धि कर उसे अधिक उर्वर बनाती है। इस प्रकार अगले अनाज फसल हर बार उगाते रहने से मृदा में एक ही प्रकारके पोषकों का प्रयोग होता रहे और वह पोषक तत्व समाप्त हो जाएगा। नए उगाए गए पौधें को मृदा से अल्प पोषण मिलेगा और वे कमजोर तथा घटिया होंगे। जब पौधें कमजोर होंगे तो कीट उन पर आक्रमण कर उन्हें नष्ट कर देंगे।

(15) विज्ञान की वह शाखा जो भोजन उत्पादन के तरीकों से संबंध रखती है। कृषि विज्ञान कहलाती है। भोजन उत्पादन के नए तरीकों को पढ़ने की अतिरक्ति, विज्ञान की इस शाखा में हम यह भी पढ़ते हैं। किस प्रकार फसलों की नई और बेहतर किस्मों को उगाया जा सकता है, किस प्रकार पशुओं और पक्षियों जैसे गाय, मुर्गी आदि का बेहतर ढ़ंग से पालन किया जा सकता है।

(16) दलहन फसले मृदा से अन्य पोषकों का उपयोग करती है, किन्तु वायु में नाइट्रोजन स्थिरिकरण देती है। ओर मृदा में नाइट्रोजन की समृद्धि कर उसे अधिक उर्वर बनाती है। इस प्रकार अगले अनाज फसल हर बार उगाते रहने से मृदा में एक ही

प्रकारके पोषकों का प्रयोग होता रहे और वह पोषक तत्व समाप्त हो जाएगा। नए उगाए गए पौधें को मृदा से अल्प पोषण मिलेगा और वे कमजोर तथा घटिया होंगे। जब पौधें कमजोर होंगे तो कीट उन पर आक्रमण कर उन्हें नष्ट कर देंगे।

कृषि– विज्ञान की वह शाखा जो भोजन उत्पादन के तरीकों से संबंध रखती है। कृषि विज्ञान कहलाती है। भोजन उत्पादन के नए तरीकों को पढ़ने की अतिरक्ति, विज्ञान की इस शाखा में हम यह भी पढ़ते हैं। किस प्रकार फसलों की नई और बेहतर किस्मों को उगाया जा सकता है, किस प्रकार पशुओं और पक्षियों जैसे गाय, मुर्गी आदि का बेहतर ढ़ंग से पालन किया जा सकता है। ताकि वे अधिक दूध या उतम प्रकार के अण्डे दे सकते हैं। कृषि विज्ञान की वह शाखा जो सब्जियों, फलों सजावटी, पौधे के उगाने एवं उत्पादन करने और फलोधान क प्रबंधन से संबंध रखती है, उद्यान कृषि कहलाती है। नए तरीकों दूढ़ने के लिए उद्यान कृषक अनुसंधान करते हैं। जिससे फलों और सब्जियों का बेहतर किस्मों को बड़े पैमाने पर उगाया जा सके।

खाद्य उत्पादन को बढ़ाने के लिए हम अच्छी किस्म के बीज बो सकते हैं। और बुवाई के तरीकों को सुधार सकते हैं। हम मृदा को और अधिक उपजाउ बना सकत हैं। यहां तक कि फसल काटने के बेहतर तकनीकों का प्रयोग कर सकते हैं। कृषि उत्पादों को सुरक्षित रूप से भण्डारण किया जाना चाहिए। चूहे, पक्षियों या कीटों के आरक्षण और भक्षक से उनका बचाव करना चाहिये। विषय तापमान एवं आर्द्रता या कवकों की वृद्धि की वजह से विकृत होने से उनकी रक्षा करनी चाहिए।

शस्यावर्तन, शस्यावर्तन और बहुशस्योत्पादन जैसे तरीकों उचित प्रबंधन के लिए अपनाने चाहिए।

शस्यावर्तन – दो समरूप फसलों के बीच में एक अन्य फसल विशेषकर एक शिंबी फसल को उगाने के शस्यावर्तन कहते हैं।

(i) भूमि का उपयोग हो जाता है।

(ii) दलहन फसले मृदा से अन्य पोषकों का उपयोग करती है, किन्तु वायु में नाइट्रोजन स्थिरिकरण देती है। ओर मृदा में नाइट्रोजन की समृद्धि कर उसे अधिक उर्वर बनाती है। इस प्रकार अगले अनाज फसल हर बार उगाते रहने से मृदा में एक ही प्रकारके पोषकों का प्रयोग होता रहे और वह पोषक तत्व समाप्त हो जाएगा। नए उगाए गए पौधें को मृदा से अल्प पोषण मिलेगा और वे कमजोर तथा घटिया होंगे। जब पौधें कमजोर होंगे तो कीट उन पर आक्रमण कर उन्हें नष्ट कर देंगे। अतः शस्यावर्तन मृदा उर्वरता को पुनः स्थापित करता है। बेहतर पैदावार देता है। फसल को रोगों तथा पीड़कों से बचाता है। और रासायनिक उर्वरक पर निर्भरता कम करता है।

बहुशस्योत्पादन– एक ही भूमि पर, एक ही वर्ष में दो से चार फसले उगाना बहुशस्योत्पादन कहलाता है।

बहुशस्योत्पादन तभी संभव है जब हम फसलों की उन किस्मों को उगाए जो कम समय के लिए उगाई जाती है। लेकिन उत्तम नतीजों के लिए एक उचित प्रबधित भूमि हे। वास्तव में खाद्य समस्याओं वाले देश के लिए बहशस्योंउत्पादन उत्तम हल है, क्यों भूमि का एक ही टुकड़ा विभिन्न प्रकार की फसलों को उगाने के लिए प्रयुक्त होती है।

बीजों की किस्म को संशोधित करना– आपने अवश्य ही विज्ञापनों को अक्सर सुना या पढ़ा होगा जो किसानों को बीजों की नई और उन्नत किस्में खरीदने के लिए प्रोत्साहित करते थे। इनमें से कुछ किस्में रोग प्रतिरोधक हैं और बहुत ही अच्छी फसल होती है। हमारे वैज्ञानिकों द्वारा विकसित अधिक पैदावार वाली फसलों की कुछ उन्नत किस्में निम्न सारणी में है।

फसल	किस्म
धान	आई.आर 8, जया, पदमा, बाला
गेहूं	शरबती सोना, सोनालिक, कल्याण सोना, हीरा–मोती, आर.आर. 21 और यू.पी. 301
मक्का	गंगा 101, रंकित और दक्किन (डेकन) हाइब्रिड
भिंडी	पूसा सावनी
बैंगन	पूसा बैंगनी, भूसा क्रान्ति और भुक्तबेशी

फसल उत्पादन

पेड़ पौधे लगाने के लिये गडढ़ों व क्यारियों की खुदाई एवं फलदार पौधे लगाने की प्रक्रिया को जानने के पश्चात आपने अपने विद्यालय, घर एवं खेत पर पेड़ लगाये होंगे।

फलदार पौधों की उचित देखभाल करना।

नींबू, संतरा, अनार, अमरूद, चीकू आदि के छोटे पौधे अति संवेदनशील होते है। जलवायु में थोड़ी सीं गर्मी अधिक होने से ये मुरझा कर सूख जाते हैं। अधिक सर्दी या पाला गिरने से भी

ये पौधे मुरझा जाते हैं। पौधों को उचित वातावरण देना एवं उनके रखरखाव से सम्बंधित क्रियाओं को जानना आवश्यक होता है, तभी हमारे द्वारा लगाये गए पेड़ पैधे स्वस्थ रहते हैं।

पौधशाला

पोधशाला (नर्सरी) वह निश्चित, सुरक्षित एवं सीमित क्षेत्र होता है, जहाँ पर अधिक छोटे, नाजुक, महंगे, सीमित मात्रा में उपलब्ध बीजों की बुवाई एवं उचित देख रेख करके रोपाई हेतु स्वस्थ पौधे तैयार किये जाते हैं।

पपड़ी तोड़ना

पौधे लगाने के बाद उन्हें पानी दिया जाता है इस स्थिति में मिट्टी की ऊपर की परत एक तह के रूप में जम जाती है। इससे ऊपर के वातावरण का सम्पर्क मिट्टी के अन्दर के वातावरण से नहीं हो पाता। यह परत वायु के सवातन में ही बाधा डालती है। पौधे के नीचे का तापमान अधिक हो इसे ऊपरी परत पर धीरे-धीरे चलाने से पपड़ी टूट जाती है। इस हेतु प्राय: एक सेंटी मीटर गहरी खुदाई की जाती है। पौधे को खुदाई करते समय चोट नहीं लगनी चाहिए। जिन पौधों में अंकुरण देरी से होता है वहाँ पपड़ी तोड़ने का कार्य अंकुरण से पूर्व ही किया जाता है जिसे अंधी निराई गुड़ाई कहते हैं।

सिंचाई

पौधे में लगभग 80 से 95 प्रतिशत तक जल का भाग होता है। पौधों में जल, उत्स्वेदन, श्वासोच्छवासन, प्रकाश संश्लेषण बने भोजन के आवागमन आदि क्रियाओं में अति आवश्यक समय-समय पर पानी देने की प्रक्रिया को सिंचाई कहते हैं। फलदार पौधों को सिंचाई करने के लिए पौधों के चारों और थावले बनाये जाते हैं। प्रत्येक थावले को नाली से जोड़ देते हैं। नाली में पानी के बहाव को छोड़ा जाता है। यह पानी सभी थावलों में नाली द्वारा पेड़ पौधों की जड़ों तक पहुँच जाता हैं।

सिंचाई करते समय यह ध्यान रखना चाहिए कि पौधों की जड़ो में पास न तो जल अधिक मात्रा में जमा हो और न ही इतना कम, कि जड़ें सूखने लगें। दोपहर में सिंचाई नहीं करनी चाहिए, क्योंकि इस समय तापमान बहुत अधिक होता है, इससे जल का वाष्पीकरण अधिकतम होता हे। सिंचाई का सबसे उत्तम समय सांयकाल हैं। सूर्योदय से पूर्व या सायंकाल ही सिंचाई करना उचित होता है।

पोषण

पौधों की वृद्धि फूल एवं अच्छे व पर्याप्त मात्रा में प्राप्त करने के लिए समय-समय पर खाद, उर्वरक तथा उचित तत्त्व के लवण अति आवश्यक होते हैं।

पौधशाला की भूमि का रासायनिक विश्लेषण के आधार पर पोषक तत्वों की मात्रा का निर्धारण किया जाता है। सामान्यता पौधों के लिए सोलह पोषक तत्त्व आवश्यक माने जाते है ये तत्त्व हैं कार्बन, हाइड्रोजन, ऑक्सीजन, नाइट्रोजन, फॉस्फोरस, पोटेशियम, केल्शियम, मेग्निशियम, लोहा, सल्फर, क्लोरिन, जिंक, बोरोन, मैंगनीज, ताँबा और मोलिविडनम। इनके

अभाव में पौधों पर इनके प्रभाव के लक्षण प्रदर्शित होते हैं। अधिक मात्रा में होने पर ये हानि भी पहुँचाते हैं। प्रत्येक जाति के पौधों के लिए इनकी अलग-अलग मात्रा निर्धारित करते है। उक्त पोषक तत्वों को हम खाद या उर्वरक के रूप में पौधों को देते है।

छोटे पौधों को उसके आसपास बिखेर कर खाद दिया जाता है। खाद बिखेरने के तुरन्त बाद सिंचाई कर दी जाती है। पौधे जब कतार में लगे हो तथा उनके बीच की दूरी समान हो तो 3 या 4 सेमी. गहरी और 3 सेमी. चौड़ी नाली बनाई जाती है। इस नाली में कृत्रिम खाद (उर्वरक) को डाल दिया जाता है और ऊपर से मिट्टी डक दी जाती है। थोड़ी सिंचाई करने पर उर्वरक एवं गोबर की खाद कम्पोस्ट, हड्डी की खाद, सुपर फास्फेट आदि को पौध रोपण से पहले ही मिट्टी में मिला देते हैं। यह खाद धीरे-धीरे घुलती है एवं पौधों को मिलत रहती है।

रोगिंग (खरपतवार नियंत्रण)

क्यारियों एवं गड्ढ़ों में पौधें लगाए हैं इन पौधों के अलावा कुछ अवांछित पौधें भी उग जाते हैं। इन्हें अलग करना अति आवश्यक होता है इस प्रक्रिया को रोगिंग कहा जाता है।

रोगिंग शीघ्र ही करनी चाहिए क्योंकि ये मुख्य पौधों की आवश्यकता वाले पौषक तत्त्वों एंव जल को कम कर देते है। अनावश्यक उग आए छोटे पौधों को उखाड़ना बहुत ही आसान होता है। रोगिंग कार्य प्रायः हाथों से ही किया जाता है। रोगिंग करने से एक दिन पूर्व हल्की सी सिंचाई कर दी जाती है। जिससे पौधों को उखाड़ना सरल हो जाता है।

निराई गुड़ाई करना

यह रोगिंग से मिलती जुलती प्रक्रिया है। इसमें खरपत वारों को हैण्ड हो, हैण्डरेक, हेरो, पंजदन्ता इल इत्यादि चलाकर उखाड़ा जाता है। इसे निराई कहते हैं समय-समय पर मिट्टी को उलट पलट करते है। इससे भूमि के रन्ध्र कूपों में वायु का आना जाना बढ़ जाता है। इससे जड़ों को पर्याप्त वायु मिलती रहती है। इससे पौधे स्वस्थ रहते है। इस प्रकार मिट्टी को समय-समय पर खोदने एवं उलट पलट को गुड़ाई कहा जाता है पौधे के लिए निराई गुड़ाई अति आवश्यक है।

मिट्टी चढ़ाना

पौधें की जड़ों के आस पास पर्याप्त रूप से मिट्टी का होना आवश्यक है। सिंचाई, वर्षा या कणों के बोझ के कारण रन्ध्र कूपों से वायु अथवा नमी निकल जाती है तथा तने के पास की मिट्टी थोड़ी बैठ जाती है जिससे कभी जड़ें बाहर निकल आती हैं अत: समय समय पर अच्छी उर्वरा मिट्टी पौधों के तनों के आस पास चढ़ाते रहना चाहिए। छोटी क्यारियों में खुरपे से मिट्टी चढ़ा देते है, बड़े खेत में हल या हेरो एवं मिट्टी पलटने वाले हल का प्रयोग भी कर सकते है।

पेड़ पौधों के लिए रोगिंग, निराई, गुड़ाई एवं मिट्टी चढ़ाने का कार्य एक साथ किया जाता है।

कटाई-छंटाई करना

कुछ पौधों के मुख्य तने से शाखाएं एव अनावश्यक टहनियां निकल आती है। फलदार पौधे उनके मुख्य तने से 30 सेमी. ऊंचाई तक कोई पत्ता तथा शाखा नहीं रखी जाती है अनावश्यक उग आए पत्तों एवं शाखाओं को मुख्य तने से हटा देते हैं इस प्रक्रिया को डिशूटिंग कहते हैं इससे मुख्य तना मजबूत रहता है।

पौधे में टोपोग्राफी (आकृति प्रदान करना)

उद्यान में लगाए गए विभिन्न प्रकार के अलंकृत पौधे, हैज (बाढ़), लॉन में लगाई गई दूब घास इत्यादि की समय-समय पर कटाई-छंटाई की जाती है। जब तक कटाई-छंटाई पौधों में एक निश्चित आकृति प्रदान करने के उद्देश्य से की जाती है तो इसे टोपोग्राफी कहते है। इसके अन्तर्गत पौधों की छंटाई में विभिन्न पशु पक्षियों की आकृति प्रदान करते हुए पौधों की कटाई छंटाई की जाती है।

सहारा देना

कमजोर तने वाले पौधों को सहारे की आवश्यकता होती है। कभी-कभी फल लगने के समय भी सहारे की जरूरत पड़ती है। सहारा प्राय: लकड़ी की बल्लियों से खड़ा कर दिया जाता है। सहारे को पेड़ के साथ बांधने के लिए कपड़ा, रूई तथा सूतली काम में लेनी चाहिए। बंध अधिक कठोर नहीं होना चाहिए अन्यथा शाखा पर गांठ पड़ जाती है जिससे भोजन का आवागमन अवरूद्ध हो जाता है। सहारे को आवश्यकता से अधीक समय तक नहीं लगाये रखना चाहिए। इस प्रकार पौधों की समय-समय पर देखभाल करने से पौधे स्वस्थ रहते हैं।

फसल उत्पादन

कृषि मौसम के आधार पर फसलें तीन प्रकार की होती है-

1. खरीफ-(वर्षाकालीन) वर्षा के प्रारंभ में बोई गई फसल को खरीफ की फसल कहते है, जैसे ज्वार, बाजरा, मक्का, धान, चँवला, उड़द, मूँग, कपास, मूंगफली, तिल, ज्वार, अरहर, अरण्डी आदि।

2. रबी (शीतकालीन):-वर्षा ऋतु समाप्त होने के उपरांत शरद ऋतु प्रारंभ होती है, इस ऋतु में उगाई जाने वाली फसल को रबी की फसल कहते है, जैसे-गेहूँ , जौ, चना, मटर, मसूर , सरसों, आलू, रज़का, तम्बाकू आदि।

3. जायद (ग्रीष्मकालीन) शरद ऋतु समाप्त होने के उपरांत वातावरण में तापक्रम में वृद्धि होना प्रारंभ हो जाता है, इस ऋतु में उगाई जाने वाली फसल को जायद की फसल कहते है। जैसे-ग्वार, मक्का, रिजका, चँवला, ज्वार आदि। इसके साथ ही सब्जियों की फसलों में तरबूजा, खरबूजा, लौकी, तुरई, करेला, टमाटर, हरी मिर्च, मूंग, उड़द आदि।

खरीफ की फसल

बाजरा- यह खरीफ की फसल है। हमारे यहाँ इसकी खेती प्राचीन काल से चली आ रही है। बाजरे को अनाज के रूप में काम में लेते है। राजस्थान में विशेष तौर से बाजरे की खेती की जाती है इसका पौधा 1 से 2 मीटर तक ऊँचा होता है।

जलवायुः- बाजरे की खेती के लिए पानी की कम आवश्यकता होती है। जिन स्थानों पर वर्षा कम होती है, वहाँ इसकी खेती की जा सकती है। बाजरे का पौधा उच्च तापक्रम सहन कर सकता है अतः इसी गुण के कारण अधिकांश रेतीले इलाकों में इस फसल को बोया जाता है। मिट्टी-बाजरे की फसल के लिए बलुई मिट्टी सबसे अच्छी होती है। यह लाल एवं काली मिट्टी में भी उगाया जा सकता है।

खेती की तैयारी-बाजरे की फसल के लिये खेती की दो-तीन बार जुताई करनी चाहिए चूँकि यह खरीफ की फसल हैं अतः इसमें सिंचाई के लिए क्यारियां बनानी जरूरी नहीं होती हैं। यदि बाजरा जायद फसल में बोया जाए तो सिंचाई हेतु क्यारियां आवश्यक होती है।

खाद एव उर्वरक देनाः- बाजरे की फसल में खाद दिया जावे तो फसल उत्पादन डेढ़ गुना तक बड़ जाता है। संकर बाजरा से 80 से 100 किग्रा प्रति हैक्टेयर नाइट्रोजन उर्वरक एवं 40 किग्रा पोटाश प्रति हैक्टेयर देते हे। नाइट्रोजन दो-तीन बार में देना चाहिए।

बीज की तैयारी-बुवाई से पहले बीजों को तैयार करना होता है। इन बीजों को रोग रहित भी किया जाता है ताकि रोग मुक्त फसल पैदा हो। बाजरे के बीज को "ओरगेनों मस्क्यूरियल फनजीसाइड" से उपचारित करते हैं। उपचारित बीज को मध्य जुलाई में बोया जाता है। बीजों की कतारों में 45 से 60 सेमी. मी दूरी रखते हैं। एक हेक्टर के लिए लगभग 4 से 5 किलो बीज की आवश्यकता होती है। बाजरे का बीज बहुत छोटा होता है इसलिए बहुत कम गइराई में बुआई करते है। बीज बोने का समय मध्य जून से जुलाई तक होता है।

बाजरे की फसल के प्रमुख रोगः-

1. बाजरें की फसल को फफूंदी से बचाने के लिए बीजों को उपचारित किया जाता है।
2. बाजरे की खड़ी फसल का अरगट नामक रोग लग जाता है। इसके लिए 20 प्रतिशत नमक के घोल से बीजों को उपचारित किया जाता है। इसके बाद उसे धोकर एग्रोसिन या थीरम से बीज का उपचार कर खेत में बोया जाता है।

कटाई और उपज- दानें वाली फसल सितम्बर-अक्टूबर में तैयार हो जाती है। इसकी कटाई बालियों के पकने पर की जाती है। दानें की फसल खलियान में एकत्रित की जाती है। वहां पर दानें अलग कर बचे हुए डंठल को जानवरों को खिलाने में प्रयोग किया जाता है। बाजरा की उपज प्रति हैक्टर 4.5 से 7 क्विण्टल तक हो जाती है।

रबी की फसल

मटरः- मटर रबी की फसल के अन्तर्गत उगाते है। मटर का उपयोग सब्जी, दाल आदि बनाने में होता है। देशी छोटी मटर जिसका रंग हरा और लालपन लिए हुए होता है, देशी सफेद मटर जिसे काबुली मटर भी कहते है। अब भारत के लगभग सभी प्रान्तों में बोई जाती है।

जलवायुः- मटर ठंडे मौसम की फल है। इसीलिए इसे रबी में उगाते है। खेत में पानी भर

ताजा है तो पैधें को हानि **होती** है। इसके ऊपर पाले का भी बुरा असर होता है। इसका **पौधा** बहुत ही नरम होता है। अतः ज्यादा ठंड पर भी फसल अच्छी नहीं होती है। वातावरण में नमी की अधिकता भी इसके पौधे को नुकसान पहुँचाती है। ठंडा शुष्क मौसम इस फसल के लिए उपयोगी होता है।

भूमि एवं खेत की तैयारीः-भारी दोमट मिट्टी इसके लिए उपयुक्त रहती है। रेतीली और चिकनी मिट्टी में इसकी खेती नहीं होती है। फॉस्फोरस व केल्शियम वाली भूमि इसके लिए अच्छी होती है। खरीफ की फसल काटने के बाद खेत की जुताई मिट्टी पलटने पाले हल से करनी चाहिए। फिर देशी हल से दो तीन जुताइयां करके मिट्टी बारीक करनी चाहिए। जुताई के समय खेत में नमी होनी चाहिए लाभप्रद होती है। यदि नमी नहीं हो तो हल्की सिंचाई कर देनी चाहिए। खेत तैयार हो जाने पर बुआई कर दी जाती है।

खादः-मटर में लिए प्रति हैक्टर 35 से 50 किग्रा फॉस्फोरस खाद की आवश्यकता होती हैं यदि खेत में पोषक तत्त्वों की ज्यादा ही कमी हो तो 45 से 55 क्विंटल गोबर को खाद देना चाहिए।

बीज की बुआई- मटर को मुख्यतः अक्टूबर माह **में बो**ते हैं। 60 से 80 किग्रा प्रति हैक्टर बीज की आवश्यकता होती हैं 30 से 45 सेन्टीमीटर की दूरी पर हल के पीछे कुंड से की जाती हैं।

सिंचाई-देशी मटर को एक बार तथा उन्नत किस्म के मटर को दो बार सिंचाई करनी चाहिए। सिंचाई हल्की करनी चाहिए, क्योंकि अधिक पानी से पौधे मर जाते हैं।

कटाई और पैदावाद- मटर की फसल लगभग दो-ढाई माह में पककर तैयार हो जाती है। आजकल कच्ची फलियों को जिनमें दाने भर आते है हाथों से तोड़ कर एकत्रित कर लेते है। हरी फलियां बाजार में आसानी से बिक जाती है। इससे पैसा भी अच्छा प्राप्त होता है। हरे मटर, सब्जी आदि के लिये एवं परिरक्षित करने के लिए काम में लिये जाते है। फसल जब सूखने लगे तब काट कर खलियान में एकत्रित कर लेते है। यहाँ सूखे मटर की फसल भी बाजार में आसानी से बिकती है। इसकी दालें बनाई जाती है।

रोग एवं निदान-मटर की फसल बहुत से रोगों को आक्रमण होता है।

1. पी लीफमाइनर नामक श्वेत कीड़े पंक्तियों पर जमा रहते हैं, इससे पत्तियाँ जल्दी मुरझा कर सूख जाती हैं। इससे बचाव के लिए डी. डी. टी. व पेराथियान के घोल को फसल पर छिड़का जाता है।
2. पी सेमी लूपर-यह पतंगा मध्यम आकार का होता है, पत्तियों को खा जाता है। इसके प्यूपा (छोटी अवस्था) 1 से 2 सप्ताह तक पत्तियां खाते रहते हैं। इससे फसल को बचाने के लिए बी.एच.सी. पाउडर छिड़क देना चाहिए।
3. **पी-केटरपील**-यह कीड़ा मटर की फलियों एवे पत्तियों को खाकर नष्ट कर देता है। **बी.एच.सी. पाउडर एल्ड्रीन** का छिड़काव करने से इससे बचा जा सकता है।

जायद की फसलः-

करेला की खेती

जलवायुः- इसकी फसल जायद तथा वर्षा ऋतु दोनों में ही उगाया जाता है, गर्म-तर जलवायु उत्तम रहती है।

भूमि-अच्छे जल विकास वाली बलुई दोमट भूमि जिसका पी.एच. मान 6.0 से 6.5 तक हो।

बुवाई का समयः-

(अ) 1. ग्रीष्म कालीन-जनवरी से अप्रैल तक

2. वर्षा कालीन-जून से जुलाई तक

(ब) मार्च से जून तक

बीज की मात्राः 6-7 किग्रा बीज प्रति हैक्टेयर

पौधों की आपसी दूरीः पंक्ति से पंक्ति की दूरी = 100 सेमी.

पौधे से पौधे की दूरी = 100 सेमी.

खाद एवं उर्वरकः- खेत की अंतिम तैयारी के समय 20 से 25 टन सड़ी हुई **कार्बनिक खाद** प्रति हैक्टेयर की दर से मिलाते है।

इसके अतिरिक्त 60 किग्रा नत्रजन, 50 किग्रा फॉस्फोरस तथा 50 किग्रा पोटाश **प्रति हैक्टेयर** प्रयोग करते है।

सिंचाईः ग्रीष्मकालीन फसल हेतु प्रति 4-6 दिन बाद सिंचाई की आवश्यकता होती है।

कटाईः-फलों की तुड़ाई मुलायम एवं छोटी अवस्था में ही कर लेना चाहिए, फलों की तुड़ाई बीत बुवाई के 75-90 दिन बाद शुरू हो जाती है। यह तुड़ाई का कार्य प्रति तीसरे दिन करते रहते है।

उपज प्रति हैक्टेयरः इसकी उपज 100 से 150 क्विंटल प्रति हैक्टेयर होती है।

करेला के प्रमुख कीट

1. कटर पिलर-पत्तियों को खाले वाला यह कीट पत्तियों की नसों को खाकर पत्ती को जालीनुमा बना देता है।
2. पॅपकिन फ्रूट फ्लाई-इस कीट की तितलियां फलों में सुराख बना देती है जिससे फलों में सड़न प्रारंभ हो जाती है।

रोकथाम-मैलाथियान के 0.05 प्रतिशत घोल में 1.0 प्रतिशत का गुड़ का घोल मिलाकर छिड़काव करना चाहिए।

करेला के प्रमुख रोगः-

1. मौजेक-यह वायरस द्वारा फैलता है जिसका नाम Cycumis Virus है। हसमें पत्तियां मुड़कर उनकी बढ़वार रूक जाती है।

रोकथामः-1. रोग ग्रसित पौधे को उखाड़ कर जला देना चाहिए।

2. रोग रोधी किस्मों को उगाना चाहिए।

2. **फ्यूजोरियम** रूट रौटः-

यह Fusorium Solani नामक फफूंदी से फैलता है। इसमें तने का आधार काला हो जाता है तथा यह पौधा सूख जाता है।

रोकथाम-बीजों की बुवाई करने से पहले गर्म पानी उपचार (55° ताप पर 5 मिनट तक) करके, बीजों को मरक्यूरिक क्लोराइड के 0.1 प्रतिशत के घोल में डुबाना चाहिए।

विभिन्न फसलों का चार्ट

क्रम	फसल का नाम एवं मिट्‌टी	बुवाई का समय	कटाई का समय
	1. रबी की फसलें		
1.	गेहूँ मध्यम दोमट मिट्‌टी	मध्य अक्टूबर से नवम्बर	मार्च-अप्रैल
2.	चना मटियार दोमट, चिकनी मिट्टी	अक्टूबर से प्रारंभ में	मार्च-अप्रैल
3.	सरसों हल्की बलुई दोमट मिट्टी	नवम्बर से अंत तक	फरवरी
4.	तिल हल्की बलुई दोमट मिट्टी	सितम्बर-अक्टूबर इसे खरीफ की फसल में भी बोया जाता है।	फरवरी
	2. खरीफ की फसलें		
1.	चावल चिकनी, पानी युक्त मटियार से मटियार दोमट मिट्टी	वर्षा प्रारंभ होने पर 15 जून से 15 जुलाई	सितम्बर व अक्टूबर
2.	मक्का हल्की दोमट मिट्टी बलुई मिट्टी	वर्षा प्रारंभ होने पर जून से जुलाई	सितम्बर के अन्त तक
3.	ज्वार हल्की दोमट बलुई कपास की काली मिट्टी	वर्षा प्रारंभ होने पर जून अन्त में	नवम्बर
4.	अरहर (तुवर) मटियार दोमट मिट्टी	वर्षा प्रारंभ होने पर	दिसम्बर से फरवरी मार्च
	3. जायद		
1.	टमाटर बलुई दोमट से दोमट मिट्टी	मार्च अप्रैल जून जुलाई	सितम्बर से मई तक
2.	लौकी उचित जल निकास की	जनवरी से मार्च और जून-जुलाई	फल तैयार हो जाने पर

	सभी प्रकार की भूमि		
3.	करेला उचित जल निकास की सभी प्रकार की भूमि	जनवरी से अप्रैल तक	75 से 90 दिन बाद
4.	मिर्च अच्छे जल निकास वाली दोमट मिट्टी	अप्रैल से सितम्बर	75 से 90 दिन बाद

पशुपालन

भारतवर्ष में पशुपालन का कार्य शताब्दियों से चला आ रहा है। घरेलू आवश्यकताओं की पूर्ति के लिए पशुपालन को मिश्रित खेती के रूप में अपनाने से परिवार को दूध, मांस, अण्डा, ऊन चमड़ा, कम्बल, स्वेटर व अन्य ऊनी वस्त्र इत्यादि प्राप्त होते है। साथ ही पशु कृषि कार्य में सहयोग देते है। पशुओं से प्राप्त गोबर-मूत्र, खाद के रूप में काम आता है। इस प्रकार हमारी दिनचर्या का पशुपालन एक हिस्सा बन गया है। पशुपालन कृषि का एक अभिन्न अंग है। भारत में अधिकांशतः मिश्रित खेती होती है, जिससे फसल उत्पादन के साथ-साथ दूध, माँस, अण्डा, ऊन उत्पादन के लिए, पशुपालन किया जाता है ये दोनों ही व्यवसाय एक-दूसरे के पूरक है।

पशुपालन व्यवसाय के अन्तर्गत मुख्यतः चार बातों का अध्ययन किया जाता है जो निम्नांकित हैं-

पशु प्रजनन, पशु का आहार, पशुओं का प्रबन्ध, पशुओं की स्वास्थ्य सुरक्षा, इन चारों में से किसी एक को भी कम महत्त्व देने पर पशुपालन व्यवसाय निश्चित रूप से प्रभावित होगा। पशुपालन प्रबंध के अनतर्गत भोजन, आवास एवं बीमारियों से बचाव के लिए किए जाने वाले प्रयासों की जानकारी रखना आवश्यक है। पशुपालन के अन्तर्गत यहाँ गाय, भैंस, बकरी, व भेड़ के प्रबध के बारे में जानकारी प्राप्त करेंगे।

गाय एवं भैंस की देखभाल (गाय-भैस पालन)-

गाय, भैंस का आहार-पशुओं के अच्छे स्वास्थ्य के लिए उन्हें संतुलित एवं उचित अनुपात में आहा मिलना आवश्यक हैं पशुओं के आहार में भोजन के सभी पोषक तत्त्व जैसे-कार्बोहाइड्रेट, प्रोटीन, वसा, विटामिन्स एवं खनिज लवण सम्मिलित होने चाहिए। गाय भैंस द्वारा दूध देने व दूध न देने की स्थिति में दिये जाने वाले आहार को भी दो भागों में बांटा गया है।

दुधारू गाय, भैंस का आहार-

दूध देने वाले पशुओं के आहार का निर्धारण करते समय निम्नलिखित बातों को ध्यान में रखा जाता है-

1. कम लागत पर अधिक दूध पैदा करने के लिए मौसम के अनुसार वर्ष भर अधिक से अधिक चारे को उपयोग करना चाहिए।

2. दाने की लागत मूल्य कम करने के लिए अच्छी किस्म के खाद्य-उपजात जैसे-**खलियां,** चावल की पॉलिश, गेहूँ की भूसी, दाल की चूरी, छिलके, पापड़, शीरा इत्यादि **खाद्य** अन्ववों का उपयोग करें।
3. हरे चारे की कमी के दिनों के लिए साइलेज तैयार करके उपयोग में लेवें।
4. 5 लीटर से अधिक दूध देने वाले पशुओं को भरपेट हरा चारा खिलाने के अलावा 14-16 प्रतिशत प्रोटीन युक्त दाना खिलाएं।
5. 5 लीटर प्रतिदिन दूध देने वाले दुधारू पशुओं को 40-60 किग्रा हरा चारा तथा 2 किग्रा सूखा चारा प्रतिदिन खिलाएं।
6. दुधारू पशुओं के आहार में 1/3 भाग दलहनी चारे, 1/3 भाग हरे चारे अथवा साइलेज तथा शेष सूखे व हरे चारे को मिलाकर खिलाना चाहिए।

गाय-भैंस के लिए आवास व्यवस्था:- पशुओं को अच्छा लिखाने के साथ-साथ अच्छे आवास की भी व्यवस्था होनी चाहिए। एक अच्छे पशु आवास पर ही सफल पशुपालन व्यवसाय निर्भर रहता है।

आवास के उद्देश्य:-

1. पशुओं को मौसम की विपरीत परिस्थितियों, जैसे-सर्दी, गर्मी, वर्षा, ओला, पाला, शीतलहर, लू इत्यादि से बचाना।
2. कम श्रम एवं समय में पशु आवास की सफाई व सरलता से पशु प्रबन्ध करना।
3. पशुओं की चोरी व हिंसक जानवरों से रक्षा करना।
4. एक अच्छे पशु आवास में रखकर पशुओं को आराम प्रदान करना।

उपर्युक्त बिन्दुओं को ध्यान में रखकर ही पशुओं के आवास हेतु पशुशाला का निर्माण किया जाता है। पशु शाला निर्माण के लिए स्थान का चुनाव करते समय प्रमुख बातों को ध्यान में रखकर स्थान का चुनाव करते हैं जैसे-

यातायात की सुविधा, पशुशाला की बाजार से दूरी, विद्युत व्यवस्थ, श्रमिकों की सुविध पानी का प्रबंध, पशुशाला के आसपास छाया हेतु वृक्षों का होना, पशु शाला की दिशा एवं वायु का आवागमन। हमारे यहाँ बनाये जाने वाले पशु आवास को सामान्यतः दो वर्गों में बाँटा गया है। बन्द पशु आवास और खुला पशु आवास।

❑❑❑

अध्याय–3

सिलाई एवं वस्त्र

विभिन्न प्रकार के टाँके लगाना, कपड़ों की मरम्मत करना, हुक लगाना, काज बनाना, चड्डी या जांघिया, पायजामा या पेटीकोट की सिलाई करना।

वस्त्र सभ्य मानव की अनिवार्य आवश्यकताओं में से एक है। वस्त्रों से जहाँ सर्दी और ग्रर्मी में रक्षा होती है वहीं वे शारीरिक सौन्दर्य वृद्धि के लिए भी अनुपम साधन हैं। जब हम विद्यालय में आने वाले छात्र-छात्राओं के वस्त्रों के बटन टूटे हुए या सिलाई उधड़ी हुई देखते हैं तो बड़ा दुख होता है। घर में गृहणियों के अनेक दायित्व होते हैं और समयाभाव के कारण वे इन छोटे-छोटे कार्यों को करने में भी असमर्थ रहती हैं। यदि छात्र छात्राओं को कपड़ों की मरम्मत करने, टांके लगाने, हुक करने बटन व काज करने आदि का ज्ञान होगा तो वे अपनी आवश्यकता की पूर्ति कर अपने व्यक्तित्व को निखार सकेंगे।

सिलाई कला की उपयोगिता—विद्यालयों को सिलाई कला को शिक्षा देना अनिवार्य है। सिलाई की व्यावहारिक उपयोगिता निम्नलिखित है—

- वस्त्र नाप के अनुसार उचित रूप से बनाये जा सकते है। सस्ता व साधारण कपड़ा भी भली प्रकार से सिला हो तो पहनने वाले का व्यक्तित्त्व आकर्षक लगता है।
- वस्त्र कम समय में, जिस समय आवश्यक हो उस समय तैयार किये जा सकते हैं। बहुधा दर्जी वस्त्र सीलकर देनें में एक-दो सप्ताह लगा देते हैं। आवश्यक कार्य होने पर कभी-कभी बड़ी परेशानी होती है। दर्जी के पास बार-बार जाने में समय व्यर्थ जाता है।
- दर्जी को दिया जाने वाला धन घर के अन्य किसी आवश्यक कार्य पर व्यय किया जा सकता है।

- वस्त्र सीलने से बची कतरन आदि का उपयोग छोटे बच्चों के कपड़ों आदि बनाने में किया जा सकता है।
- फटे कपड़ों की मरम्मत व रफू की जा सकती है।

सिलाई के प्रकार

सिलाई मुख्यतः दो प्रकार की होती है—

(1) हाथ से सिलाई और (2) सिलाई मशीन से सिलाई।

1846 ई. में मशीन का निर्माण होने से पूर्व मनुष्य हाथ की सिलाई से सिले हुए कपड़े ही पहिना करता था। आज मशीन के युग में भी हाथ की सिलाई का बहुत महत्त्व है। आज भी अच्छे बने हुए कपड़ों में हाथ सिलाइयां की जाती है।

विभिन्न प्रकार के टांके—हाथ व सिलाई मशीन के विभिन्न टांके निम्नांकित हैं—

(1) **कच्चा टाँका**—दो कपड़ों को आपस में अस्थायी रूप से जोड़ने के लिए यह सिलाई हाथ से की जाती है। जब वस्त्र पर पक्की सिलाई हो जाती है, तब कच्ची सिलाई खोल दी जाती है।

(2) **तुरपाई**—बुशर्ट के घर, पेन्टों की मोहरी, फ्राक व ब्लाउज के घेर रूमाल के किनारे आदि पर तुरपन की जाती है। इससे वस्त्र में सुन्दरता आती है।

(3) **बखिया**—यह सिलाई देखने में सुन्दर और मजबूत है। यह पीछे से आगे की और सूई निकाल कर की जाती है। यह सिलाई के समान दिखती है। वर्तमान मशीन के उपलब्ध होने पर इस सिलाई का प्रयोग कम हो गया है।

(4) **चांपा**—यह सिलाई गर्म कपड़ों अथवा टेरेलिन पेंटों पर की जाती है जिससे कपड़ा सुन्दर व आकर्षक लगता है।

(5) **मच्छी कांटा**—यह कांटा कुरते के कन्धे में जाली बनाने के काम आता है इससे कुरते में सुन्दरता आ जाती है। इसमें 30 या 20 नम्बर के धागे का प्रयोग किया जाता है।

(6) **लेजी-डेजी**—यह टांका छोटे-बड़े फूल-पत्ती बनाने के काम में आता है, साधारणतया यह रूमालों के कोनों में छोटे-छोटे डिजायन बनाने के काम आता है।

फटे वस्त्रों की मरम्मत करना

हमारे वस्त्र बहुधा कील या किसी नुकीली वस्तु में अटक कर या अधिक प्रयोग करने से घिस कर फट जाते है। वस्त्र के थोड़ा कट या फट, या जल जाने से पूरा कपड़ा व्यर्थ नहीं हो जाता वरन् उसकी मरम्मत करके उसे पुनः काम लाया जा सकता है।

विभिन्न प्रकार के टाँके लगाना, कपड़ों की मरम्मत करना, हुक लगाना, काज बनाना, चड्डी या जांघिया, पायजामा या पेटीकोट की सिलाई करना।

वस्त्र सभ्य मानव की अनिवार्य आवश्यकताओं में से एक है। वस्त्रों से जहाँ सर्दी और ग्रर्मी में रक्षा होती है वहीं वे शारीरिक सौन्दर्य वृद्धि के लिए भी अनुपम साधन हैं। जब हम

विद्यालय में आने वाले छात्र-छात्राओं के वस्त्रों के बटन टूटे हुए या सिलाई उधड़ी हुई देखते हैं तो बड़ा दुख होता है। घर में गृहणियों के अनेक दायित्व होते हैं और समयाभाव के कारण वे इन छोटे--छोटे कार्यों को करने में भी असमर्थ रहती हैं। यदि छात्र छात्राओं को कपड़ों की मरम्मत करने, टांके लगाने, हुक करने बटन व काज करने आदि का ज्ञान होगा तो वे अपनी आवश्यकता की पूर्ति कर अपने व्यक्तित्व को निखार सकेंगे।

सिलाई कला की उपयोगिता—विद्यालयों को सिलाई कला को शिक्षा देना अनिवार्य है। सिलाई की व्यावहारिक उपयोगिता निम्नलिखित है—

- वस्त्र नाप के अनुसार उचित रूप से बनाये जा सकते है। सस्ता व साधारण कपड़ा भी भली प्रकार से सिला हो तो पहनने वाले का व्यक्तित्त्व आकर्षक लगता है।
- वस्त्र कम समय में, जिस समय आवश्यक हो उस समय तैयार किये जा सकते हैं। बहुधा दर्जी वस्त्र सीलकर देनें में एक-दो सप्ताह लगा देते हैं। आवश्यक कार्य होने पर कभी-कभी बड़ी परेशानी होती है। दर्जी के पास बार-बार जाने में समय व्यर्थ जाता है।
- दर्जी को दिया जाने वाला धन घर के अन्य किसी आवश्यक कार्य पर व्यय किया जा सकता है।
- वस्त्र सीलने से बची कतरन आदि का उपयोग छोटे बच्चों के कपड़ों आदि बनाने में किया जा सकता है।
- फटे कपड़ों की मरम्मत व रफू की जा सकती है।

सिलाई के प्रकार

सिलाई मुख्यत: दो प्रकार की होती है—

(1) हाथ से सिलाई और (2) सिलाई मशीन से सिलाई।

1846 ई. में मशीन का निर्माण होने से पूर्व मनुष्य हाथ की सिलाई से सिले हुए कपड़े ही पहिना करता था। आज मशीन के युग में भी हाथ की सिलाई का बहुत महत्त्व है। आज भी अच्छे बने हुए कपड़ों में हाथ सिलाइयां की जाती है।

विभिन्न प्रकार के टांके—हाथ व सिलाई मशीन के विभिन्न टांके निम्नांकित हैं—

(1) **कच्चा टाँका**—दो कपड़ों को आपस में अस्थायी रूप से जोड़ने के लिए यह सिलाई हाथ से की जाती है। जब वस्त्र पर पक्की सिलाई हो जाती है, तब कच्ची सिलाई खोल दी जाती है।

(2) **तुरपाई**—बुशर्ट के घर, पेन्टों की मोहरी, फ्राक व ब्लाउज के घेर रूमाल के किनारे आदि पर तुरपन की जाती है। इससे वस्त्र में सुन्दरता आती है।

(3) **बखिया**—यह सिलाई देखने में सुन्दर और मजबूत है। यह पीछे से आगे की और सूई निकाल कर की जाती है। यह सिलाई के समान दिखती है। वर्तमान मशीन के उपलब्ध होने पर इस सिलाई का प्रयोग कम हो गया है।

(4) **चांपा**—यह सिलाई गर्म कपड़ों अथवा टेरेलिन पेंटों पर की जाती है जिससे कपड़ा सुन्दर व आकर्षक लगता है।

(5) **मच्छी कांटा**—यह कांटा कुरते के कन्धे में जाली बनाने के काम आता है इससे कुरते में सुन्दरता आ जाती है। इसमें 30 या 20 नम्बर के धागे का प्रयोग किया जाता है।

(6) **लेजी-डेजी**—यह टांका छोटे-बड़े फूल-पत्ती बनाने के काम में आता है, साधारणतया यह रूमालों के कोनों में छोटे-छोटे डिजायन बनाने के काम आता है।

फटे वस्त्रों की मरम्मत करना

हमारे वस्त्र बहुधा कील या किसी नुकीली वस्तु में अटक कर या अधिक प्रयोग करने से घिस कर फट जाते है। वस्त्र के थोड़ा कट या फट, या जल जाने से पूरा कपड़ा व्यर्थ नहीं हो जाता वरन् उसकी मरम्मत करके उसे पुनः काम लाया जा सकता है।

वस्त्र तन्तु एवं वस्त्र निर्माण

वस्त्र निर्माण की सामग्री की सबसे छोटी इकाई को तन्तु अथवा रेशा कहते हैं। प्रत्येक वस्त्र का निर्माण सम्बन्धित तन्तुओं से धागा या सूत बनाया जाता है। अनेक तन्तुओं से मिलकर धागा बनता है,इसमें विभिन्न प्रकार की क्रियाऐं की जाती है।इस प्रकार से तैयार धागे से बुनाई की प्रक्रिया द्वारा वस्त्र का निर्माण होता है। इस प्रकार यह स्पष्ट है कि वस्त्र निर्माण में सर्वप्रथम इकाई एवं कच्ची सामग्री ही तन्तु है।

तन्तु के गुण तथा बनावट

विभिन्न प्रकार के तन्तुओं का आकार, लम्बाई, गुण, रूप तथा स्त्रोत भिन्न–भिन्न होते है। प्रसचीनकाल में मनुष्य केवल उन्ही तन्तुओं से अवगत था जो प्रकृति से प्राप्त होते हैं परन्तु वैज्ञानिक ज्ञान के विकास तथा खोजों के फलस्वरूप मनुष्य नें कृत्रिम तन्तुओं के निर्माण में सफलता प्राप्त कर ली है। किसी भी वस्त्र की विशेषताऐं उन तन्तुओं पर ही निर्भर करती है जिनसे उस वस्त्र का निर्माण होता है। इसीलिए उत्तम प्रकार के वस्त्र के निर्माण मे उत्तम तन्तु का होना आवश्यक है। इस स्थिति मे

तन्तुओं के विभिन्न प्रकारों का ज्ञान भी अनिवार्य है।

वस्त्र विज्ञान के विकास तथा विभिन्न वैज्ञानिक खोजों के परिणामस्वरूप वस्त्र–निर्माण के लिए विभिन्न प्रकार के तन्तुओं का निर्माण होने लगा है। ऐसे मे वस्त्र–उपयोगी तन्तुओं का वर्गीकरण उनके प्राप्ति के स्त्रोत के आधार पर किया जाता है। इस आधार पर वस्त्रोपयोगी सभी तन्तुओं को सबसे पहले दो प्रमुख वर्गों में बॉटा जाता

है। पहले वर्ग में उन तन्तुओं को शामिल किया जाता है जो प्राकृतिक स्त्रोतों से प्राप्त होते है।इन प्राकृतिक स्त्रोतों से प्राप्त तन्तु 'प्राकृतिक तन्तु' कहलाते हैं। जैसे –कपास,जूट,रेशम,ऊन,पटसन लिलन आदि प्रमुख प्राकृतिक तन्तु हैं।

दुसरे वर्ग में उन तन्तुओं को शामिल किया जाता है जिन्हें वस्त्र–निर्माण के लिए कृत्रिम प्रयोगशाला में तैयार किये जाते हैं।

इस प्रकार के तन्तुओं का निर्माण यान्त्रिक तथा रासायनिक विधियों से किया जाता है। इस प्रकार के तन्तुओं को कृत्रिम तन्तु कहते है।प्रमुख कृत्रिम तन्तु रेयान,डेकरान, नायलॉन तथा ऑरिलान है।

वस्त्र तन्तु के ज्ञान का महत्व

वस्त्र तन्तुओं के ज्ञान के महत्व को निम्न विन्दुओं के आधार पर समझा जा सकता है–

(1) गृहिणी को यह ज्ञान अवश्य होना चाहीए कि वस्त्र तन्तु किन–किन उद्धेश्यों की पूर्ति कर सकते हैं। कुछ वस्त्र अधिक मजबूत होते हैं और कुछ लचीले होते है। तथा कुछ गर्म होते हैं। कुछ वस्त्र सजावटी होते हैं जवकी कुछ वस्त्र ओरोग्य प्रद होते हैं और आसानी से स्वच्छ होनें वाले होते हैं। इस प्रकार विभिन्न गुणों व विशेषताओं वाले वस्त्र उपलब्ध होते हैं । गृहिणी को अपनी आवश्यकता का निर्धारण कर इनमें से उपयुक्त वस्त्र का चयन करना होता है।

(2) गुहिणी को वस्त्र तन्तुओं का उदगम,प्रकार,बनाने की विधि तथा उपयोग में लाई गई परिसज्जा का ज्ञान होना चाहीए तभी वह उपयुक्त वस्त्र तन्तु की पहचान सम्भव है।

(3) गृहिणी को बाजार से उपलब्ध विभिन्न वस्त्र के मानकों, चिन्हों, ग्रेड, आदि का ज्ञान होना भी आवश्यक है।

(4) सौन्दर्य विषयक मूल्यों की जानकारी भी होनी चाहीए जैसे स्पर्श, बनावट, रंग, नमूना आदि।

(5) गृहिणी को अच्छा खरीदार भी होना चाहीए ताकि वह वस्त्र तन्तुओं की सही जॉच करके ही विवेकपूर्ण चुनाव करे

प्रत्येक गृहिणी अपने धन का उचित समय पर व्यय भी कर सकती है। जब वह इस विषय में रूचि लेकर नवीनतम जानकारी प्राप्त करनें का प्रयत्न करे।

वस्त्र तन्तुओं का ऐतिहासिक विकास

प्रारम्भ में मानव विना वस्त्रों के रहता था। प्रकृति ने मानव के शरीर पर बाल दिये जो कि सर्दी से उसका वचाब करते थे। लेकिन जैसे–जैसे मनुष्य की बुद्धि विकसित हुई, वैसे–वैसे उसे प्राकृतिक विपदाओं का सामना करना पडा। मनुष्य को स्त्री–पुरूष का भेद समझ आने लगा,उसने शरीर को ढकने हेतु किसी चीज

की आवश्यकता अनुभव की।अध्ययनों से जानकारी प्राप्त होती है कि मनुष्य नें शायद सबसे पहले पशुओं की खाल का उपयोग वस्त्र के रूप मे किया।

इसके बाद उसने पेड की छाल तथा पत्तों का प्रयोग शरीर का ढकनें के लिए किया। किन्तु इससे शरीर की पर्याप्त सुरक्षा भी नहीं होती थी।

इसके बाद मानव को प्रकृति से ही पशुओं को घोंसले देखकर गूँथनें की प्रेरणा मिली। इसी प्रकार बैलों,लताओं आदि से भी उसे प्रेरणा मिली। प्रकृति मे ऐसी अनेक वनस्पतियाँ थी, जिन्हें गूँथकर वस्त्र बनाया जा सकता था। यह विचार मानव के मस्तिष्क में आया और उसने रस्सियाँ,चटाईयाँ आदि तैयार की।

जैसे–जैसे विकास होता गया वैसे–वैसे मनुष्य ने प्रकृति में ही वनस्पति के अतिरिक्त भी अन्य स्त्रोतों द्वारा वस्त्र तन्तुओं को खोजना और प्राप्त करना प्रारम्भ किया। जानवरों के बाल, खनिज पदार्थ आदि से भी उसने वस्त्र तैयार किये। जब रासायनिक प्रगति हुई तब इन्ही प्राकृतिक पदार्थों की मदद से रासायनिक तत्वों द्वारा नये–नये तन्तुओं का आविष्कार किया गया।

आज वस्त्र तन्तुओं के विकास मे इतनी अधिक प्रगति हुई है कि केवल रसायनों की सहायता से ही असंख्य प्रकार के तन्तुओं का आविष्कार किया जाने लगा है। अब नये–नये तन्तु बाजार मे उपलब्ध होते हैं।

भारत मे वस्त्र तन्तुओं का इतिहास– प्राचीन काल में भारत सुन्दर तथा आकर्षक वस्त्रों के लिए प्रसिद्ध था। पुराणों में भारत के जरी के काम और महीन मलमल का वर्णन है। पुरानो के अनुसार कताई–बुनाई भारत की महत्तवपूर्ण हस्तकला थी। वैदिक काल मे मनुष्य सुन्दर वस्त्र धारण करते थे। अर्थ शास्त्र मे बताया गया है।

तन्तु से अर्न (ऊन),कपास,तुला (हेम्य) और क्षऊमा (लेक्स) शामिल है। प्राचीन काल मे केवल स्त्रियाँ ही बुनाई का कार्य करती थीं और उनकी मजदूरी उनके द्वारा काते गये धागे की बारिकी पर निर्भर करती थी।

स्त्रियों की पत्रिका 'वामा' में भारत में वस्त्र तन्तु के इतिहास के विषय में लिखा है–'अंशुक'' शब्द का प्रयोग संस्कृत में सामान्यतः वस्त्र हेतु होता है। राजानक रूपयक ने इनके चार भेद बताये हैं–क्षोम, यानी छाल से बने, कपास यानी कपास से बने कौशेय (रेशमी) यानी कीडों से बने तथा ऊन से बने। तीसी, नागफनी, बडहर, मौलश्री और बरगद से बनी पीली, गेंहुँआ, सफेद और मक्खनी रंग की पत्रोणाओं की चर्चा आचार्य कौटिल्य ने भी की है।

अधोशुक या परिधान साडी का पूर्वरूप है। इसका यह रूप पूरे केरल मे दिखाई देता है। इसके ऊपर ऊत्तरीय या दुकूल (दुपट्टा) ओढा जाता था। कूर्पासक या चीली दूसरा वस्त्र था जो वाँधकर पहना जाता था। वधु को वडी चादर से अगुंठन करना होता था।

17वीं शताब्दी और 18वीं शताब्दी में भारतीय चिन्त्ज (छींटे) को यूरोप के कपडा बाजार में प्रतिष्ठा प्राप्त थी। यह कपडा स्टेंसिल, पेंटिंग तथा रंगने की कई प्रकियाओं से बनता था और इन पर पेड, पौधौं, पशु–पक्षियों तथा फूल–बेलों का सम्मिश्रण बना होता था। इसके दक्षिण भारतीय प्रकारों में मिनियेचर किस्म के सम्मिलित होते थे। फारसी वेल–वूटों का भी इनमें बडा सुन्दर उपयोग होता था। काली हस्ती (आन्ध्र प्रदेश), मदुरै तथा अहमदाबाद में आज भी यह कला प्रचलित है।

वर्तमान में भारत मे 23 तरह की कापस उगाई जा रही है,जो गुड, फुली गुड, फाईन, सुपर फाईन तथा एक्स्ट्रा सुपर फाईन कोटियों में बांटा जाता है। कोटि का निर्धारण रेशे की लम्बाई , पतलेपन, परिपक्वता और शक्ति के आधार पर किया जाता है। सूत भारत के हथकरघा उधोग की आत्मा है।

रेशम और भारत का नाम पश्चिम में एक साथ लिया जाता है। शहतूत का रेशम भारत में चीन से आया। यहॉ इसकी टसर, मूँगा तथा ऐरी किस्में मिलती हैं। आज भारत के अनेक प्रान्तों में इस रेशम का उत्पादन हो रहा है, यधपि इसका सबसे पुराना संबन्ध मणिपुर से रहा है। रेशमी वस्त्रों में नमूने बुनकर, छापकर तथा अलग–अलग विधियों से रंगकर (इकटबन्धेज, सिल्क स्कीन आदि) बनाये जाते हैं। पहले केवल प्राकृतिक रंग (कत्था, खैर, चूना, नील, हल्दी, हर्र, ऑवला, आदि का) प्रयोग होता था। आज विभिन्न प्रकार के रंग उपलब्ध हैं।

तन्तुओं की भौतिक विशेषताऐं

(1) तन्तुओं की बनावट–वस्त्र के लिए उपयुक्त तन्तु वही होता है जो लम्बे परमाणुओं से बना होता है। और यह परमाणु एक ही दिशा में व्यवस्थित हों। तन्तु की संरक्षणा जाननें हेतु सूक्ष्मदर्शी यंत्र की मदद लेते हैं। सुक्ष्मदर्शी यंत्र द्वारा वस्त्र तन्तु का गठन, चमक, वस्त्र बनाने के योग्य है या नहीं आदि बातों की जानकारी मिलती है। तन्तु की रंग शोषित करने की सामर्थ्य तन्तु की लम्बाई तथा घनत्व पर निर्भर होती है। यदि परमाणुओं की श्रृंखला एक ही दिशा में होती है तो इसके तनतु की तनाव सामर्थ्य वढ जाती है।

(2) तन्तुओं में बल– तन्तुओं में जितने अधिक बल होते हैं उतना ही वह मजबूत होता है। तन्तुओं में घुमाव या बल होने से प्रतिस्कन्दन तथा सटने का गुण आ जाता है। इसके साथ ही घुमाव होने से वस्त्र की ऊष्मा तथा अवशोषकता वढ जाती है।

(3) पर्याप्त दृढता– वस्त्र निर्माण के लिए तन्तुओं में पर्याप्त दृढता होना एक आवश्यक गुण है। वस्त्रों में मजबूती इसी गुण से आती है। मजबूत तन्तु से बटाई आसानी से की जा सकती है । यह बुनाई प्रक्रिया के तनाव और खिंचाव को सहन करने की क्षमता रखते हैं। मजबूत तन्तुओं में प्रतिस्कन्धता और तन्यत।

तथा नन्यता भी पायी जाती है। यह वस्त्र के उपयोग के समय होने वाले खिंचाव व तनाव को भी सहन कर लेते हैं ।

(4) पर्याप्त लम्बाई– तन्तुओं में पाया जाने वाला यह गुण निर्धारित करता है कि तन्तु वस्त्र निर्माण के लिए उपयुक्त है या नहीं। तन्तु 1/ 2 इंच लम्बे छोटे तन्तुओं से धुनाई प्रक्रिया द्वारा स्पन वस्त्र बनाये जाते हैं, जबकी लम्बे तन्तु से अच्छे किस्म के वस्त्र वनाये जाते है।छोटे तन्तुओं से बने वस्त्र खुरदरे और कम मजबूत होते हैं, जबकी लम्बे तन्तुओं से बने वस्त्र चिकने और अधिक मजबूत होते हैं। इसी कारण लम्बे तन्तु की स्वच्छता और धुलाई भी सरलता से की जा सकती है जैसे कपास का तन्तु 1/ 2 इंच से 4 इंच तक की लम्बाई का होता है इसीलिए इससे बने वस्त्र खुरदरे सतह के होते हैं। रेशम के तन्तुओं की लम्बाई अधिक होने के कारण रेशम से बने वस्त्र चिकने, कोमल और आकर्षक होते है।

(5) प्रत्यास्थता– पदार्थ के उस गुण को ,जिसके कारण वस्तु पर बल लगाने पर उसकी आकृति बदल जाती है तथा बल हटाने पर पहली अवस्था में आ जाती है, प्रत्यास्थता कहते हैं। चूँकी तन्तु निर्माण से लेकर वस्त्र निर्माण तक की सम्पूर्ण प्रक्रिया में अत्यधिक तनाव की आवश्यकता होती है अतः तन्तु जितना प्रत्यास्थपूर्ण होगा वस्त्र उतनी ही आसानी से और मजबूत बनेंगे। इस प्रकार के वस्त्रों से सलवटें भी नहीं पडती हैं।

(6) प्रतिस्कन्दता– यह गुण वस्त्र का आकार बनाये रखने में सहायक होता है। वस्त्र कितना भी खींचा जाये, यदि तन्तु प्रतिस्कन्दतापूर्ण है तो वह पुनः अपना आकार धारण कर लेता है। होजरी से बने वस्त्रों,ऊनी वस्त्रों, रेशमी वस्त्रों आदि में अधिक प्रतिस्कन्दता होती है। प्रतिस्कन्दतापूर्ण वस्त्र शरीर पर सही वैठते हैं, इन पर प्रेस करनें की आवश्यकता नहीं होती और कालीन आदि को बनानें में भी हैं। इस प्रकार के वस्त्र मजबूत भी होते हैं, क्योंकी यह किसी भी प्रकार के खिंचाव तनाव को सहने की सामर्थ्य रखते हैं।

(7) तनाव सामर्थ्य– तनाव सहने की क्षमता तनाव सामर्थ्य कहलाती है। खींचने पर तन्तु बिना टूटे कितना खिंच सकता है इसी पर उसकी तनाव सामर्थ्य निर्भर होती है। बुनाई प्रक्रिया की विभिन्न अवस्थाओं को सहन करने के लिए तन्तु में उपयुक्त तनाव सामर्थ्य का होना अत्यन्त आवश्यक है।

(8) घर्षण प्रतिरोधक-- उपयोग मे लाये जाने वाले सभी वस्त्रों को नियमित रूप से धोना आवश्यक होता है। इन्हें न धोया जाये तो यह मैले और आकर्षक हीन दिखाई देंगे और साथ ही स्वास्थ की दृष्टि से भी उपयुक्त नहीं होंगे। इनमें हानिकारक जीवाणुओं की वृद्धि होगी। इसीलिए वस्त्र को साफ करते समय रगडना आवश्यक होता है। जो वस्त्र तन्तु घर्षण प्रतिरोधक होते हैं वह सरलता से धोये

जाते हैं। इन पर रगड का हानिकारक प्रभाव नहीं पडने से यह आसानी से साफ हो जाते हैं, आरोग्यप्रद होते हैं और टिकाऊ होते हैं। प्राकृतिक तन्तृओं में कपास सबसे अधिक घर्षण प्रतिरोधक तन्तु है और इसीलिए दैनिक जीवन में इसको सुगमता से उपयोग मे लाया जाता है। कृत्रिम तन्तु जैसे नायलॉन,पोलियस्टर आदि मे यह गुण पाया जाता है।

(9) चिपकने की क्षमता– सामान्यतः हर वस्त्र तन्तु की रचना मे ऐसी कुछ विशेषता पायी जाती है जिससे वह आपस मे एक दूसरे के ऊपर या आस–पास चिपक जाते हैं तथा वस्त्र निर्माण में सहायक होते है। कपास में पाये जाने वाले परिवलन ऊन मे पाये जाने वालक शल्क लिलन की खुरदरी सतह आदि इन्हें आपस में चिपकने की विशेषता प्रदान करती है। तन्तुओं की इसी विशेषता के कारण लम्बाई में छोटे होनें पर भी ये वस्त्र निर्माण के लिए उपयुक्त होते हैं।

(10) नम्य(लचीले)– जिन तन्तुओं में पर्याप्त प्रत्यावस्था, प्रतिस्कन्दता और तनाव क्षमता पाई जाती है, वे तन्तु पर्याप्त नम्य (लचीले) होते हैं। लचीलेपन के इस गुण के कारण यह वस्त्र किसी भी आकृति पर उपयुक्त रहते हैं। धागे के निर्माण की विभिन्न क्रियाओं बटाई–कताई, ताने का निर्माण, बुनाई, विभिन्न परिसज्जाओं आदि को इस प्रकार के तन्तु सरलता से सहन कर लेते हैं। लचीले वस्त्रों पर प्रेस की आवश्यकता नहीं होती, ये टिकाऊ होते हैं और इनसे वस्त्र बनाना सुगम होता है।

(11) कताई की शक्ति– कताई की शक्ति से आशय है तन्तु का ऐसा गुण जिससे रेशा निर्मित किया जा सके। प्राकृतिक तन्तुओं जैसे, ऊन, रेशम, लिनन तथा कपास के तन्तुओं में यह गुण होने के कारण इनसे सुगमतापूर्वक वस्त्र तैयार किया जा सकता है। कुछ प्राकृतिक तन्तु जैसे रेमी और हेम्प में इस गुण का अभाव पाया जाता है। कृत्रिम तन्तुओं में विभिन्न प्रक्रियाओं द्वारा कताई का गुण उत्पन्न किया जाता है जिससे वस्त्र का निर्माण किया जा सके।

(12) छेदयुक्त– तन्तुओं में प्राकृतिक रूप से ही छेद पाये जाने पर यह पहनने योग वस्त्र के लिए उपयुक्त होते हैं। इस गुण के होने पर वस्त्र हवा की आद्रता को अपने में शोसित कर लेते हैं।

(13) अवशोषकता– पहनने के वस्त्रों में विशेरूा रूप से इस गुण का होना आवश्यक होता है। यह वस्त्र पहनने वालें व्यक्ति के पसीने को अवशोषित कर लेते है और उसे आराम पहूँचाते है। अवशोषकता वाले वस्त्रों कों आसानी से धोया जा सकता है तथा अवशोषकता के गुण वाले वस्त्रों पर अनेक परिसज्जायें की जा सकती हैं, जैसे– रंगाई, छपाई मुर्सराइजेशन विरंजन आदि। अच्छे अवशोषक वस्त्र जैसे सूती, लिनन आदि गर्मी में पहननें योग्य होते हैं।

(14) चमक– तन्तुओं में पायी जाने वाली चमक का बुनाई से कोई सम्वन्ध नहीं है। किन्तु यह वस्त्रों में आकर्षण पैदा करती है। कुछ तन्तुओं में प्राकृतिक रूप से चमक पायीी जाती है। प्राकृतिक तन्तुओं मे रेशम का तन्तु सबसे अधिक चमक वाला तन्तु है। चमकहीन तन्तुओं के अन्तर्गत कपास आता है। लिनन मे भी चमक पायी जाती है। ठण्डे स्थानों में पायी जाने वाली ऊन चमकहीन होती है, जबकी गर्म स्थानों में पाई जाने वाली ऊन चमकदार होती है।कृत्रिम वस्त्रों के चमक इच्छानुसार उत्पन्न की जा सकती है। कुछ प्राकृतिक वस्त्रों को भी विभिन्न परिसज्जाओं द्वारा चमकदार बनाया जाता है।

(15) कोमलता– जिन तन्तुओं में प्राकृतिक रूप से कोमलता पाई जाती है। वह वस्त्र निर्माण के लिए उपयुक्त होते हैं। कडे तन्तुओं जैसे जूट व नारियल के रेशे में रस्सी, टाट, बारदाना डोरी आदि ही बनाई जाती है । मुलायम तन्तु के मुलायम वस्त्र बनते हैं और इन्हे दैनिक प्रयोग में लाया जाता है।

(16) सूक्ष्मता– सूक्ष्म तन्तुओं से सर्वोत्तम वस्त्र बनते है। सूक्ष्म तन्तुओं से बने वस्त्र कोमल आकर्षक और सुन्दर होते हैं । यह वस्त्र आरामदायक और टिकाऊ होते है।

तन्तुओं की रासायनिक विशेषतायें

(1) अम्ल की प्रतिक्रिया – क्षारों के ही समान तन्तुओं पर अम्लों की भी प्रतिक्रिया होती है। तन्तुओं की प्रकृति के अनुकूल ही अम्लों का प्रयोग करना चाहिये । सूती तथा लिनन तन्तु अम्ल से प्रभावित होते है जबकि ऊनी रेशमी तन्तुओं पर अम्ल का हानिकारक प्रभाव नहीं पडता है।

(2) क्षारों की प्रतिक्रिया – धुलाई के लिये प्रयोग में लाये जाने वाले साबुन में क्षारीय तत्व पाये जाते है। कुछ तन्तुओ पर इसका हानिकारक प्रभाव पडता है। क्षारीय पदार्थो के सम्पर्क में आने पर वे पीले कड़े तथा चमकहीन हो जाते हैं। ऊनी और सिल्कन वस्त्रों पर क्षारीय पदार्थो की हानिकारक प्रतिक्रिया होने के कारण इन्हें क्षार रहित साबुन से धोने की आवश्यकता होती है। इसलिये तन्तु की प्रकृति को ध्यान में रखकर ही क्षारीय पदार्थो का उपयोग करना चाहिये। साथ ही इन पदार्थों की उचित मात्रा और शक्ति को भी दृष्टिगत रखना चाहिये।

(3) विरंजको की प्रतिक्रिया– वस्त्रों की परिसज्जा व बुनाई प्रक्रिया के माध्य गनदे हुये वस्त्रों को साफ करने के लिए उनको विरंजित किया जाता है।. कुछ वस्त्रों को सफेद बनाने के लिए रंगाई से पहले सफेदी लाने के लिए भी विरंजित किया जाता है। कुछ वस्त्रों पर किसी भी विधि से दाग–धब्बे नहीं छुडाये जा सकते, एसे वस्त्रों पर विरंजकों की सहायता से धब्बे छुडाये जा सकते हैं। धुलाई प्रक्रिया से पीले पडने वाले वस्त्रों में भी विरंजकों द्वारा सफेदी लाई जा सकती है। यह

विरंजक ऑक्सीकारक व प्रतिकर्मक होते हैं। वस्त्र कर प्रकृति के अनुकमल ही इन विरंजको को उपयोग किया जा सकता है। सामान्यतः सूती व लेनिन वस्त्रों पर ऑक्सीकारक विरंजको का उपयोग किया जाता है।ऊनी तथा रेशमी वस्त्रों पर हाइड्रोजन परॉक्साइड, सोडियम परबोरेट व पोटेशियम परमेंगनेट का उपयोग किया जा सकता है। इन विरंजको को आवश्यकतानुसार उपयोग में लाया जाना चाहीये।

(4) शोधक पदार्थों की प्रतिक्रिया– हर वस्त्र को उपयोग मे लाने से वह मैले हो जाते हैं। इन्हें स्वच्छ करने के लिए शोधक पदार्थ जैसे– साबुन, डिटरजेंट, नील, कलफ, टिनोपाल आदि का उपयोग किया जाता है। वस्त्र तन्तुओं पर इन्हें उपयोग में लाते समय उन पर इसकी प्रतिक्रिया को देख लेना चाहीए कि वे वस्त्र के अनुकूल हैं या नहीं।

सूत का निर्माण

जब तन्तुओं के सिरों में सटनें का गुण होता है तव ही सूत का निर्माण सम्भव होता है। ऊन के तन्तुओं में पाये जाने वाली शल्क तथा कपास के तन्तुओं की ऐंठन इन तन्तुओं से सूत के निर्माण में सहायक होती है। इसके साथ ही प्रत्यास्थता के गुण के कारण भी तन्तुओं को एक दूसरे के साथ गूँथा जा सकता है। रेशे जितने एक रूप होंगे सूत उतना ही समतल तथा उत्तम गुणों वाला बनेगा। सूत की किस्म तन्तु के प्रकार, किस्म, आवश्यक प्रक्रिया तथा ऐंठन की मात्रा पर निर्भर करती है।

छोटे तन्तुओं अथवा रेशों को सूत के रूप में तैयार करनें की आवश्यक प्रक्रियाऐं इस प्रकार होती हैं–

(1) धुनाई – धुनाई की प्रक्रिया में रूई की परतों को पूनी में बदला जाता है।

(2) कंघी करना – सभी प्रकार के सूतों में यह प्रक्रिया नहीं की जाती यदि तन्तु में कंघी की जाती है तो वह कार्ड स्लिवर से कोम्ब स्लिवर में बदला जाता है।

(3) खींचना– स्लिवर से पतली पूनी (रोविंग) में बदला जाता है।

(4) ऐंठन देना– ऐंठन द्वारा पतली पूनी से सूत बनाया जाता है।

(5) लपेटना– इस प्रक्रिया से सूत को चररखियों , कोनों या फिरकियों पर लपेटा जाता है।

सूत गणना

कताई की प्रक्रिया में तन्तु कर मूल मात्रा का भर तथा कच्ची सामग्री से तैयार किये गये सूत की लम्बाई के मध्य सम्बन्ध होता है। इस सम्बन्ध से सूत की मोटाई का पता लगाया जाता है। खींचनें की प्रकिया से सूत को किस सीमा

तक खींचा जा सकता है, इससे सूत की मोटाई मालूम की जा सकती है। इस मोटाई को संख्याओं में दिखाते हैं। इसे ही 'सूत गणना' कहते हैं।

सूती वस्त्र में सूत की गिनती का मानक 453 ग्राम तन्तु होता है, जिसे खींचकर लगभग 768 मीटर सूत बन जाता है। ऐसी मोटाई या आकार को नम्बर 1 मानते है। यदि सूत इससे दुगुना खींचा जा सके अर्थात 453 ग्राम को 768 मीटर से दुगुना खींचा जा सके , तो इसे नम्बर 2 मानते हैं। नम्बर –2, नम्बर–1 से अधिक उच्च कोटी का माना जायेगा। इस प्रकार जैसे–जैसे सूत गणना का नम्बर वढता है। सूत की किस्म में भी वृद्धि होती है। सूत गणना के अनुसार सूत की मोटाई निम्न प्रकार होती है–

मोटा सूत– नम्बर 20 तक की गणना वाला।

मध्यम सूत– नम्बर 20 से 60 तक की गणना करनें वाला।

महीन सूत– नम्बर 60 से अधिक की गणना करने वाला।

सामान्य मर्सराइज सूती वस्त्र की गणना अथवा आकार नम्बर 50 या नम्बर 60 होता है। सबसे महीन सूत की संख्या 400 होती है । बहुत महीन व उत्तम सूत बनाना मुश्किल होता है । यह मॅहगी प्रक्रिया है और इसकी प्रक्रिया में बहुत सावधानी रखनी पडती है। वस्त्र किस उपयोग में लाया जाना है, इस पर सूत गणना निर्भर करती है।

सूतों में ऐंठन की मात्रा– सूतों में ऐंठन की मात्रा किसी वस्त्र की मजबूती, उसकी उपयोगिता तथा उसकी आकृति का निर्धारण करती है। उच्च कोटी के सूत में निम्न कोटि के सूत से अधिक ऐंठन दी जाती है। सूतों में ऐंठन को स्थिर रखनें हेतु विभिन्न परिसज्जायें दी जाती हैं, जो तन्तु की किस्म पर निर्भर करती है।

अधिकतर वस्त्र सूतों में सामान्य ऐंठन से तैयार किये जाते है। सामान्य ऐंठन वह मात्रा होती है जो तन्तुओं को आपस में वॉधने के लिए पर्याप्त होती है, जिससे कि तन्तु विखरे नहीं और सूतों में पर्याप्त मजबूती आ जाये। ऐंठन की मात्रा को प्रति इन्च ऐंठन की संख्या से नापा जाता है। इस आधार पर ऐंठन की मात्रा निम्न प्रकार होती है–

निम्न ऐंठन– 0–3 ऐंठन प्रति इंच।

सामान्य ऐंठन– 3–7 ऐंठन प्रति इंच।

उच्च ऐंठन– 7–12 ऐंठन प्रति इंच।

सूतों में ऐंठन या तो दांयी ओर से देते हैं या बांयी ओर से देत्रे हैं। दांयी ओर से दी जाने वाली ऐंठन को –जेड–' आकार की ऐंठन और बांयी ओर से दी जाने वाली ऐंठन को–एस–" आकार की ऐंठन कहते हैं। सामान्य्य बुनाई के सूतों में जेड–' आकार की ऐंठन दी जाती है।

प्लाई सूत– जब दो से अधिक सूतों को एक साथ ऐंठन दी जाती है, तो उन्हें प्लाई सूत कहते हैं। इन्हें इनकी संख्या के अनुसार 2 प्लाई, 3 प्लाई आदि सूत कहते है।

सूत रचना और सूत गणना को इस प्रकार व्यक्त किया जाता है – 1/ 30 का अर्थ है, ऐसे इकहरे सूत जिसकी गणना 30 हो। इस प्रकार 3/ 30 का अर्थ होता है, 3 प्लाई वाले सूत जिसमें प्रत्येक सूत की गणना 30 हो।

दोहरे सूत– 2 या 3 सूतों को अलग–अलग मिलाकर बाद में इनमें ऐंठन दी जाती है। इसीलिए यह प्लाई सूतों की अपेक्षा अधिक मजबूत होते हैं।

कताई प्रक्रिया

कताई तन्तुओं के समूह या बंडलों को खींचा जाता है, तथा ऐंठन दी जाती है जिससे कि निरन्तर धागा या सूत तैयार हो सके और उसमे मजबूती आ सके जिससे बुनाई द्वारा उनसे वस्त्र तैयार किया जा सके।

प्राचीन समय में मनुष्य धागे की कताई बिना किसी यन्त्र की सहायता से हाथों से करता था। कई शताव्दियों पहले कताई के लिए तकली का प्रयोग आरम्भ हुआ। इससे ऊन, रेशमी और सूती धागों को काता जाता था। तकली एक साधारण यंत्र है जिसे कताई के उपयोग में लाया जाता है। इसमें एक गोल बिम्ब लगा होता है जो कि केन्द्र से पतली, चिकनी छड से जुडा रहता है। यह एक छड लगभग 7 इंच लम्बी होती है।इस छड के ऊपरी सिरे पर हुक होता है, जो कि तन्तु को पकड़कर रखता है। जब कताई करने वाला व्यक्ति तन्तु के छौर को खींचता है। तब तकली से वह खिंचता जाता है। कताई करनें वाला व्यक्ति खींचने के साथ–साथ तकली घुमाता जाता है जिससे धागों में ऐंठन आ जाती है।

अब वस्त्र उधोग में कताई के लिये विघुत चलित मशीनों का उपयोग किया जाता है। कताई की प्रकिया को पूरी करने के लिए कई मशीनों का उपयोग किया जाता है। तैयार पूनियों को कतई प्रेस पर रखा जाता है जहॉ यह विभिन्न प्रकार के उत्तरोत्तर अधिक गति से चलने वाले रोलरों की बीच गुजारी जाती है। अन्त में जितना आवश्यक हो उस आकार का सूत निकाला जाता है। कताई का सिद्धांत वही है जो पूनियॉ बनाने का हैं, लेकिन यह क्रिया अधिक अच्छी तरह से की जाती है और इससे धागा पतला किया जाता है।

पूनी को फिरकी से ड्राटिंग रोल के मध्य भेजा जाता है। जहॉ अलग–अलग रोलर से गुजर कर धागा पतला होता जाता है। तकली फिरकी को स्थिर गति से घुमाती रहती है। ट्रेवलर रिंग के आसपास घूमता रहता है। और तैयार सूत को लपेटता जाता है।

कताई की मशीनें निम्नलिखित दो प्रकार की होती हैं–

(1) रिंग फ्रेम– रिंग फ्रेम की प्रक्रिया अधिक तीव्र होती है। अधिक सूत तैयार करने के लिए रिंग फ्रेम उपयुक्त होता है। क्योंकी इसमे सैंकडों तकली एक मिनट में हजारों चक्कर लगाती है इसमें अविरल कताई होती है। रिंग कताई फ्रेम सूत के निर्माण को इस प्रकार पूरा करता है–पूनी खींचकर, ऐंठन देकर और फिरकियों पर सूत लपेटर। यह सभी कार्य एक क्रिया मे होते हैं । इसमे तैयार धागे की लागत कम होती है।

(2) म्यूल फ्रेम– इसमे उत्तम कोटि का सूत तैयार होता है किन्तु इसमे उत्पादन धीमा होता है तथा रूक–रूक कर होता है। इसमें खींचनें और ऐंठने की क्रिया रूक जाती है जब ऐंठन किया हुआ धागा लपेटा जाता है। इसका धागा महीन, मुलायम और एक समान होता है । इसमें तैयार धागे की लागत अधिक होती है।

कताई के प्रकार

कताई के निम्नलिखित दो प्रकार हैं –

(1) यान्त्रिक कताई,

(2) रासायनिक कताई ।

इनका विवरण निम्न प्रकार है–

तन्तुओं से धागा बनाने लिए सामान्य रूप से दो प्रकार की कताई की जाती है। पहले प्रकार की कताई को यान्त्रिक कताई कहा जाता है। सामान्य रूप से छौटे आकार के तन्तुओं से धागा बनाने के लिए इस विधि को अपनाया जाता है। दूसरे प्रकार की कताई को रासायनिक विधि कहते हैं। सामान्य रूप से कृत्रिम रूप से तैयार किये गये दबोकार तन्तुओं से धागा प्राप्त करने के लिए भी इस विधि को अपनाया जाता है।

(1) यांत्रिक कताई– सूत निर्माण के लिए यान्त्रिक कताई भी दो प्रकार की होती है। पहली है परम्परागत तथा दूसरी प्रत्यक्ष। सामान्य रूप से भारत के ग्रामीण क्षेत्रों में परम्परागत प्रकार से ही सूत कर कताई की जाती है। यह कताई, तकली, चरखा, अथवा मशीन से की जाती है। तकली सबसे साधारण यंत्र है यह धातु का बना होता है तथा इसकी लम्वाई 6) से 7'' तक की होती है। इसके ऊपरी भाग में एक हुक होता है तथा नीचे लगभग आधी इंच की ऊँचाई पर एक गोल टिकली होती है । ऊपरी हुक में फॅसाकर रूई को ऊपर की ओर खींचा जाता है और दूसरे हाथ से तकली को घुमाया जा सकता है। इससे धागे के तन्तुओं में ऐंठन आ जाती है और अविरल धागा तैयार हो जाता है। तकली के अलावा कताई का बहुत लोकप्रिय यंत्र है– चरखा ।

चरखे से बहुत अधिक तथा अच्छा सूत तैयार किया जाता है। भारतवर्ष में

तीन प्रकार के चरखे अपनाये जाते हैं– यर्वदा चरखा, किसान चरखा तथा मगन चरखा। इन तीन चरखों का आकार तथा रूप भिन्न भिन्न हैं, लेकिन कताई का सिद्धांत एक ही है। इनमें तीन क्रियाऐं निहित हैं– धागा खींचना, बट देना तथा लपेटना। इसके अलावा अधिक लम्वाई वाले तन्तुओं से धागा बनानें के लिए प्रत्यक्ष विधि को अपनाया जाता है। प्राकृतिक तन्तुओं में रेशम के तन्तु दीर्घाकार होते हैं। प्रत्यक्ष कताई रोविंग मशीन से की जाती है। इसके लिए पहले तन्तुओं की पूनियॉ बनाई जाती हैं फिर तन्तुओं को खींचकर स्पूल पर चढाते हैं।

(2) रासायनिक कताई– रासायनिक विधियों से कृत्रिम रेशा तैयार किया जाता है। रेयॉन, नायलॉन आदि कृत्रिम तन्तु रासायनिक विधि से ही तेयार किये जाते हैं। इन तन्तुओं के लिये गाढ़ा तरल पदार्थ तैयार किया जाता है। इस गाढ़े पदार्थ को स्पिनेरेट के सूक्ष्म छिद्रों में से तेजी से निकालते हैं। जहॉ यह धागा बाहर निकलता हैं वहॉ उसी प्रकार के वातावरण को रखा जाता है, क्योंकि बाहर निकालते ही धागा सूख जाता है। यही धागा तैयार करने की विधि रासायनिक और कृत्रिम तन्तुओं की कताई कही जाती है। यह तान्त्रिक कताई से बिलकुल भिन्न होत? इसमें केवल स्त्रावण और कड़ा करने की क्रिया की जाती है। निकलने वाले तरल पदार्थ को सुखाने का प्रबन्ध तीन विधियों से किया जाता है। इस आधार पर रासायनिक कताई के तीन प्रकार हैं–

(i) शुष्क विधिः– जब तरल पदार्थ को इस प्रकार के घोलक में घोला जाता है जो वाष्पीकृत हो जाता है और स्पिनेरेट में से तरल पदार्थ स्त्रावित होने के पश्चात् उसे गर्म हवा में कडा किया जाता है, तो इस प्रक्रिया को शुष्क कताई कहते हैं। यह विधि एक्रिलिक, विनयॉन आदि वस्त्रों के लिये उपयुक्त होती है

(ii)शुष्क विधिः–आर्द्र विधि– जब रेशों को रासायनिक पदार्थ में भिगोया जाता है तो इस विधि से घुलनशील यौगिक अघुलनशील पदार्थ में बदल जाते हैं इस प्रक्रिया को आर्द्र कताई हिते हैं।

(iii) शुष्क विधिः–मेल्ट विधि– जब तन्तु तैयार करने वाले पदार्थ स्त्रावण के लिये पिछलाये जाते हैं और रेशे ठण्डी विधि द्वारा कडे किये जाते हैं, तो यह विधि मेल्ट कहलाती है।

सूत निर्माण की अवस्थायें

वस्त्र उद्योग में धागे के निर्माण का विशेष महत्व है। धागे से ही बनुकर वस्त्र तैयार किया जाता है। धोगे की मजबूती और प्रकार पर ही वस्त्र की मजबूती तथा प्रकार निर्भर करते हैं। धागे का निर्माण तन्तुओं अथवा रेशों से होता है। धागा–निर्माण की प्रक्रिया में अनेक क्रियाऐं अथवा अवस्थायें होती हैं। धागा–निर्माण की एक प्रक्रिया में सम्बन्धित रेशों को बटकर धागा तैयार किया जाता है। धागे के निर्माण की प्रक्रिया की प्रमुख अवस्थाऐं निम्नलिखित हैः–

(1) कार्डिग –वस्त्रोपयोगी धागा बनाने वाले तन्तु अथवा रेशे अपनी प्राकृतिक अवस्था में अनेक अशुद्धियों से युक्त होते हैं तथा परस्पर उलझे हुए भी होते हैं। धागा बनाने के लिये इन रेशों को प्रत्येक प्रकार की अशुद्धियों से मुक्त किया जाये तथा इन्हें सुलझाया जाये। इस प्रक्रिया को कार्डिग कहते हैं।

(2) कॉम्बिग– कॉम्बिग अर्थात कंघा करना भी धागा निर्माण की एक प्रक्रिया है। इसके द्वारा रेशों को सुलझाया जाता है तथा रेशों को सीधा किया जाता है। छोटे तन्तुओं को अलग कर लिया जाता है तथा एक ही लम्बाइ वाले तन्तुओं को अलग कर लिया जाता है।

(3) खींचकर निकालना – हर प्रकार के सुलझे न्हुये तथा पूनियों के रूप में तेयार रेशों को घुमाने वाली बडी–बडी घिरियों पर चढाया जाता है। ये घिर्रियॉ काफी तेजी से घूमती हैं। इस क्रिया द्वारा भिन्न–भिन्न लम्बाई वाले रशों को अलग–अलग कर लिया जाता है। लम्बे तन्तुओं से उत्तम कोटि का वस्त्र तैयार होता है तथा छोटे तन्तुओं से निम्न कोटि का वस्त्र तैयार होता है।

(4) घुमाव देना – एक समान लम्बाई वाले तन्तुओं को घुमाव दिये जाते हैं। इस प्रकार के घुमाव से हल्की सी बटाइ होती है, जबकि तन्तु परस्पर संगठित होकर कुछ कुछ धागे की शक्ल में आ जाते हैं, परन्तु इस अवस्था में पर्याप्त मजबूती नहीं होती।

(5) कताई – धागे निर्माण की यह अन्तिम क्रिया तथा अवस्था है। घुमाव दिये हुये तन्तुओं से तैयार धागा प्राप्त करने के लिये इस धागे को स्पिनिंग फ्रेम पर चढ़ाया जाा है फिर क्रमशः तेज गति से चलने वाले रोलर्स पर घुमाव जाता है। इस निरन्तर प्रक्रिया से मजबूत धागा बनाकर तैयार हो जाता है।

सूत अथवा धागों के विभिन्न प्रकार

(1) सामान्य सूत–सामान्य सूत नावेल्टी अथवा फैन्सी सूत से अलग होते हैं। सामान्य सूत को प्राकृतिक या मानव निर्मित तन्तुओं से काटा जाता है, यह लम्बाई से नियमित होते हैं। एक सामान्य सूत अन्य सामान्य सूतों से कई तत्वों में भिन्न हो सकता है, जैसे उपयोग में लाये जाने वाले पदार्थ, कोमलता, मजबूती,ऐंठन तथा रूप आदि के कारण। यह सामान्यतः इनकी सूत गणना के कारण भिन्न होते हैं जो कि इनकी बारीकी या मोटाई को प्रदर्शित करती हैं। इस गणना में सूती सूत के लिये "काउन्ट" शब्द प्रयुक्त किया जाता है। सिल्क,रेयॉन और कृत्रिम वस्त्र के लिये "डेनियर" शब्द प्रयुक्त किया जाता है और ऊन के लिये "स्क्रीन" शब्द प्रयुक्त किया जाता है। सामान्यतः मोटा धागा पतले धागे से मजबूत होता है।

(2) सम्मिश्रित सूत –विभिन्न विधियों से और एक से अधिक प्रकार के सूतों

को जब एक साथ मिलाया जाता है तो उसे सम्मिश्रित सूत कहते हैं। सम्मिरित सूतों में विभिन्न प्रकार के सूत मिलाकर ऐंठन दी जाती है। जैसे–कपास और ऊन को रेशम व कृत्रिम आदि को मिलाकर 'सम्मिश्रित' सूत तैयार किया जाता है। कई बार विभिन्न रंगों के रेशो को मिला दिया जाता है तथा समम्मिश्रित सूत तैयार किया जाता है।

(3) नावेल्टी सूत– कताई की प्रक्रिया में ऐंठन की मात्रा को कम अधिक करने से अथवा विभिन्न व्यास वाले सूतों को मिलाकर ऐंठन देकर सजावटीपन उत्पन्न किया जा सकता है। यदि धागों को ऐसी ऐंठन दी जाये कि उसकी निरन्तरता टूट जाये और वह सामान्य से अलग दिखने लगे तो उसे 'नेवल्टी सूत' कहते हैं। नावेल्टी समत कई प्रकार के होते हैं–

(1) वक्राकार सूत– इस प्रकार के सूत मे पूरी लम्बाई में थोडे–थोडे अन्तर से ढीली ऐंठन देंते हैं। यह सूत मोटे होते हैं, कम ऐंठन वाले होते हैं। इनके व्यास में अन्तर होता है तथा इनमें अपूर्ण कताई किया की अनियमितताओ को दृष्टिगत किया जाता है।

(2) परतदार सूत– इस सूत में धागों के बीच थोडे–थेडे अन्तर पर नरम तथा मोटे गुच्छे डाल दिये जाते हैं। इससे उसमें विभिन्न परतों वाला प्रभाव उत्पन्न हो जाता है।

(3) सर्पिल सूत– यह सूत देखने में ऐसा लगता है कि मोटे सूत के चारों ओर महीन सूत लपेटा हुआ हो, यह सर्पाकार दिखाई देता है। इसमें मोटे सूत को ढीला लपेटा जाता है और महीन सूत को इसके ऊपर सर्पिल तरीके से लपेटा जाता है। ओर फिर ऐंठन दी जाती है।

(4) रेटिन सूत– सह सर्पिल सूत के समान होते हैं। इसमें सर्पिल रूप से ऐंठन दी जाती है। लेकिन थोडे–थोडरे अन्तरों के बाद बाहर की ओर फंदा छोडा जाता है। और उसे एक अलग सूत के द्वारा बॉधा जाता है। इसमें वस्त्र का तल खुरदरा हो जाता है।

(5) कुंडलाकार सूत– यह रेटिन सूत के समान होता है पर उसका तल कोमल होता है। इसमें ऐंठन की प्रक्रिया में एक प्लाई को ढीला रहनें दिया जाता है। जिसमे घुमाव उत्पन्न होकर एक फंदा समान बन जाता है। यह लूप छोटे–बडे रहते हैं।

(6) गांठ वाले सूत– इसमें आभासी प्लाई को किसी अन्य प्लाई के ऊपर लपेट कर तथा ऐंठन देकर गांठ बनाई जाती है। इसमें सूत में थोडे–थोडे अन्तर पर गठानें पड जाती है। इसमें विभिन्न रंगों का प्रयोग करके विभिन्नता लाई जाती है।

(7) ग्रेनेडेल सूत– इसमें दो अथवा अधिक विभिन्न रंगों के धागों को एक साथ ऐंठन दी जाती है।

(8) स्ट्रेच सूत– इसमें धागों को खींचकर फैलाने पर ये फैल जाते हैं और छोडनें पर अपनी पहली वाली स्थिति में आ जाते हैं। सामान्यतः थर्मोप्लास्टिक ताप सुनम्य धागों को इस प्रकार बनाया जाता है।

(9) टेक्सचर्ड यार्न– यह यार्न सीधे, चिकने और लम्बे धागों से तैयार किया जाता है। इसमें और साधारण फिलामेन्ट धागों में यह अन्तर होता है और इनके रेशों में कुछ भिन्नता लायी जाती है। जेसे फन्दे में सिकुडन डाली जाती है, घुमाव डाला जाता है। और घुँघरालापन लाया जाता है। इस प्रकार से अनके गुणों में भिन्नता आ जाती है ।

साधारण धागे से बुने वस्त्रों और टेक्सचर्ड यार्न से बने वस्त्रों में यह भिन्नता आ जाती है कि टेक्सचर्ड यार्न से बने कपडों की अभिशोषण क्षमता अथवा श्वसन क्षमतर वढ जाती है और नमी के प्रति ग्रहण करने की सामर्थ्य वढ जाती है। यह रेशा अधिक अवशोषण क्षमता वाला होता है। अतएव टेक्सचर्ड यार्न से बने वस्त्र आरामदायक होते हैं।

करधा

करधा चाहे विधुत से चलने वाला हो या हाथ से उसके मुख्य अंग लगभग एक से होते हैं, जिसका वर्णन निम्नलिखित है–

(1) घटन या बेलन– इस तर ताने के सूत को समान्तर रूप से लपेटा जाता है तथा करघे के पीछे की तरफ रखा जाता है। यहॉ सूत करघे के सामने के भाग की ओर जाता है।

(2) हव्रनेस– एक फ्रेम में कई तार लगे रहते हैं जो 'हीडल' के नाम से जाने जाते है और हीडल में एक छेद होता है जिससे एक या कई तानों के सूतों को निकाला जाता है। यह करघे का एक मुख्य भाग होता है।

(3) कंघी– यह हारनेस के ठहक सामने लगी होती है। इसमें बाने को एक सा ठोका जाता है। यदि कम या ज्यादा ठोका जाता है तो कपडे की वनावट में सफाई नहीं आती है और बानेदार धारियॉ पडनें लगेंगी। वस्त्र तैयार करने हेतु बुनाई ही सबसे अधिक प्रचलित तरीका है। वस्त्र से सूत दो प्रकार के होते हैं– (1) अनुदैर्ध्य सूत (2) क्षेतिजीय सूत। अनैदैर्ध्य सूत को ताना कहते है। और क्षैतिजीय सूत को बाना कहते हैं।

(4) **शटल**– यह बाना भरने के काम आती है।

बुनाई से पहले के सूतों को, समान्तर रूप में साथ–साथ लगाकर, जैसा कि वस्त्र में दिखाई देता है, छड अथवा रोलर पर लपेट देते हैं। जितने गज का थान बनाना हो, उसके लिए अनुपात में सूतों की लम्बाई होनी चाहीये। बाने के सूतों की पिडियॉ बनसने के लिए उन्हें ट्यूब्स पर लपेटा जाता है। अतः इन पिडियों को अधिक बडा बनाना सम्भव नहीं होता है। इसीलिये अधिक लम्बाई का वस्त्र बनाने हेतु एक के वाद अनेक पिडियों का प्रयोग किया जाता है।

तानें के सूत की छड करघे के पीछे रहती है। ये तार बुनाई के समय पीछे लगी हुई छड में से खिंच–खिंच कर सामने लगे रोलर पर आकर लिपटते जाते हैं।सभी वस्त्र की बुनाई में से सूत दो जोडे हीडल्स के छेदों से निकलते हैं।

बाने के सूत एक के बाद एक को छोडकर ऊपर–नीचे तानें के तारों में से गुजरते हैं जो साथ में क्रियाशील हीडल्स की मदद से ऊपर –नीचे उठाये जाते हैं।

बुनाई के बाने के सूत की पिद्धी जो एक शटल में रखी रहती है, करघे के एक ओर से दूसरी ओर फेंकी जाती है। इस प्रकार से बाने का एक तार वस्त्र का अंग बन जाता है। कंघी (जो कंघे के समान होती है) का प्रयोग बाने के सूतों के पास–पास ठोककर लगाने में करते है। करघे के सामने लगी हुई छड पर वस्त्र धीरे–धीरे लिपटता रहता है।

सम्मिश्रित डिजायनों के वस्त्र बनानें हेतु जेकार्ड अथवा डॉवीज वस्त्रों का प्रयोग किया जाता है।

वस्त्र निर्माण में बुनाई प्रक्रिया

वस्त्र निर्माण की एक मुख्य तथा सबसे अधिक अपनाई जाने वाली विधि बुनाई है। आजकल बुनाई का कार्य करघों से किया जाता है। ये करघे हस्त चलित होते हैं तथा विधुत चलित भी होते हैं। भारत में कपास अथवा सूती वस्त्र बहुत अधिक मात्रा में करघों से ही तैयार किये जाते हैं। अव विभिन्न प्रकार की बुनाई की जाती है। वस्त्र बुनाई की प्रक्रिया का विस्तार वर्णन निम्नलिखित है–

(1) जब तानें के तारों मे से शटल निकलती है, तो हारनेस की मदद से ताने के कुछ तार ऊपर उठकर शेड–सा बना लेते हैं।

(2) शटल शेड से आगे पीछे जाते समय ताने के तारों में बाने को फेंकती है। इस प्रक्रिया को पिकिंग कहते है।

(3) कंघी की मदद से बाने का तार पीछे की ओर ढकेल दिया जाता है। तथा पहले भरे हुये बाने के तारों से उसे दबा दिया जाता है।

(4) जैसे–जैसे बुनाई की प्रक्रिया होती रहती है ताने के तार को ताने की बीतम पर से ढीला कर दिया जाता है और बुने हुये वस्त्र को करघे के सामने लगे हुये बीम पर लपेट देते हैं।

यह प्रक्रिया उस समय तक निरन्तर चलती हरती है जब तक कि कपडा वांछित लम्बाई में प्राप्त नहीं हो जाता है। किनारियॉ– अधिकांश वस्त्रों मे किनारियॉ, जिन्हे 'सेल वेजज' कहते है।, घने तथा भारी ताने के सूतों से तैयार की जाती है, जिससे वे आसानी से उखड नहीं जायें। प्रायः साडी की किनारियों को जोडकर इसकी चौडाई (इंच होती है। बुनाई में ताने के सूत किनारियों के समान्तर होते हैं।

वस्त्र का सन्तुलन– वस्त्र का संतुलन ताने तथा बाने के सूतों के अनुपात से निष्चित होता है। यदि एक वर्ग इंच में ताने और बानों की संख्या समाज है तो वस्त्र अच्छी प्रकार से सन्तुलित माना जायेगा। जिस वस्त्र में सन्तुलन अच्छा नहीं होता है– यदि उसको धूप में देखा जाये तो सूत केवल एक दिशा में जाते हुये दिखाई देंगे, अर्थात लम्बाई की ओर, ऐसा वस्त्र पहनने अथवा उपयोग में लाने के लिये लाभदायक नहीं होता है,क्योकी वह अधिक धुलाई आदि सहन नहीं कर पाता है।

बुनाई के प्रकार

बुनाई के विभिन्न प्रकार निम्नलिखित हैं–

(1) सादी बुनाई
(2) बास्केट बुनाई
(3) रिब अथवा धारीदार बुनाई,
(4) ट्वील बुनाई
(5) साटिन बुनाई

सादी बुनाई वस्त्र निर्माण के लिए सबसे प्रचीन तथा सबसे सरल प्रकार की बुनाई सादी बुनाई कहलाती है। इस बुनाई को करने के लिये करघे में केवल दो हार्नेस का ही प्रयोग होता है। ताने के सभी धागे दो भागों में बॅटे हुये माने जाते हैं।एक भाग में सम और दूसरे भाग में विषम संख्या वाले धागे माने जाते है। करघे का एक हारनेस सम संख्या वाले धागों को नियंत्रित करता है और दूसरा हारनेस विषम संख्या वाले धागों को नियंन्त्रित करता है। सादी बुनाई करते समय पहले प्रथम हारनेस से सम संख्या वाले धागों को ऊपर उठाया जाता है। इस स्थिति में शटल द्वारा बाने का धागा ताने के सम संख्या वाले धागों के नीचे से और विषम संख्या के ऊपर से निकलकर एक गुंथाव को पूर्ण करता है।

इसके बाद दूसरा हारनेस काम करता है। इससे ताने के विषम संख्या वाले धागे ऊपर उठ जाते हैं अव शटल द्वारा बाने का धागा ताने के विषम संख्या वाले धागों के नीचे और सम संख्या वाले धागों के ऊपर से निकल जाता है। इसी प्रकार कम बदल–बदलकर निरन्तर बुनाई चलती रहती है, वस्त्र तैयार हो जाता है।

सादी बुनाई सरल एवं साधारण होती है। लेकिन बुनाई द्वारा तैयार वस्त्र अल्यधिक मजबूत बनता है। इस बुनाई में ताने बाने का अधिकतम गुथाव होता है। इसीलिये किसी स्थान पर कम या अधिक दबाब नहीं पडता। ताने बाने के सभी धागों का गुंथाव होने के कारण वस्त्र भी सघनता भी अधिक होती है। इस प्रकार से बुने गये वस्त्रों की सतह चिकनी तथा समतल होती है। अतः वस्त्रों को अधिक सुन्दर, आकर्षक बनाने के लिये किसी भी परिसज्जा को लागु करना आसान होता है। सादी बुनाई द्वारा तैयार वस्त्र दोनों ओर से एक समान होते है। इसीलिये किसी भी ओर से इस्तमाल किया जा सकता है।

भारत में हथकरघा उधोग एवं साड़ी उधोग

भारत में हथकरघा उधोग का सबसे प्रमुख वस्त्र साडी है। साडी, धोती, ओढनी या हाफ साडी के अनेकोनेक रूपों में यह पहनावा उत्तर से दक्षिण भारत तक महिलाओं का सबसे प्रिय पहनावा है। गुजरात, बंगाल, महाराष्ट्र, बुन्देलखण्ड, केरल, तमिलनाडु हर क्षेत्र की अपनी–अपनी साडियॉ हैं। कुछ मुख्य प्रकार की पारम्परिक हथकरधों पर बुनी जाने वाली साडियॉ निम्नलिखित हैं–

पटोला–इक्ट साडियॉ– इक्ट उस तकनीकी का नाम है, जिसके द्वारा साडियों का ताना बाना पहले विशेष प्रकार से रंगा जाता है तथा फिर विशेष प्रकार से बुना जाता है। इसका एक प्रकार "पटोला" साडियॉ हैं, जो पारम्परिक रूप से अहमदाबाद तथा सूरत में बुनी जाती है। अधिक मूल्य वाली गुजराती साडियॉ धनी परिवार की महिलाओं का पहनावा है। इसके रंग चटक लाल, पीले, सफेद, हरे आदि होते हैं। बाली तथा मलेशिया में भी यह बुनाई भारत से लेकर अपनाई है। इक्ट का दूसरा प्रकार है, उडिया इक्ट। यह सूती तथा रेशमी दोनों प्रकार का होता है।उडिया इक्ट साडियों में प्रायः बार्डर या साडी का छोर सादे रंगे ताने–बाने का होता है।

ऑन्ध्र प्रदेश का भी अपना एक इक्ट प्रकार है जिसे हैदराबादी पटोला भी कहते हैं। वहॉ चिराला, पोचमल्ली, पुट्टा पक्का, कोयलागुॅडम नगरों में यह बुना जाता है।

बंधेज– बंधेज या बांधुनी की साडियॉ गुजरात ओर राजस्थान में बनती है। कच्ची बंधेज प्रायः काफी बारीक बुंदकियों वाली और अपेक्षाकृत अधिक मूल्यवान होती है।

जामदानी– यह साड़ियॉ मूलतः बंगाल की देन है।। पहले लखनऊ और ढाका की जामदानी साड़ियॉ प्रसिद्ध थीं। इनमें बहुत नरम मलमल पर सच्ची जरी के तारों से फूलों की छटा बिखरी होती है।

बालूचार– इन रेशमी साडियों का मूल रंग पारम्परिक तौर पर कुसूमी लाल या गहरा बैंगनी होता है। इनके पल्लू तथा बॉर्डर पर बहुत सुन्दर बुनाई से बेलबूटे

पालकी लिये कहार बरकन्दाज, बन्दूकची आदि उभारे जाते हैं।शेष साडी पर बूटियॉ बनी होती हैं।

पैठणी– महाराष्ट्र का पैठण इलाका रेशम तथा जरी की इन साड़ियों के लिये प्रसिद्ध है। इन पर बत्तखें, तोते, मोर, फूल तथा पत्तों के पारम्परिक नमूने जरी तथा रेशम से तैयार किये जाते हैं।

हिमरू– औरंगाबाद, तिरूचिरापल्ली, सूरत, अहमदाबाद और बनारस प्रचीन काल में इस कार्य के लिये प्रसिद्ध थे। हिमरू में जरी के स्थान पर रेशमी तथा सूती धागों से ब्रोकेड जैसा काम किया जाता है।

ब्रोकेड की साडियॉ– भारी जरी के काम से भरी हुई यह साडियॉ मूल रूप से बनारस, सूरत, अहमदाबाद, आगरा तथा दिल्ली में बनाई जाती है।वास्तव में ब्रोकेड प्रायः कपडों शेरवानी, लहंगा, चोली के लिये ही इस्तमाल होता रहा है, परन्तु इसकी साडियों में वजन अधिक न वढें इसीलिये अपेक्षाकृत हल्का काम भी होता रहा है।

बुनाई की क्रियायें

करघे द्वारा बुनाई की प्रक्रिया होती है। जिस धागे से वस्त्र बनाने होते हैं उसी के ताने बाने बनाये जाते हैं। बुनाई में मुख्य रूप से चार क्रियाये शामिल होती हैं। बुनाई की चार क्रियाओं का सामान्य परिचय निम्नवर्णित है–

(1) ताना अलगन या शेडिंग– बुनाई की एक किया है–ताना अलगन या शेडिंग। इस किया में वस्त्र बुनने वाले करघे में लगे हारनेस द्वारा ताने के धागों को ऊपर उठाया जाता है। इस प्रकार ताने के धागों के ऊपर उठ जाने से एक शेड बन जाता है। इसके पश्चात शटल द्वारा बनाने के धागों को दायीं ओर से बॉयी ओर ले जाया जाता है। इस प्रकार ताने में बाने का धागा गुँथ जाता है।

(2) चयन या पीकिंग– वस्त्र बुनाई की दूसरी क्रिया चयन या पीकिंग है। यह कार्य भी हारनेस द्वारा होता है। पहले गुँथाव के बाद दूसरा हारनेस ताने के अन्य धागों को ऊपर उठाता है। अब फिर एक शेड बन जाता है। अब क्योंकी शटल बांयी ओर होता है इसीलिये इसे बांयी ओर से दांयी ओर कर देते हैं। इसके बाने की एक ओर गुँथाई हो जाती है। इसे दूसरी पिक कहते हैं।

(3) आप्यायन करना या बेटनिंग– बुनाई की तीसरी क्रिया को आप्यायन करना या बेटनिंग कहते हैं। बाने के धागे की एक पंक्ति डाल लेने के बाद बेटनिंग की क्रिया की जाती है। यह क्रिया करघे के रीड द्वारा की जाती है। रीड के आकार एक कंघी के समान होता है। इसमें दॉते होते हैं।इस कंघी के आकार के रीड द्वारा बाने के धागे को पीछे की ओर धकेला जाता है। इससे बाने के

धागे एक–दूसरे के पास आ जाते हैं तथा आपस में सट जाते हैं। इस क्रिया से बुनाई में सघनता आ जाती है।

(4) लपेटना तथा छोडना– बुनाई की प्रक्रिया की अन्तिम क्रिया को लपेटना तथा छोडना कहते हैं। यह क्रिया एक पिक बन जाने तथा ठोकने के बाद की जाती है। इस क्रिया में ताने वाली बेलन को थोडा–सा घुमा कर ढीला छोडा जाता है। इसके साथ ही साथ तैयार वस्त्र को क्लाथ बीमों पर लपेट दिया जाता है।

वस्त्र निर्माण की मुख्य विधियॉ

आज बहुत ही व्यवस्थित ढंग से वस्त्र–निर्माण किया जाता है, परन्तु प्राचीनकाल में वस्त्र–निर्माण का समुचित ज्ञान नहीं था। कमशः सभ्यता एवं विज्ञान के विकास के साथ–साथ वस्त्र–निर्माण की विभिन्न विधियों का आविष्कार किया गया है। वस्त्र–निर्माण की निम्नलिखित मुख्य विधियों का वर्णन निम्नलिखित है–

(1) बुनाई– वस्त्र–निर्माण की एक प्रचीन तथा अत्यन्त लोकप्रिय विधि को बुनाई कहते है।। भारतवर्ष में प्राचीनकाल से ही बुनाई द्वारा वस्त्र तैयार किये जाते रहे हैं। बुनाई के अन्तर्गत धागों का विधिवत् गुँथाव किया जात है। यह गुँथाव विभिन्न नमूनों में भी किया जा सकता है। बुनाई की प्रक्रिया के अन्तर्गत धागों को दो दिशाओं में प्रयोग किया जाता है। लम्बवत् दिशा में प्रयोग होने वाले धागों को वस्त्र–विज्ञान की भाषा में ताना कहा जाता है, दूसरी दिशा में क्षैतिजीय धागों को बाना कहते हैं। इस ताने–बाने के गुँथाव के फलस्वरूप वस्त्र तैयार होता है। आधुनिक युग में तो हथकरघे या विधुत चलित करघे से वस्त्रों की बुनाई की जाती है, लेकिन प्राचीनकाल में जब करधों का आविष्कार नहीं हुआ था यूँ ही बुनाई की जाती थी। तब जमीन पर निश्चित दूरी पर दोनों ओर खूँटियॉ गाडकर उनमें ताने के धागे कस करके वॉध दिये जाते थे। इसके बाद हाथ से ही बाने के धागों को गूँथा जाता था। इस प्रकार बुनाई करके वस्त्र तैयार कर लिया जाता था। आज करघों से बडे सुन्दर वस्त्र बुने जाते हैं। वस्त्र की भिन्न–भिन्न प्रकार की बुनाईयॉ की जाती हैं। मुख्य बुनाईयॉ हैं–सादी बुनाई, ट्वील बुनाई तथा साटिन बुनाई।

(2) फेल्टिंग– वस्त्र–निर्माण की एक प्रचलित विधि को फेल्टिंग कहा जाता है। यह विधि बुनाई से भिन्न है। इस विधि से ध्गा बनाने की आवश्यकता नहीं होती अपितु एक विशेष प्रकार के वस्त्रोपयोगी रेशों को ताप डालकर उन्हें जमाकर वस्त्र तैयार कर लिये जाते हैं। फेल्टिंग विधि द्वारा मुख्य रूप से ऊनी तन्तुओं से ही वस्त्र तैयार किये जाते हैं। ऊनी तन्तुओं में एक ऐसा गुण होता है जिसके कारण यदि उन्हें दबाब देकर ताप दिया जाये ता वे

आपस में जमकर जुड जाते हैं और वस्त्र का रूप धारण कर लेते हैं। इस विधि से पट्टा , नम्दा ओर कम्बल आदि तैयार किये जाते हैं । यह सत्य है कि फेल्टिंग विधि से भी वस्त्र बनाये जा सकते हैं, लेकिन व्यवहार में इस विधि को वस्त्र–निर्माण के लिये केवल सीमित मात्रा में ही अपनाया जाता है।

(3) निटिंग– वस्त्र–निर्माण की एक प्रचलित विधि निटिंग विधि भी है। सामान्य रूप से यह एक घरेलू विधि है तथा घर पर महिलायें सिलाईयों से निटिंग द्वारा वस्त्र तैयार कर लेती है। इस विधि में साधारण वस्त्र–बुनाई के समान ताने–बाने के दो धागे प्रयोग नहीं किये जाते अपितु एक ही धागे से सलाईयों द्वारा पंक्ति दर पंक्ति में निटिंग की जाती है। घर पर महिलाये इस विधि से स्वेटर, जर्सी, शॉल, मौजे आदि बहुत से वस्त्र तैयार कर लेती हैं।

(4) ब्रेड्स तथा लेस– वस्त्र–निर्माण की एक कम प्रचलित विधि ब्रेड्स तथा लेस को भी अपनाया जाता है। इस विधि द्वारा वस्त्र–निर्माण के लिए एक साथ तीन से अधिक धागे लिये जाते हैं तथा इन्हें विधिवत् चोटी के रूप में गूँथ लिया जाता है। इस विधि से सुन्दर, आकर्षक और सजावटी काम में प्रयोग होने वाले वस्त्र तैयार किये जाते हैं।

विदेशों में वस्त्र तन्तुओं का इतिहास

प्राचीन काल में वस्त्र तन्तुओं को मूल रूप से उनके स्थान के नाम से जाना जाता था, जहॉ से सबसे पहले उनकी उम्पत्ति हुई। फिर स्थानीय निर्माता उन्हें एक स्थान से दूसरे स्थान पर भेजते थे।

आज सम्पूर्ण विश्व में विभिन्न किस्म के वस्त्र उपलब्ध हैं । अति प्राचीनकाल में उन देशों में सुन्दर वस्त्रों का निर्माण होता था, जहॉ की सभ्यता और संस्कृति विकसित थी। भारत के अलावा मिस्त्र तथा यूनान सुन्दर वस्त्रों के लिये प्रसिद्ध थे।

प्राचीन काल में हाथ से वस्त्र तैयार किया जाता था। इसमें अधिक समय तथा परिश्रम लगता था। मशीन के निर्माण होने से वस्त्र–निर्माण की क्रिया में प्रगति हुई और बडे पैमाने पर वस्त्र तैयार होनें लगे। वैज्ञानिक आविष्कारों से इस क्षेत्र में और अधिक उन्नति हुई।

प्राचीन काल में प्राकृतिक तन्तुओं जैसे सूती, ऊन तथा रेशम से बने वस्त्रों का प्रचलन था, जिन पर हाथ के ठप्पों या रोलर से नमूने छापे जाते थे। मानव निर्मित कृत्रिम रेशों से बनें वस्त्रों का प्रचलन सन 1905 के बाद तेजी से वढा। यह मूल्य में कम होते थे, मजबूत होते थे और धोने में आसान होते थे। इसके साथ–साथ नये रंग, नई बुनाई की तकनींके और नई–नई परिसज्जाओं से कई भिन्न–भिन्न प्रकार के वस्त्र बाजार में आने लगे।

भारत में सूती वस्त्र उधोग

सूती वस्त्र उधोग भारत का प्राचीन तथा सबसे बडा संगठित उधोग है। सूती वस्त्र उत्पादन की दृष्टि से भारत का विश्व में तीसरा और उपयोग की दृष्टि से दूसरा स्थान है।

भारत में कुटीर उधोग के रूप से सूती वस्त्र उधोग काफी प्राचीनतम उध ोग है। आधुनिक रूप की सूती वस्त्र उधोग की पहली मिल सन् 1818 में कलकत्ता के निकट हुगली नदी के किनारे 'धूसरी' नामक स्थान पर स्थापित की गई थी, लेकिन सूती वस्त्र वस्त्र उधोग की वास्तविक स्थापना 1854 में पारसी व्यवसायी कावुसजी तामाभाई डाबर ने की। सन् 1861 में दूसरी मिल की स्थापना अहमदाबाद में की गई तथा सन् 1866 में केलिको मिल की स्थापना हुई। इन मिलों की सफलता के बाद अन्य स्थानों जैसे नागपुर, शोलापुर, मद्रास, रायपुर तथा इन्दौर आदि स्थानों पर मिलों की स्थापना की गयी।

प्रथम विश्व युद्ध के बाद सम्पूर्ण विश्व में मंदी के कारण मॉग में कमी तथा जापान और अमेरिका से प्रतियोगिता होने के कारण वस्त्र उधोग संकट में पड गया। अतः इस उधोग को संकट से बचानें के लिये सन् 1930 में संरक्षण दिया गया। दूसरे विश्वयुद्ध के बाद फिर इसमें वृद्धि हुई। सन् 1939 में देश में सूती मिलों की संख्या 389 थीं और सन् 1946 में 421 हो गई। सन् 1951 में 378 थी, जबकी वर्ष 1978–79 में बढकर 702 तथा वर्ष 1983–84 में 803 हो गयी। वर्ष 1994–95 में सूती कपडों की 1227 मिलें थीं।

तीसरी पंचवर्षीय योजना के बाद इस उधोग की स्थिति सुधारने के लिये सरकार ने राष्ट्रीय सूती वस्त्र निगम की स्थापना की।

आज भारत में लगभग 1227 मिलें हैं। इन मिलों में 1 लाख 46 हजार करघे लगे हैं। इनमें से 27 प्रतिशत करघों वाली 187 मिलों का राष्ट्रीयकरण हो चुका है। शेष मिलें निजी क्षेंत्र में हैं । इस उधोग में लगभग 29 लाख व्यक्ति रोजगार से लगे हैं। इस उधोग का वार्षिक उत्पादन लगभग 4,000 करोड रूपये के मूल्य का आंका गया है।

भारत में ऊनी वस्त्र उधोग

ऊन उधोग का प्रारम्भ भारत में ही हुआ है। वैदिक काल में भी ऊनी शाल उधोग को बहुत बढावा दिया। अठारहवीं शताब्दी के अन्त तक कश्मीरी शाल विदेशों को निर्यात की जाती थी।

ब्रिटिश काल में इस उधोग के विकास की गति मन्द पड गई। अंग्रेजों नें इसे प्रोत्साहन नहीं दिया। इसीलिये इस व्यवसाय से जुडे कारीगर दूसरे व्यवसाय में चले गये।

स्वतंत्र भारत में इस कला को पुनः जीवित करने का प्रयास किया जा रहा है। इसके लिये अनेक प्रशिक्षण केन्द्र खोले गये हैं। शाल निर्माण कश्मीर के बडे उधोगों में से एक है तथा वहाँ यह अनेक लोगों की जीविका का साधन है। इन शालों के विक्रय के लिये सरकार द्वारा भी प्रबन्ध किया जाता है। कश्मीर में पशमीना काल के अतिरिक्त लोई, गाभा, नगदा, चादरें, कोट आदि भी बनाये जाते हैं। इन्हें विदेशों में भी निर्यात किया जाता है।

भारत में अधिकांश ऊनी रेशों का निर्माण हाथ से किया जाता है। गाँवों में सूखे मौसम में जब किसानों पर कृषि का कार्य नहीं होता तब वे यह ायि करते थे और टनी तन्तुओं की कताई तथा बुनाई द्वारा वस्त्र, कम्बल, और दरियाँ तैयार करते हैं। ठण्डे प्रदेशों में और आसाम और बंगाल के पहाडी प्रदेशों में ऊन पूरे साल उपयोग में लायी जाती है।

लगभग 75 प्रतिशत ऊनी हस्तकरघा उधोग उत्तर प्रदेश, पंजाब, कश्मीर और राजस्थान में केन्द्रित है। पश्चिम, दक्षिण तथा पूर्व के मैदानी भागों में स्थानीय ऊन का उपयोग कम्बल और दरियाँ व मोटे कालीन बनाने में किया जाता है।

(1) भारत में रेशमी वस्त्र उधोग– लगभग 2000 वर्ष पहले भारत में गुजरात में घरों में सिल्क की सुन्दर साडियाँ तैयार की जाती थीं, लेकिन इनकी बुनाई में बहुत अधिक समय लगता था, इसीलिये यह मँहगी होती थीं। ये साडियाँ पटोलु कहलाती थीं। आजकल रेशम के पर्दे, टेबल कवर, ब्लाउज के कपडे, तकिये के गिलाफ आदि अनेक स्थानों पर घरेलु उधोग के रूप से बनाये जाते हैं। यह मुख्य रूप से बनारस, गुजरात, हैदराबाद, सम्बलपुर और मद्रास राज्य के कुछ शहरों में तैयार किये जाते हैं।

भारत का कच्चे सिल्क के उत्पादन में संसार में चौथा स्थान है। मुख्य रूप से सिल्क उत्पादक राज्य हैं– मैसूर जम्मू और कश्मीर। भारत में उत्पादित रेशम के साथ टसंर, मूँगा, एरी, कोसा सिल्क आदि का निर्माण होता है। देश में इस उधोग में लगभग 61 लाख व्यक्ति कार्यरत हैं।

(2) भारत में रेयॉन उधोग– सबसे पहले रेयॉन की खोज सन 1985 में हूई। इसके बाद सन 1884 में काउण्ट हिलेरे डी कार्डोनेट ने नाइट्रो सेल्यूलोज विधि से इस तन्तु का निर्माण किया। फ्रांस सरकार की सहायता से इन्होनें रेयॉन तन्तु निर्माण के लिये पहला कारखाना खोला। सन् 1924 में संघीय व्यापारिक कमीशन ने रेयॉन से सूत बनाने की मान्यता दी, जिसके फलस्वरूप विश्व के देशों में भी रेयॉन निर्माण शुरू किया गया। भारत में रेयॉन का पहला कारखाना सन 1946 में केरल में स्थापित किया गया। इसके बाद भारत में कई रेयॉन निर्माण कारखाने खोले गये।

(1) बास्केट बुनाई– बास्केट बुनाई तथा सादी बुनाई में कोई अन्तर नहीं है। इस प्रकार की बुनाई में ताने तथा बुनाई के धागों की संख्या वढा दी जाती है। बास्केट बुनाई के लिये अपनाये गये ताने तथा बाने के एक से अधिक सूत वाले होते हैं। इन्हें या तो ऐंठन देकर एक बना लिया जाता है या बिना ऐंठन दिये ही दो या दो से अधिक धागों को एक मानकर बुनाई की जाती है। कभी कभी ताने तथा बाने के धागों की संख्या अलग भी हो सकती है। बास्केट बुनाई करते समय ध्यान रखनें योग्य मुख्य बात यह होती है कि इस बुनाई के लिये अपनाये गये समस्त धागों की मोटाई एक समान होनी चाहीये। बास्केट बुनाई बनाये गये वस्त्र अधिक सुन्दर तथा आकर्षक प्रतीत होते हैं। साधारण सादी बुनाई की अपेक्षा ढीली होती हें। इस बुनाई द्वारा बने हुये वस्त्रों को सामान्य रूप से पर्दे, कवर्स एवं खोल आदि के रूप में ही इस्तमाल किया जाता है। इससे पहनने के वस्त्र नहीं बनाये जाते हैं।

(2) रिब अथवा धारीदार बुनाई–सादी बुनाई के ही एक अन्य रूप को धारीदार बुनाई कहते हैं।इस बुनाई की विधि भी सादी बुनाई के समान होती है। इस प्रकार की बुनाई में किसी एक ओर के धागों की मोटाई दूसरी ओर के धागों में अधिक रखी जाती है। इसमें भी एक निश्चित संख्या के धागों को एक ही मानकर बुनाई की जाती है। इस प्रकार की बुनाई द्वारा तैयार वस्त्र से धारियॉ सी दिखाईं देती हैं। वस्त्र एक ओर से मोटा तथा दूसरी ओर से पतला दिखाई देता है। धारीदार बुनाई से बने वस्त्र काफी सुन्दर तथा आकर्षक प्रतीत होते हैं। इससे पहनने के सुन्दर वस्त्र बनाये जाते हैं।

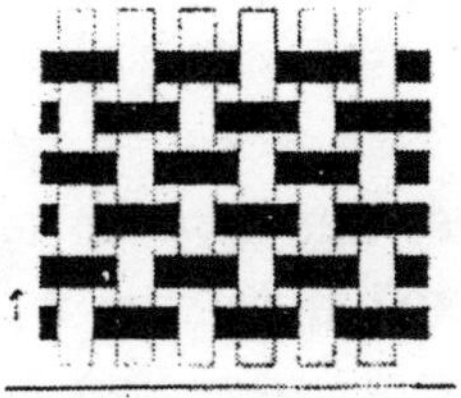

ट्वील बुनाई

वस्त्र बनाने की दूसरी मुख्य विधि ट्वील बुनाई है। यह बुनाई बडी आकर्षक लगती है, क्योंकी बुनाई के कारण वस्त्र में तिरछी धारिशॅ दिखाई पडती है। ये वस्त्र काफी गठे हुये होते हैं और बुनाई में ही सुन्दर नमूना बन जाता है।

ट्वील बुनाई में भी ताने तथा बाने के धागों से ही बुनाई होती है। इस बुनाई में सबसे पहले ताने के धागे तान लिये जाते हैं। इसके बाद के धागे बुने जाते हैं। ताने के कई एक धागों के ऊपर से बाने का धागा निकाला जाता है और उसके बाद उसे ताने के एक धागे के नीचे से निकाला जाता है और इसके बाद फिर से तानो के उतने ही धागों के ऊपर से बाने के धागे को निकाल कर एक धागे के नीचे से निकाला जाताहै। यही क्रम पूरे ताने मे चलता है। इस प्रकार एक पंक्ति पूरी हो जाती है। इसके बाद बाने की दूसरी पंक्ति चलती है। तब ताने के धागों को दबाने–उठाने का क्रम तो यही चलता है लेकिन इस बात का ध्यान रखा जाता है कि दूसरी पंक्ति का धागा पहले ताने के पहली पंक्ति द्वारा दबाये हुये धागों से एक अधिक धागे को दबाता है। इस प्रकार प्रत्येक बार एक कदम आगे ही यह धागा चलता है। इससे वस्त्र की सतह पर एक प्रकार की तिरछी धारी बनने लगती है।

ट्वील बुनाई को एक उत्तम तथा जटिल प्रकार की बुनाई माना जाता है। इस बुनाई द्वारा तैयार वस्त्र की सतह एक ओर से सीधी तथा दूसरी ओर से उल्टी दिखाई देती है। इस बुनाई में बुनाई से ही स्वतः नमूना बन जाता है। इससे वस्त्र अधिक सुन्दर तथा आकर्षक प्रतीत होता है। इस बुनाई को किसी भी प्रकार के वस्त्र के निर्माण के लिये अपनाया जा सकता है।

साटिन बुनाई

वस्त्र बुनाई की एक अन्य विधि को साटिन बुनाई कहते हैं। इस विधि से तैयार किये हुये वस्त्रों को भी साटिन ही कहते हैं। सैद्धान्तिक रूप से साटिन बुनाई ट्वील बुनाई के ही समान होती है। परन्तु यह बुनाई अनियमित होती है। इस बुनाई में बाने के धागे को ताने के बहुत से धागों में से गुजारा जाता है। इस प्रकार बुनाई द्वारा तैयार वस्त्र की सतह पर ताने के धागे अधिक दिखाई देते हैं। इस प्रकार के वस्त्रों में काफी चमक होती है और वस्त्र चिकने भी होते हैं।

(1) कार्डयूराय बुनाई– सतह के बाने के सूतों को सादी बुनाई में ताने के सूतों के साथ बुनकर कपडे की सतह तैयार की जाती है। रोयेंदार बाने से सूत एक, दो अथवा तीन दाने के सूतों से गूॅथे जाते हैं। तब ये तीन या तीन से अधि ाक ताने से सूतों पर उभरते है। अथवा तैरते हैं जिससे कि ये फिर से एक,

दो अथवा तीन ताने के सूतों में गूँथे जाते है। इस प्रकार इसकी बुनाई चलती रहती है।

वस्त्र की बुनाई के बाद उभरे हुये बाने के सूतों को गूँथे हुये सूतों के बीच से काट दिया जाता है। इसके बाद वस्त्र की परिष्कृति की जाती है जिनमें रूयें उभरे हुये दिखाई देते हैं।

खेलने की पोषाक, चादरें, पर्दे आदि वस्त्र इसी बुनाई से तैयार किये जाते हैं।

(2) वेलवेटीन बुनाई– यह बुनाई कार्डयूराय बुनाई के समान होती है। इसकी सतह सादी, दुसूती या सैटिन की भाँती हो सकती है। इस बुनाई से वस्त्र करघे में से चपटी आकृति का निकलता है। करघे पर से उतारने के बाद इस बुनाई के वस्त्र को काटने की मशीन पर ले जाया जाता है। चूँकी सूत का उभार फैला हुआ होता है इसीलिये पूरी सतह पर कटे हुये रोयें फैल जाते हैं। सूतों के उभार की लम्बाई तथा संख्या रोओं की निकटता तथा गहराई निश्चित करती है।

(3) क्रेप बुनाई– क्रेप फ्रेंच शब्द है, जिसका अर्थ झुर्रीदार होता है। यह बुनाई वस्त्र की सतह को खुरदरा तथा झुर्रीदार बना देती है। क्रेप की बुनाई अधिक ऐंठे हुये सूतों से की जाती है। ये सूत विभिन्न भार के बनाये जाते हैं। किन्तु उनमें से अधिकांश की आकृति खुली हुई होती है।

(4) हक्कावेक बुनाई– यह बुनाई पर्दे तथा लिनन तथा रूई की तौलिया बनाने हेतु प्रयोग में की जाती है। इस बुनाई में ताने के सूत वस्त्र कर सतह पर तैरते से दिखाई देते हैं। इसमें बयें को इस तरह भरा जाता है कि विषम सूत पहले दो बयों में तथा समस्त सम सूत अगले दो बयों में भरे जाते हैं।

(5) हनीकोम्ब बुनाई– यह बुनाई विभिन्न कोषों जैसी दिखाई देती है। ये उठे हुये कोष तैरते हुये सूतों से बनते हैं। इस प्रकार वस्त्र में तानें तथा आनें के तार वस्त्र के दोनों तरफ तैरते दिखाई देते हैं।यह आकृति तौलियों के लिये विशेष रूप से उपयोगी है। तैरते हुये धागों द्वारा शीर्ष रेखायें उत्पन्न की जाती है। तथा बाने के धागों के द्वारा क्षैतिज रेखायें उत्पन्न होती हैं।

(6) चिडियां की आंख के सदृश बुनाई– इस बुनाई में बाने के सूत वस्त्र पर इस प्रकार तैरते हुये दिखाई देते हैं कि वस्त्र पर चौकडियों की आकृति बन जाती है। वस्त्र के पिछले भाग में ताने के तारों के ऊपर बाने के तार तैरते हुये दिखाई देते हैं।

जैकर्ड बुनाई

जैकर्ड बुनाई एक फैंसी बुनाई है। इस बुनाई के द्वारा बउे सुन्दर तथा आकर्षक वस्त्र तैयार किये जाते हैं। इस बुनाई द्वारा मुख्य रूप से डेमास्क टेपेस्ट्री, ब्रोकेड और अपहोल्सट्री आदि वस्त्र तैयार किये जाते हैं।

जैकर्ड बुनाई सुन्दर तथा आकर्षक होने के साथ ही साथ बहुत कठिन और जटिल बुनाई भी है। इनके द्वारा वस्त्र में बहुत से सुन्दर नमूने बनाये जाते हैं। बुनाई द्वारा ही फूल–पत्ते एवं पशु–पक्षी बनाये जाते हैं।इस बुनाई का आविष्कार फ्रांस के जोजफमरी जैकर्ड ने किया था। उसी के नाम एर इस बुनाई का नाम जैकर्ड बुनाई रखा गया।जैकर्ड बुनाई साधारण करघों द्वारा नहीं की जा सकती। इसके लिये कुछ खास प्रकार के करघे प्रयोग किये जाते हैं। यह करघे अत्यधिक जटिल तथा मँहगे होते हैं, जैकर्ड करघा एक बड़े स्थान पर लगाया जा सकता है इसके लिये ऊँची छत वाला कमरा होना अनिवार्य है। इस करघे में हार्नेस नहीं होते, अपितु हजारों हैंडिल होते हैं। इन हैन्डिलों से ताने के अलग–अलग धागों को उठाया जा सकता है, क्योंकी इस करघे में काफी संख्या में हैन्डिल होते हैं, इसीलिये ताने के प्रत्येक धागे को इच्छानुसार उठाया जा सकता है। जैकर्ड बुनाई बहुत अधिक जटिल होने के कारण बहुत धीमी गति से चलती है। इस बुनाई के लिये पहले समुचित योजना को ग्राफ पेपर पर भली–भाँती अंकित कर लिया जाता है। इस ग्राफ योजना को जैकर्ड कार्ड कहा जाता है। इसी कार्ड के डिजाइन के अनुसार बुनाई की जाती है। करघे में लगी सुईयां तथा हैन्डिल तानों के धागों को उठाते हैं तथा शटल द्वारा बाने के धागों को चलाया जाता है।

बुनाई की आवश्यक तथा ध्यान देनें योग्य बातें

(1) कपडा बुनते समय उसको ठीक रखने हेतु बेबर किनारी अधिक मजबूत सूतों से लगानी चाहीये और कपडे की किनारी एक समान तथा चौडाई को सही रखने के लिये पनकाटी को काम में लाना चाहीये।

(2) जब कभी शटल झटका खाकर उलझ जाये या उछल कर बाहर निकल जाये तो समझ लेना चाहीये कि शटल की दौड एक सी नहीं हैं, शटल के फन्दे में कुछ न कुछ खराबी आ गई है। कंघी के दाँते टेढे हो गये हैं अथवा शटल का झटका जोर से लगा हो तो उसको ठीक कर लेना चाहीये।

(3) यदि शटल अपनी दौड के अन्दर तानें में उलझने लगे या समत में रूक–रूक कर आया करे तो इसका अर्थ है कि वह ऊपर नीचे अधिक हो गई है। जिसकी वजह से संटिंग ठीक नहीं हो रहा है। उसमें जो त्रुटि हो ,उसे दूर कर लेना चाहीये।

(4) कपडे की बुनावट की सफाई ताने के एक समान होने और ताने के समत के टूटने पर है। यदि ताने का सूत एक सा न होगा तो वस्त्र बहुत खराब बुना जायेगा। इसीलिये बुनते समय इन बातों का ध्यान रखना चाहीये।

(5) बुनते समय बये को सही प्रकार से दबाना चाहीये। यदि अधिक दबाया जायेगा तो ताने के बहुत से सूत एक साथ टूटनें लगेंगे, यदि कम दबाया जायेगा तो शटल फॅसने लगेगा और धागे टूटनें लगेंगे ।

(6) बाने को कंघी से एक जैसा ठोकना चाहीये। यदि कम ज्यादा ठोका जायेगा तो कपडे की बुनावट में सफाई नहीं आयेगी। और बानेदार धारियॉ पडनें लगेंगी।

मशीनों के द्वारा बुनाई प्रक्रिया

ताने तथा बाने के सूतों को गॅूथकर करघे की मदद से वस्त्र बनाने के अलावा एक ऐसी प्रक्रिया है, जिससे वस्त्र की बुनाई की जा सके। इस प्रक्रिया में सलाई की मदद से हाथों से अथवा मशीनों की सहायता से बुने हुये सूतों से कतारें इस प्रकार बनाई जाती है कि एक कतार दूसरी कतार पर टॅगी हुई दिखती है।

आधुनिक बुनाई की मशीनें बडी जटिल हैं। एक ही मशीन चलानें वाला व्यक्ति एक साथ कई मशीनों पर कार्य करके मौजे, बनियान आदि बहुत तेज गति से तैयार कर सकता हैं आजकल बाजार में इस प्रकार की मशीनें उपलब्ध हैं,जिनमें विभिन्न प्रकार के बुने हुये वस्त्र तैयार किये जाते हैं।

(1) गोलाकार तथा समतल बुने हुये वस्त्र– बुनाई की मशीनों में,कई टेढी सुइयॉ समान दूरी पर तथा जो वस्त्र बुना जाता है उसके माप के अनुपात में लगी होती है। जिन मशीनों में सुई हुई वृत्ताकार लगी होती है वे मशीने मौजे तथा अन्य गोलाकार वस्तुयें बनाने के काम मे आती है। यदि सुइयॉ सीधी कतार में लगी होती हैं तो इकहरी चौडाई का वस्त्र तैयार होता है।

(2) रिब धुनाई– साधारण बुनाई में बुननें वाली सुईयों में सदा एक ओर धागों की गांठों को लगा दिया जाता है तथा सुईयों से जो नई बुनावट बनती जाती है वह भी उसी दिशा में होती है लेकिन ऐसा भी प्रवन्ध किया जा सकता है कि हर नई बुनाई के साथ दिशा में परिवर्तन कर दिया जाये। इस प्रकार की बुनाई से जो वस्त्र बनेगा वह आकृति में रिब की भॉति होगा। यह बहुत ही लचीला होता है। साधारणतया स्त्रियों की पोशाकों में रिब बुनाई ही होती है जिससे वस्त्र आसानी से शरीर में फिट वैठते हैं।

(3) तहदार बुने हुये वस्त्र– एक ही समय मशीन में दो सूत साथ–साथ लगाये जा सकते हैं और उनकी व्यवस्था इस प्रकार की जाये कि उनमें से एक सूत मुख्यतः पिछली ओर आये तथा दूसरा सामनें की ओर। इस

प्रकार अगर एक सूत सूती और दूसरा ऊनी हो तो वस्त्र सूती दिखाई देगा तथा अस्तर ऊनी।

इस प्रकार सूतों को बदल देनें से वस्त्र ऊनी तथा अस्तर सूती दिखाई दे सकता है। इस प्रकार की बुनाई तहदार बुनाई कहलाती है। बुने हुये वस्त्रों में सबसे बडा दोष यह होता है कि यदि इनकी बुनाई का एक सूत भी टूट जाये तो सारी बुनाई उधड जाती है। यही दोष रेयॉन और रेशम के कपडों में पाया जाता है, क्योंकी इसके तन्तु बहुत ही चिकने होते हैं। रोयेंदार रूई के वस्त्र तथा ऊन के सूत में यह दोष नहीं आ पाता है। क्योंकी इनके सिरे एक–दूसरे से मिल जाते हैं। अगर बुनाई करते समय बुनाई वाले सूतों को विभिन्न माध्यमों से निकाला जाये तो उधडनें की कमी को दूर की जा सकती है।

✧✧✧

अध्याय–4

स्वास्थ्य एवं पर्यावरण

स्वास्थ्य का अर्थ केवल रोग मुक्त होना या बीमारी का न होना ही स्वास्थ्य नहीं है बल्कि शारीरिक, मानसिक और सामाजिक रूप से स्वस्थ होना स्वास्थ्य कहलाता है।

उपर्युक्त परिभाषा से तात्पर्य व्यक्ति के रोगमुक्त होने के साथ–साथ उसके नियंत्रित संवेग, संतुष्टि, सही मनोदशा, मानसिक कार्य करने की सक्षमता तथा सामाजिक क्रियाकलापों में सहभागिता, समाज के अनुरूप व्यवहार करना, दूसरे व्यक्तियों से मधुर संबंध आदि अच्छे स्वास्थ्य को परिलक्षित करते हैं।

अच्छे स्वास्थ्य के लक्षण –स्वास्थ्य की परिभाषा के आधार पर अच्छे स्वास्थ्य के लक्षणों को तीन भागों में बाँट सकते हैं – (1) शारीरिक स्वास्थ्य से संबंधित लक्षण,

(2) मानसिक स्वास्थ्य से संबंधित लक्षण,

(3) सामाजिक स्वास्थ्य से संबंधित लक्षण।

(1) शारीरिक स्वास्थ्य के लक्षण –(i) ऊर्जा होना,(ii) आयु के अनुसार लम्बाई एवं वजन ठीक होना, (iii) सभी अंगों का भली–भाँति काम करना, (iv) त्वचा का निरोग व कांतिमय होना, (v) आँखों में चमक होना, (vi) बाल स्वस्थ व चमकदार होना, (vii) साँस में दुर्गंध का न होना, (viii) भूख का ठीक लगना (न ज्यादा न कम), (ix) नींद का अच्छी आना, (x) शरीर का फुर्तीला व क्रियाशील होना।

(2) सामाजिक स्वास्थ्य के लक्षण – (i) व्यक्ति के अन्य व्यक्तियों से अच्छे संबंध ा होना, (ii) मधुर व्यवहार का होना, (iii) दूसरों की सहायता करना, (iv) पारिवारिक व सामाजिक जिम्मेदारियों को पूरा करना, (v) समाज के मूल्यों का पालन करना एवं सभ्यता, संस्कृति का हस्तांतरण करना।

(3) मानसिक स्वास्थ्य के लक्षण – (i) संवेगो पर नियंत्रण होना, (ii)

संवेदनशीलता होना, (iii) आत्म विश्वास होना, (iv) तनाव व चिंता रहित होना, (v) मानसिक कार्य करने में सक्षम होना, (vi) आयु के अनुसार मानसिक विकास होना।

शारीरिक सामाजिक एवं मानसिक स्वास्थ्य में संबंध – जो व्यक्ति रोगी होता है उसका स्वभाव भी चिड़चिड़ा होता है तथा उसे शीघ्र ही गुस्सा, रोना आता है तथा ऐसे व्यक्ति अपने विश्वास को भी खो देते हैं एवं शीघ्र हतोत्साहित हो जाते हैं।फलस्वरूप वह न तो दूसरों से मधुर संबंध रख पाता है और न ही अपनी जिम्मेदारियों को सक्षमता से पूर्ण कर पाता है। इससे स्पष्ट होता है कि शारीरिक, मानसिक एवं सामाजिक स्वास्थ्य अर्न्त संबंधित हैं।

स्वास्थ्य को प्रभावित करने वाले कारक– स्वास्थ्य को विभिन्न कारक प्रभावित करते हैं जैसे – (i) व्यक्तिगत स्वास्थ्य तथा स्वच्छता,(ii) व्यायाम, (iii) आराम तथा नींद, (iv) शारीरिक मुद्रा, (v) स्वच्छ वातावरण, (vi) भोजन संबंधी आदतें, (vii) मौसम तथा वस्त्र, (viii) खेल तथा कार्य स्थल पर सुरक्षात्मक प्रबंध, (ix) नशीली दवाइयाँ तथा शराब का प्रभाव,

(i) व्यक्तिगत स्वास्थ्य व स्वच्छता – (1) शौच में नियमित्ता व स्वच्छता, (2) खाने से पहले हाथ धोना,(3) स्नान में नियमित्ता, (4) दाँत साफ करना, (5) बाल धोना तथा आँख, कान व नाखून साफ करना।

(ii) व्यायाम – व्यायाम से तात्पर्य है 'शरीर की सभी मांसपेशियों को प्रयोग में लाना जिससे वे स्वस्थ एव क्रियाशील रहें।'' व्यायाम करने से (1) शरीर का मोटापा कम होता है। (2) पाचन व श्वसन, रक्त संचार क्रियायें सुचारू रूप से होती हैं। (3) शरीर अधिक क्रियाशील बनता है तथा ऊर्जावान रहता है।

व्यायाम के अन्तर्गत खेलना, तैरना, टहलना, दौड़ना, योगाभ्यास व कसरत करना आते हैं।

(iii) आराम तथा नींद– मांसपेशियों की थकान दूर करने के लिये आराम व नींद जरूरी है। थकान होने पर व्यक्ति की क्रियाशीलता में कमी आती है तथा व्यक्ति रूचि से कार्य नहीं कर पाता अतः सुचारू रूप से कार्य करने हेतु आराम एवं नींद लेना आवश्यक है।

(iv) शारीरिक मुद्रा – मनुष्य के बैठने व चलने के ढंग को मुद्रा कहते हैं। सही मुद्रा में बैठना, चलना एवं कार्य करना चाहिये ताकि कम से कम ऊर्जा व्यय हो, शरीर थकान महसूस न करे तथा शरीर ठीक प्रकार से कार्य कर सके।

(v) स्वच्छ वातावरण– अपने घर का तथा घर के आस – पास का वातावरण स्वच्छ होना चाहिए ताकि जीवाणुओं की वृद्धि को रोका जा सके। इसके लिये गन्दे पानी, मल–मूत्र के निस्तारण की उचित व्यवस्था होनी चाहिये। कचरे को उचित स्थान पर फेंकना चाहिये एवं घर को साफ सुथरा रखना चाहिये। घर के खाद्यों को ढककर रखना चाहिये।

(vi) भोजन संबधी आदतें – हमें संतुलित भोजन ग्रहण करना चाहिए ताकि शरीर के कार्य सुचारू रूप से सम्पन्न हो सकें। भोजन सही समय पर सही मात्रा में, पौष्टिक तत्त्वें से युक्त ग्रहण करना चाहिये। भोजन को चबा–चबा कर खाना चाहिये। सलाद व फल भी ग्रहण करने चाहिये।

(vii) मौसम तथा वस्त्र – मौसम के अनुसार वस्त्र धारण करने चाहिये ताकि स्वास्थ्य ठीक रहे। फैशन के अनुसार भी वस्त्र धारण करने चाहिये ताकि व्यक्ति हीन भावना से ग्रस्त न हो।

(viii) सुरक्षात्मक प्रंबध – घर का फर्श, सीढ़ियाँ, छत की मुंडेर (डौली) सुरक्षित होनी चाहिये ताकि किसी दुर्घटना की संभावना न हो।

(ix) नशीली दवाओं, मदिरा तथा धूम्रपान का प्रभाव – नशीली दवाओं मदिरा एवं धूम्रपान से फेफड़ों, ह्रदय, नाड़ी संस्थान आदि पर हानिकारक प्रभाव पड़ता है।अतः इनके सेवन से बचकर रहना चाहिये।

शारीरिक स्वास्थ्य , मानसिक स्वास्थ्य तथा सामजिक तीनों ही एक दूसरे से संबंधित है। उदाहरण जो व्यक्ति रोग से ग्रसित होता है, वह स्वभाव में चिड़चिड़ा गुस्सैल व शीघ्र रोने वाला होता है। ऐसे व्यक्ति अपना विश्वास तो खोते ही हैं, साथ ही शीघ्र ही हतोत्साहित भी हो जाते हैं फलस्त्ररूप वह न तो दूसरे से मधुर संबंध रख पाते हैं और न ही अपनी जिम्मेदारियों को पूर्ण कर पाते हैं, अतः हम कहते हैं कि शारीरिक, मानसिक एवं सामाजिक स्वास्थ्य एक दूसरे से संबंधित है।

स्वास्थ्य को प्रभावित करने वाले कारक– स्वास्थ्य को विभिन्न कारक प्रभावित करते हैं जैसे – (i) व्यक्तिगत स्वास्थ्य तथा स्वच्छता,(ii) व्यायाम, (iii) आराम तथा नींद, (iv) शारीरिक मुद्रा, (v) स्वच्छ वातावरण, (vi) भोजन संबंधी आदतें, (vii) मौसम तथा वस्त्र, (viii) खेल तथा कार्य स्थल पर सुरक्षात्मक प्रबंध, (ix) नशीली दवाइयाँ तथा शराब का प्रभाव,

(i) व्यक्तिगत स्वास्थ्य व स्वच्छता – (1) शौच में नियमित्ता व स्वच्छता, (2) खाने से पहले हाथ धोना,(3) स्नान में नियमित्ता, (4) दाँत साफ करना, (5) बाल धोना तथा आँख, कान व नाखून साफ करना।

(ii) व्यायाम – व्यायाम से तात्पर्य है 'शरीर की सभी मांसपेशियों को प्रयोग में लाना जिससे वे स्वस्थ एव क्रियाशील रहें।'' व्यायाम करने से (1) शरीर का मोटापा कम होता है। (2) पाचन व श्वसन, रक्त संचार क्रियायें सुचारू रूप से होती हैं। (3) शरीर अधिक क्रियाशील बनता है तथा ऊर्जावान रहता है।

व्यायाम के अन्तर्गत खेलना, तैरना, टहलना, दौड़ना, योगाभ्यास व कसरत करना आते हैं।

(iii) आराम तथा नींद– मांसपेशियों की थकान दूर करने के लिये आराम व नींद

जरूरी है। थकान होने पर व्यक्ति की क्रियाशीलता में कमी आती है तथा व्यक्ति रूचि से कार्य नहीं कर पाता अतः सुचारू रूप से कार्य करने हेतु आराम एवं नींद लेना आवश्यक है।

(iv) शारीरिक मुद्रा – मनुष्य के बैठने व चलने के ढंग को मुद्रा कहते हैं। सही मुद्रा में बैठना, चलना एवं कार्य करना चाहिये ताकि कम से कम ऊर्जा व्यय हो, शरीर थकान महसूस न करे तथा शरीर ठीक प्रकार से कार्य कर सके।

(v) स्वच्छ वातावरण– अपने घर का तथा घर के आस – पास का वातावरण स्वच्छ होना चाहिए ताकि जीवाणुओं की वृद्धि को रोका जा सके। इसके लिये गन्दे पानी, मल–मूत्र के निस्तारण की उचित व्यवस्था होनी चाहिये। कचरे को उचित स्थान पर फेंकना चाहिये एवं घर को साफ सुथरा रखना चाहिये। घर के खाद्यों को ढककर रखना चाहिये।

(vi) भोजन संबधी आदतें – हमें संतुलित भोजन ग्रहण करना चाहिए ताकि शरीर के कार्य सुचारू रूप से सम्पन्न हो सकें। भोजन सही समय पर सही मात्रा में, पौष्टिक तत्त्वों से युक्त ग्रहण करना चाहिये। भोजन को चबा–चबा कर खाना चाहिये। सलाद व फल भी ग्रहण करने चाहिये।

(vii) मौसम तथा वस्त्र – मौसम के अनुसार वस्त्र धारण करने चाहिये ताकि स्वास्थ्य ठीक रहे। फैशन के अनुसार भी वस्त्र धारण करने चाहिये ताकि व्यक्ति हीन भावना से ग्रस्त न हो।

(viii) सुरक्षात्मक प्रंबध – घर का फर्श, सीढ़ियाँ, छत की मुंडेर (डौली) सुरक्षित होनी चाहिये ताकि किसी दुर्घटना की संभावना न हो।

(ix) नशीली दवाओं, मदिरा तथा धूम्रपान का प्रभाव – नशीली दवाओं मदिरा एवं धूम्रपान से फेफड़ों, ह्रदय, नाड़ी संस्थान आदि पर हानिकारक प्रभाव पड़ता है।अतः इनके सेवन से बचकर रहना चाहिये।

स्वास्थ्य संबंधी आपात स्थितियां

आपात स्थिति का अर्थ– स्वास्थ्य संबंधी आपात स्थिति, वह स्थिति है जिसमें आकस्मिक दुर्घटना या रोग के कारण किसी व्यक्ति का स्वास्थ्य खतरे में हो और उसका जीवन बचाने के लिये उसे तत्काल सहायता की आवश्यकता हो।

प्राथमिक चिकित्सा का अर्थ– किसी दुर्घटना या रोग पीड़ित व्यक्ति को चिकित्सा सहायता उपलब्ध कराने से पूर्व, जो मौके पर ही त्त्काल सहायता दी जाती है उसे प्राथमिक चिकित्सा कहते हैं।

आपात स्थिति के लक्षण– सदमा, दर्द, सांस लेने में कठिनाई, चोट, रक्त स्त्राव, जलना, अंग विकृत होना।

प्राथमिक चिकित्सा देने के कारण/ उद्देश्य/ महत्त्व– यदि समय पर

पीड़ित व्यक्ति को प्राथमिक चिकित्सा नहीं दी जाती, तो पीड़ित व्यक्ति की हालत और अधिक बिगड़ सकती है तथा कभी–कभी मृत्यु भी हो सकती है।

प्राथमिक चिकित्सा के निम्न लाभ/महत्त्व है–

(i) जीवन को बचाना, (ii) दर्द को कम करना, (iii) जल्दी ठीक होने में सहायता देना, (iv) रोगी की दशा खराब होने से रोकना, (v) पीड़ित व्यक्ति को आरामदायक स्थिति में रखना।

प्राथमिक चिकित्सक के कर्तव्य/प्राथमिक चिकित्सा के नियम– (i) शांत रहे, (ii) भीड़ को हटाये, (iii) आग को बुझाये, (iv) पीड़ित व्यक्ति को सुरक्षित स्थान पर ले जाये, (v) कृत्रिम श्वांस दे, (vi) तत्काल किसी योग्य चिकित्सक को बुलायें, (vii) प्राथमिक उपचार करें, (viii) पीड़ित व्यक्ति को सांत्वना दें।

विभिन्न स्वास्थ्य संबंधी आपात स्थित एवं उनमें दी जाने वाली प्राथमिक चिकित्सा–

(1) अत्यधिक रक्त स्त्राव– हमारे शरीर में रक्त नलिकाओं में लगातार दौड़ता रहता है। यदि किसी चोट के कारण धमनी या शिरा कट जाती है, तो रक्त बहना शुरू हो जाता है जिसे प्रथमिक चिकित्सा द्वारा रोकना आवश्यक है अन्यथा अधिक रक्त के बहने से पीड़ित व्यक्ति की हालत गंभीर हो सकती है।

प्राथमिक चिकित्सा– (i) घाव को अपनी उंगलियों या हाथ से जोर से तब तक दबायें जब तक रक्त बहना बंद नहीं हो जाये।

(ii) रोगी को इस प्रकार लेटने को कहें कि घाव वाला भाग थोड़ा ऊपर उठा रहे ताकि रक्त के बहने की गति कम हो जाये।

(iii) यदि रक्त धमनी कटने के कारण बह रहा है तो रक्त सुर्ख लाल रंग का होता है तथा झटके के साथ बहता है ऐसी स्थिति में हृदय के निकट घाव के पास कसकर पट्टी बांधनी चाहिये। और यदि रक्त गहरे लाल रंग का लगातार बहता है तो रक्त शिरा के कटने के कारण बहता है। ऐसी स्थिति में हृदय से दूर पट्टी बांधनी चाहिये।

(iv) यदि रक्त स्राव निरंतर हो रहा हो तो घाव पर साफ कपड़े की गद्दी बनाकर रखना चाहिये और आवश्यकता हो तो अन्य गद्दियां इसके ऊपर रखते जाना चाहिये।

(v) घायल व्यक्ति को ओढाकर गर्म रखना चाहिये।

(iv) यदि घायल होश में है तो उसे गर्म पेय पदार्थ पिलायें।

(vii) शीध्र ही योग्य चिकित्सक को बुलायें।

(2) हड्डी टूटना (फ्रेक्चर)– हड्डियों का टूटना ही फ्रेक्चर कहलाता है।

हड्डी टूटने के लक्षण– (1) तीव्र दर्द होता है, (2) सूजन आ जाती है, (3) पीड़ित अंग को हिला डुला नहीं पाता।

प्राथमिक चिकित्सा– (i) घायल व्यक्ति को गर्म रखें, (ii) पीड़ित व्यक्ति को

हिलने–डुलने न दें। (iii) अनावश्यक रूप से हड्डी टूटे भाग को छेड़े नहीं, (iv) अस्थि भंग अंग को उपयुक्त वस्तु के माध्यम से सहारा दें, जैसे–खपच्ची द्वारा , टूटी बांह को सीने के साथ बांधकर, घायल पैर को स्वस्थ पैर के साथ बांधकर, (v) खपच्ची बनाते समय लकड़ी, स्केल या अखबर को लपेटकर, उसके चारों तरफ कपड़े या रूई की गद्दी बनाकर लगा देनी चाहिये ताकि घायल अंग को और अधिक पीड़ा न हो। (vi) गर्म पेय पदार्थ पीने के लिये देना चाहिये। (viii) चिकित्सक को तुरन्त बुलावें।

मोच– मांसपेशियों के खिंचने, आंशिक रूप से फटने या टूटने या खींचने को मोच कहते हैं।

प्राथमिक चिकित्सा– (i) रोगी को आरामदायक स्थिति में लाना चाहिये, ताकि प्रभावित अंग हिल न सके। (ii) घायल अंग को ऊँचा उठायें, (iii) ठण्डे पानी में भीगा मोटा कपड़ा मोच वाले स्थान पर रखना चाहिये इससे सूजन व दर्द कम होगा, (iv) शीघ्र ही चिकित्सक को बुलाना चाहिये।

जलना व झुलसना– गर्म वस्तु को छूने पर जलन होती है, वह अंग लाल हो जाता है उसे **जलना** कहते हैं। जब ज्यादा जल जाये जिससे त्वचा सिकुड़ कर अपना स्थान छोड़ देती है तथा मांस दिखने लगता है या फफोला पड़ जाता है उसे **झुलसना** कहते हैं।

प्राथमिक चिकित्सा– (i) पीड़ित अंग को पानी में डुबोकर रखना चाहिये ताकि जले हुये स्थान को ठण्डक मिले। (ii) पीड़ित व्यक्ति की अंगूठी, चूड़ी, बेल्ट, मोजे आदि उतार देना चाहिये। (iii) जले हुये स्थान को पट्टी, चादर या किसी साफ कपड़े से ढक देना चाहिये। (iv) पीड़ित व्यक्ति को सांत्वना देनी चाहिये (v) तत्काल चिकित्सक को बुलाना चाहिये।

सदमा– किसी दुर्घटना के कारण व्यक्ति को सदमा पहुंच जाता है। सदमे में व्यक्ति का शरीर पीला पड़ जाता है तथा उसे बहुत अधिक पसीना आता है कमजोरी व बेहोशी महसूस होती है तथा नाड़ी तेज व कमजोर हो जाती है।

प्राथमिक चिकित्सा– (i) रोगी को सीधे लिटाना एवं उसके पांव सिर से ऊँचाई पर रखें। (ii) रोगी के कपड़े ढ़ीले करके मोटे कपड़े से ढक देना चाहिये। (iii) रोगी से बातचीत करते रहना चाहिये तथा उसे सान्त्वना देनी चाहिये। (iv) रोगी को प्यास लगे तो गीला रूमाल चूसने के लिये देना चाहिये। (v) रोगी को खाने हेतु कुछ नहीं देना चाहिये वरना उल्टी हो सकती है या गले में खाना फंस सकता है। (vi) चिकित्सक को तुरन्त बुलाना चाहिये।

बिजली का झटका लगना– बिजली का झटका दो प्रकार का होता है– (i) हल्का तथा (ii) तीव्र।

(i) हल्के झटके में व्यक्ति को बिजली से धक्का लगता है और वह थोड़ी दूर जाकर गिरता है।

(iii) तीव्र झटके में व्यक्ति बिजली से चिपक जाता है और उसे अलग न करने तक करंट आता रहता है।

प्राथमिक चिकित्सा– (i) यदि हल्का झटका लगता है तो पीड़ित को आराम से लिटा देना चाहिये तथा गर्म पेय पदार्थ पीने को देना चाहिये।

(ii) तीव्र झटका लगने पर सबसे पहले मुख्य बटन बंद करें या तार अलग कर पीड़ित व्यक्ति को वहां से हटा देना चाहिए।

(iii) बिजली का कनेक्शन हटाये बिना पीड़ित व्यक्ति को छुड़ाने का प्रयास नहीं करना चाहिये क्योंकि इससे स्वयं को भी झटका आ जायेगा। छुड़ाने के लिये लकड़ी की छड़ी, कुर्सी या रबड़ के जूते का उपयोग करना चाहिये।

(iv) अन्य चोटें देखकर जैसे– जलना, हड्डी टूटना, सदमा लगना, आदि को देखकर उसकी प्राथमिक चिकित्सा करनी चाहिये।

(v) रोगी को तत्काल चिकित्सक के पास ले जाना चाहिये।

जानवरों द्वारा काटना और डंसना–

(I) सांप का डंसना– सांप के दो विष दंत होते हैं। जब सांप काटता है तो ये विष दंत द्वारा विष शरीर में प्रवेश कर जाता है। काटे गये स्थान पर इन दो विषदंतों के निशान हो जाते हैं।

प्राथमिक चिकित्सा– (i) डसे गये स्थान से थोड़ा ऊपर रूमाल/पट्टी या रस्सी कसकर बांध देनी चाहिये। (ii) काटे हुये स्थान को हिलाना नहीं चाहिये। बल्कि नमक के पानी से घाव को धीरे से धोना चाहिये। (iii) घाव पर बर्फ के टुकड़े लगाने चाहिये। (iv) पीड़ित व्यक्ति को विष के प्रभाव से नींद आती है किन्तु उसे सोने नहीं देना चाहिये।

(II) कुत्ते का काटना– कुत्ते का काटना बहुत खतरनाक होता है, मुख्यतः पागल कुत्ते का काटना। पागल कुत्ते के काटने से उसके शरीर के रोगाणु व्यक्ति के शरीर में प्रवेश कर जाते हैं, जिससे वह पागल भी हो सकता है और उसकी मृत्यु भी हो सकत है।

पागल कुत्ते की पहचान– पागल कुत्ता बहुत भौंकता है तथा उसकी पूंछ उसके पैरों के बीच घुसी होती है, साथ ही मुंह से झाग निकलते रहते हैं।

प्राथमिक चिकित्सा– (i) काटे हुये स्थान को साबुन से धोना चाहिये, (ii) पीड़ित व्यक्ति को तुरन्त चिकित्सक के पास ले जाना चाहिये ताकि उसे समय पर एन्टीरेबीज का टीका लग जाये।

(III) कीटों द्वारा काटना– जब मधुमक्खी, बर्र, बिच्छु आदि काट लेते हैं, तो ये पीड़ित व्यक्ति के शरीर में विष छोड़ देते हैं, जिससे काटा गया स्थान लाल एवं सूजा हुआ हो जाता है एवं जलन होती है।

प्राथमिक चिकित्सा– (i) निःसंक्रमित सूई की नोक से डंक निकाल देना चाहिये। सूई को नोक को गर्म करके इसे निःसंक्रमित बनाया जा सकता है। (ii) प्रभावित स्थान

पर सोड़ा लगाना चाहिये। (iii) बर्र के काटने पर सिरका लगाना चाहिये। (iv) पीड़ित व्यक्ति को चिकित्सक के पास ले जाना चाहिये।

डूबना– पानी में डूबने से व्यक्ति के मुंह तथा नाक द्वारा फेफड़ों में पानी भर जाता है तथा सांस नहीं ली जा सकती है।

प्राथमिक चिकित्सा– (i) पीड़ित व्यक्ति को पेट के बल उल्टा लिटाकर उसकी बाहें सिर के ऊपर सीधी कर देनी चाहिये जिससे फेफड़ों में से पानी निकलने लगेगा, (ii) जब पीड़ित श्वांस लेने लगे तो उसके गीले वस्त्र उतार कर कम्बल ओढ़ा देना चाहिये। (iii) पीने के लिये गर्म पेय पदार्थ देना चाहिये।

तापघात और लू लगना– अत्यधिक गर्मी के समय जब शरीर का तापमान बढ़ जाता है तो उसके दो कारण होते हैं– (I) तापघात, (II) लू लगना।

(I) तापघात– जब अत्यधिक गर्मी के मौसम में काम अधिक करने से पसीना आता है और शरीर का बहुत सा पानी शरीर से बाहर निकल जाता है तो इसके परिणामस्वरूप तापघात हो जाता है।

लक्षण– (i) थकान महसूस होती है, (ii) बेहोशी महसूस होती है, (iii) तेज सिरदर्द होता है, (iv) नाड़ी की गति तेज हो जाती है।

प्राथमिक चिकित्सा– (i) पीड़ित को ठण्डे व छायादार स्थान पर लिटायें, (ii) नमक, शक्कर मिलाकर ठण्डा पेय पिलायें।

(II) लू लगना– गर्म वातावरण में जहां हवा नहीं हो वहां लगातार काम करने से पसीने के रूप में अतिरिक्त जल शरीर से वाष्पित नहीं होता है जिससे शरीर में अतिरिक्त गर्मी संचित होती रहती है और लू लग जाती हैं।

लक्षण– (i) थकान, (ii) तेज सिर दर्द, (iii) लाल और गर्म चेहरा तथा (iv) गिरना व बेहोश होना।

प्राथमिक चिकित्सा– पीड़ित व्यक्ति को छायादार स्थान पर लिटायें व उसके वस्त्र ढीले कर दें। (ii) कागज या पंखे से उसकी हवा करें, (iii) उसके शरीर के तापमान को गीले कपड़े से पोंछकर सामान्य करें। (iv) तत्काल चिकित्सक को दिखायें।

विषाक्ता– व्यक्ति के शरीर में हानिकारक विषाक्त पदार्थों के प्रवेश से शरीर में विषाक्ता हो जाती है। विषाक्ता के निम्न कारण हो सकते हैं–

(i) रोगाणुनाशक पदार्थों के खाने या निगलने से जैसे–फिनायल, चूहे मारने वाली दवा, मिट्टी का तेल, नींद की गोलियां, कीड़े मारने की दवा आदि।

(ii) एल.पी.जी. (खाना बनाने वाली गैस), वाहनों से निकलने वाला धुआं, अंगीठी का धुंआं आदि विषैली गैसे में सांस लेने से।

(iii) जहरीले सांप, बिच्छू आदि जहरीले कीटों द्वारा काटने से।

प्राथमिक चिकत्सा– (i) पीड़ित को तुरन्त अस्पताल पहुंचाना चाहिये तथा साथ

में खाये जाने वाले विषाक्त पदार्थ का पैकेट या शीशी ले जानी चाहिये। और यदि रोगी ने उल्टी की हो तो उसका नमूना भी ले जाना चाहिये ताकि चिकित्सक को उपचार में आसानी हो।

(ii)व्यक्ति को उल्टी कराने का प्रयास करना चाहिये। यदि उसके मुंह, होंठ और नाक पर सफेद या पीले धब्बे दिखाई दे उसे उल्टी नहीं कराना चाहिये क्योंकि इससे हानि हो सकती है (इस प्रकार के धब्बे मिट्टी का तेल, पेट्रोल, विरंजक, अम्ल या क्षार के खाने से होता है।)

(iii) पीड़ित को प्रचुर मात्रा में ठण्डा पानी, दूध या पानी में फेंटा अण्डा पिलायें क्योंकि इससे विष का प्रभाव कम हो जायेगा तथा शरीर द्वारा इसके अवशोषित होने में कम समय लगेगा।

(iv) व्यक्ति के बेहोश होने पर उल्टी कराने का प्रयास नहीं करना चाहिये।

(v) समतल बिस्तर पर लिटाना चाहिये।

(vi) श्वांस नहीं चलने पर कृत्रिम श्वांस देनी चाहिये।

दुर्घटनावश होने वाली विषाक्ता से बचाव– (i) विषाक्त रसायनों को बच्चों की पहुंच से दूर रखना चाहिये। (ii) पुरानी दवाईयों को फेंक देना चाहिये। (iii) विषाक्त पदार्थों को नामांकित कर देना चाहिये।

प्राथमिक चिकित्सा बॉक्स– प्राथमिक चिकित्सा बॉक्स में निम्नलिखित सामग्री होनी चाहिये ताकि आवश्यकता पड़ने पर तुरन्त प्राथमिक उपचार किया जा सके।

(i) पट्टियां, गोल, तिकोनी, (iii) रूई, (iii) डिटॉल, (iv) छोटी कैंची, (v) एस्पिरिन या दर्द निवारक गोली, (vi) टॉर्च या मोमबत्ती, (vii) गर्म पानी की बोतल, (viii) एक छोटा गिलास, (ix) खपच्ची / स्केल।

प्राथमिक चिकित्सा करते समय आस–पास उपलब्ध सामग्री का प्रयोग करना–

(i) पट्टी के स्थान पर साड़ी, दुपट्टा, रूमाल, पुरानी चादर का प्रयोग किया जा सकता है।

(ii) खपच्ची के स्थान पर स्केल, पेड़ की सीधी टहनी, छाता, छड़ी, समाचार पत्र या पत्रिका को मोड़कर इनके ऊपर कपड़ा लपेट कर प्रयोग किया जा सकता है।

(iii) पीड़ित व्यक्ति को एक स्थान से दूसरे स्थान पर ले जाने के लिये– छोटी चारपाई, समतल तख्ता, कुर्सी का प्रयोग किया जा सकता है।

बिजली का झटका लगने पर उपचार–

(i) यदि हल्का झटका लगा है तो पीड़ित व्यक्ति को आराम से लिटा देना चाहिये।

(ii) तीव्र झटका लगने पर सबसे पहले मुख्य बटन बंद करके तार अलग कर पीड़ित व्यक्ति को वहां से हटा देते हैं।

(iii) अन्य चोट देखकर उसका उपचार करेंगे।

(iv) पीड़ित व्यक्ति के सदमे का उपचार कर, रोगी को तत्काल चिकित्सक सुविधा

रक्त स्राव होने पर प्राथमिक उपचार–

(i) घाव को अपनी अंगुली या हाथ से जोर से दबायेंगे ताकि रक्त स्राव बंद हो जाये।

(ii) यदि रक्त धमनी के कटने के कारण बहता है तो सुर्ख लाल रंग का रक्त झटके के साथ बहता है। ऐसी स्थिति में हृदय के निकट घाव के पास कसकर पट्टी बांध देंगे।

(iii) यदि रक्त शिरा के कटने के कारण बहता है तो गहरे लाल रंग का रक्त लगतार बहता है। ऐसी स्थिति में हृदय से दूर पट्टी कसकर बांधेंगे।

(iv) यदि रक्त स्राव निरंतर हो रहा हो तो घाव पर साफ कपड़े की गद्दी बनाकर रखें और आवश्ययकता हो तो अन्य गद्दियाँ भी इसके ऊपर रखते जायेंगे।

(v) घायल व्यक्ति को ओढ़ाकर गर्म रखेंगे।

(vi) यदि घायल होश में है तो उसे गर्म पेय पदार्थ पिलायेंगे।

(vii) शीघ्र ही योग्य चिकित्सक को बुलायेंगे।

हड्डी टूटने पर प्राथमिक उपचार–

(i) पीड़ित व्यक्ति को हिलने डुलने नहीं देंगे तथा उसे गर्म रखेंगे।

(ii) अनावश्यक रूप से हड्डी के टूटे भाग को छेड़ेंगे नहीं।

(iii) अस्थि भंग अंग को उपयुक्त वस्तु के माध्यम से सहारा देंगे जैसे– टूटी बांह को सीने के साथ बांधकर खपच्ची द्वारा।

(iv) गर्म पेय पदार्थ पीने के लिये देंगे।

(v) चिकित्सक को शीघ्र ही बुलायेंगे।

लू लगने पर प्राथमिक उपयार–

(i) रोगी को छायादार स्थान पर लिटायेंगे तथा उसके वस्त्र ढीले करेंगे।

(ii) कागज या पंखें से उसकी हवा करेंगे।

(iii) गीले कपड़े से पोंछकर उसके शरीर का तापमान सामान्य पर लायेंगे तथा तापमान पर निरंतर ध्यान देंगे।

(iv) तत्काल चिकित्सक को बुलायेंगे।

यदि किसी महिला के ऊपर गर्म तेल गिर जाता है तो उसकी निम्न सहायता करेंगे–

(i) झुलसे हुये स्थान को पानी में डालेंगे या बहते हुये पानी के नीचे झुलसे हुये अंग को रखेंगे ताकि पीड़ित अंग को ठण्डक मिले।

(ii) यदि फफोले पड़ गये है तो उसे फोड़ने की कोशिश नहीं करेंगे।

(iii) पीड़िता की अंगूठी, चूड़ी उसे बिना कष्ट दिये उतारेंगे।

(iv) जले हुये स्थान को पट्टी, चादर या साड़ी से ढक देंगे। उसके कपड़े उतारने की कोशिक नहीं करेंगे।

(v) पीड़िता के सदमे के उचार हेतु उसे सांत्वना देंगे।

(vi) उसे तत्काल चिकित्सक के पास ले जायेंगे।

एक अच्छे प्राथमिक चिकित्सक में निम्नलिखित गुण होने चाहिये–

(i) **शांत रहना चाहये**– प्राथमिक चिकित्सक को घबराना नहीं चाहिये बल्कि शांति से सोच विचार कर चिकित्सा करनी चाहिये।

(ii) **भीड़ को हटाना चाहिये**– लोगों को इकट्ठा करने के स्थाम पर भीड़ को हटाना चाहिये ताकि पीड़ित को सांस लेने में कठिनाइ न हो।

(iii) **त्तकाल निर्णय लेने वाला**– प्राथमिक चिकित्सक को चिकित्सा के संबंध में तत्काल निर्णय लेने वाला होना चाहिये।

(iv) **उपलब्ध सामग्री का उपयोग करने में सक्षम**– प्राथमिक चिकित्सक को उपलब्ध सामग्री का सूझ–बूझ से उपयोग करने में सक्षम होना चाहिये।

(v) **आवश्यक जानकारी युक्त**– प्राथमिक चिकित्सक को प्राथमिक चिकित्सा संबंधी आवश्यक ज्ञान होना आवश्यक है।

विभिन्न स्वास्थ्य संबंधी आपात स्थित एवं उनमें दी जाने वाली प्राथमिक चिकित्सा–

(1) अत्यधिक रक्त स्त्राव– हमारे शरीर में रक्त नलिकाओं में लगातार दौड़ता रहता है। यदि किसी चोट के कारण धमनी या शिरा कट जाती है, तो रक्त बहना शुरू हो जाता है जिसे प्रथमिक चिकित्सा द्वारा रोकना आवश्यक है अन्यथा अधिक रक्त के बहने से पीड़ित व्यक्ति की हालत गंभीर हो सकती है।

प्राथमिक चिकित्सा– (i) घाव को अपनी उंगलियों या हाथ से जोर से तब तक दबायें जब तक रक्त बहना बंद नहीं हो जाये।

(ii) रोगी को इस प्रकार लेटने को कहें कि घाव वाला भाग थोड़ा ऊपर उठा रहे ताकि रक्त के बहने की गति कम हो जाये।

(iii) यदि रक्त धमनी कटने के कारण बह रहा है तो रक्त सुर्ख लाल रंग का होता है तथा झटके के साथ बहता है ऐसी स्थिति में ह्दय के निकट घाव के पास कसकर पट्टी बांधनी चाहिये। और यदि रक्त गहरे लाल रंग का लगातार बहता है तो रक्त शिरा के कटने के कारण बहता है। ऐसी स्थिति में ह्दय से दूर पट्टी बांधनी चाहिये।

(iv) यदि रक्त स्राव निरंतर हो रहा हो तो घाव पर साफ कपड़े की गद्दी बनाकर रखना चाहिये और आवश्यकता हो तो अन्य गद्दियां इसके ऊपर रखते जाना चाहिये।

(v) घायल व्यक्ति को ओढाकर गर्म रखना चाहिये।

(iv) यदि घायल होश में है तो उसे गर्म पेय पदार्थ पिलायें।

(vii) शीघ्र ही योग्य चिकित्सक को बुलायें।

दुर्घटनावश होने वाली विषाक्ता से बचाव– (i) विषाक्त रसायनों को बच्चों की पहुंच से दूर रखना चाहिये। (ii) पुरानी दवाईयों को फेंक देना चाहिये। (iii) विषाक्त पदार्थों को नामांकित कर देना चाहिये।

प्राथमिक चिकित्सा बॉक्स– प्राथमिक चिकित्सा बॉक्स में निम्नलिखित सामग्री होनी चाहिये ताकि आवश्यकता पड़ने पर तुरन्त प्राथमिक उपचार किया जा सके।

(i) पट्टियां, गोल, तिकोनी, (iii) रूई, (iii) डिटॉल, (iv) छोटी कैंची, (v) एस्पिरिन या दर्द निवारक गोली, (vi) टॉर्च या मोमबत्ती, (vii) गर्म पानी की बोतल, (viii) एक छोटा गिलास, (ix) खपच्ची/स्केल।

प्राथमिक चिकित्सा करते समय आस–पास उपलब्ध सामग्री का प्रयोग करना–

(i) पट्टी के स्थान पर साड़ी, दुपट्टा, रूमाल, पुरानी चादर का प्रयोग किया जा सकता है।

(ii) खपच्ची के स्थान पर स्केल, पेड़ की सीधी टहनी, छाता, छड़ी, समाचार पत्र या पत्रिका को मोड़कर इनके ऊपर कपड़ा लपेट कर प्रयोग किया जा सकता है।

(iii) पीड़ित व्यक्ति को एक स्थान से दूसरे स्थान पर ले जाने के लिये– छोटी चारपाई, समतल तख्ता, कुर्सी का प्रयोग किया जा सकता है।

पर्यावरण– हमारे आस पास का वातावरण (जल, भूमि, वायु) ही पर्यावरण कहलाता है।

प्रदूषण– पर्यावरण में किसी पदार्थ की मात्रा का सामान्यतः पाई जाने वाली मात्रा से अधिक हो जाना और इस प्रकार पर्यावरण का दूषित हो जाना प्रदूषण कहलाता है।

प्रदूषक– वे पदार्थ जिनके कारण प्रदूषण होता है, प्रदूषक कहलाते हैं। ये पदार्थ हमारे स्वास्थ्य के लिये हानिकारक होते हैं, जैसे धूल, कूड़ा, कचरा, रसायन।

प्रदूषण के प्रकार/वर्गीकरण– प्रदूषण चार प्रकार का होता है–

(i) वायु प्रदूषण, (ii) जल प्रदूषण, (iii) मृदा प्रदूषण, (iv) ध्वनि प्रदूषण।

(i) वायु प्रदूषण– हमें शुद्ध वायु में सांस लेनी चाहिये, शुद्ध वायु में नाइट्रोजन 78 प्रतिशत, आक्सीजन 21 प्रतिशत, कार्बन–डाई–आक्साइड 0.3 प्रति, जल वाष्प एवं अन्य गैंसे 0.97 प्रतिशत। इसमें आक्सीजन सबसे महत्त्वपूर्ण घटक है। मनुष्य सांस द्वारा ऑक्सीजन ग्रहण करते हैं तथा कार्बन–डाई–आक्साइड छोड़ते हैं तथा पेड़ पौधे इस कार्बन–डाई–आक्साइड को ग्रहण करते हैं तथा ऑक्सीजन गैस को छोड़ते हैं जिससे वायु में ऑक्सीजन एवं कार्बन–डाई–ऑक्साइड के संघटन में संतुलन बना रहता है। आधुनिक समय में इस संतुलन में विभिन्न प्रदूषकों के द्वारा कमी आ रही है। यह प्रदूषण विभिन्न स्रोतों द्वारा होता है–

(a) मानव स्रोत– दहन प्रक्रिया द्वारा, औद्योगिक उत्पादन प्रक्रिया, कृषि संबंधी कार्य, विलायकों के प्रयोग द्वारा

(b) प्राकृतिक स्रोत– धूल, जंगल की आग से उत्पन्न गैसें, ज्वालामुखी द्वारा निकलने वाली गैसें।

(c) अन्य स्रोत– संकीर्ण स्थान पर सांस द्वारा कार्बन–डाई–ऑक्साइड गैस छोड़ने

से इसकी सघनता, खुले मल–मूत्र एवं शौचालयों की अवस्वच्छता, वृक्षों की कमी या कटाई।

वायु प्रदूषण का प्रभाव–

(i) मनुष्य पर – श्वसन संबंधी रोग, आंख संबंधी रोग

(ii) पेड़ पौधों पर– भोजन के उत्पादन में कमी एवं गुणवत्ता में कमी

(iii) पर्यावरण पर– तापमान बढ़ना, हरियाली कम होना।

वायु प्रदूषण का नियंत्रण–

- धुआं रहित चूल्हे का उपयोग करके,
- बायोगैस का उपयोग करके,
- सौर ऊर्जा का उपयोग करके,
- फैक्ट्री की चिमनी में फिल्टर लगाकर,
- वाहनों में वायु प्रदूषण निरोधक यंत्र लगाकर,
- सीसा रहित पेट्रोल या सी.एन.जी. का उपयोग बढ़ाकर,
- कूड़े कचरों को जलाने के स्थान पर भूमिगत करके,
- सड़के पक्की करके धूल को उड़ने से रोकना,
- वृक्षारोपण करके,
- खेतों में फसल उगाते रहना ताकि मृदा सुरक्षित रहे,
- फैक्ट्री रिहायशी क्षेत्र से दूर बनाकर।

(ii) जल प्रदूषण– शुद्ध जल स्वाद रहित, गंधहीन, धूल रहित तथा रोगाणु रहित होता है। जबकि प्रदूषित जल रंग युक्त हो सकता है। इसमें धूल के कण मिले हो सकते हैं, इसमें दुर्गंध आ सकती है अथवा इसका स्वाद खराब हो सकता है।

जल प्रदूषण निम्न स्रोतों द्वारा हो सकता है–

(1) घरेलू अपशिष्ट–शौचालय, स्नानघर या रसोईघर से निकलने वाले जल के द्वारा या जल स्रोत में कूड़ा कचरा डालने से।

(2) जल स्रोत में पशुओं को नहलाने, कपड़े धोने, मल त्यागने या नहाने से।

(3) औद्योगिक अपशिष्ट, फैक्ट्रियों से निकलने वाले अपशिष्ट पदार्थों को नदियों, तालाबों में बहाने से।

(4) कृषि संबंधी अपशिष्ट–खाद, कीटनाशक दवाई आदि भूमि में मिल जाते हैं और जल को प्रदूषित करते हैं।

(5) तेल रिसाव– समुद्रों में टैंकरों का तेल निकलने के कारण ।

जल प्रदूषण का प्रभाव– जल के जीव जन्तु मर जाते हैं या उन पर हानिकारक प्रभाव पड़ता है। प्रदूषित जल के सेवन से हैजा, पेचिश, टॉयफाइड, दस्त आदि बीमारियां हो जाती है।

जल प्रदूषण पर नियंत्रण–

- उद्योगों से निकले अपशिष्ट जल के रसायन द्वारा साफ किये बिना नदी या तालाबों में डालने की अनुमति नहीं देनी चाहिये।
- जल स्रोत के समीप शौच नहीं जाना चाहिये।
- जल स्रोतों में कपड़े धोना, जानवरों को नहलाना नहीं चाहिये।
- शौचालय, सोकपिट, कूड़ेदान आदि जल स्रोतों से दूर होना चाहिये,
- कूड़ा कचरा नदियों, तालाबों में नहीं डालना चाहिये
- कुएं के आसपास का फर्श पक्का होना चाहिये तथा कुआं जाली से ढका होना चाहिये।
- जल को साफ बर्तनों में ढककर रखना चाहिये।

जल को पीने योग्य बनाना (जल को शुद्ध करने के तरीके)–

(i) छानकर, (ii) उबालकर, (iii) विरंजकों का प्रयोग कर, (iv) क्लोरीन डालकर, (v) फिल्टर करके।

पानी की खेती (बरसाती पानी को इकट्ठा करना)– भूमि में जल का स्तर नीचे होता जा रहा है, तथा पानी की कमी हो रही है। अतः जल का संरक्षण करने हेतु बरसात के पानी को जमीन के अन्दर रिसने दिया जाता है, जिससे जमीन में पानी का स्तर बढ़ जाये। बरसात का पानी जमीन के नीच या छत पर इकट्ठा किया जाता है जिससे आपातकाल में यह पानी काम में लिया जा सकता है। इसी को **पानी की खेती** कहते हैं।

(iii) मृदा प्रदूषण– मृदा प्रदूषण का तात्पर्य उस हद तक होने वाले भौतिक, रासायनिक तथा जैविक परिवर्तन से है जिनका मनुष्यों और अन्य जीवों पर हानिकारक प्रभाव पड़ता है।

मृदा प्रदूषण निम्न स्रोतों से होता है–

(1) घर के कुछ अपशिष्ट्ट पदार्थ– जब घर का कूड़ा, कचरा मिट्टी में डाल दिया जाता है तो वह सड़ जाता है जिससे जमीन में कीट, कृमि व रोगाणु पनपने लगते हैं।

(2) खुली जगह पर शौच करना– खुली जगह पर शौच करने से भी मृदा प्रदूषित होती है।

(3) थूकना– इधर–उधर थूकने से रोगाणु मिट्टी को प्रदूषित करते हैं।

(4) उद्योगों के अपशिष्ट पदार्थ– फैक्ट्रियों के अपशिष्ट पदार्थ जब मिट्टी पर डाले जाते हैं, तो मिट्टी प्रदूषित हो जाती है। उद्योगों के कचरों द्वारा उसके रयासन

मिट्टी में मिल जाते हैं। और पौधों द्वारा सोख लिये जाते हैं और पौधों से प्राप्त फल, फूल को भी विषैला बना देते हैं। कुछ रसायन भूमि को बंजर भी बना देते हैं।

(5) **कृषि संबंधी अपशिष्ट पदार्थ**– यदि कीटनाशक, जंतुनाशक, या उर्वरक ज्यादा मात्रा में डाल दिये जाते हैं, तो वे पौधों में पहुंचकर फल व सब्जियों में चिपक जाते हैं और जब हम उन्हें ग्रहण करते हैं तो बीमार पड़ जाते हैं।

मृदा प्रदूषण का प्रभाव– मृदा प्रदूषण से आदमी, जानवर रोग ग्रस्त हो जाते हैं तथा पेड़ पौधों पर हानिकारक प्रभाव पड़ता है। भूमि बंजर हो जाती है।

मृदा प्रदूषण पर नियंत्रण–

(I) कूड़े कचरे का उचित निपटान करना चाहिये।

(1) शहर से बाहर अपशिष्ट पदार्थों को गड्डों में भरकर खाद बनाने में उपयोग करना चाहिये।

(2) भूमि को भरने में कचरे का प्रयोग करना चाहिये।

(3) कूड़े कचरे को शहर से दूर जलाना चाहिये।

(4) भस्मीकरण आधुनिक तकनीक द्वारा भस्मक भट्टी में कचरा जलाना चाहिये।

(II) स्वच्छ शौचालयों का प्रयोग करना चाहिये तथा इधर उधर शौच नहीं करना चाहिये और न ही थूकना चाहिये।

(III) अपशिष्ट पदार्थों का पुनः प्रयोग करना चाहिये,

(IV) कीटनाशक पदार्थों एवं उर्वरकों का सीमित मात्रा में प्रयोग करना चाहिये।

पर्यावरण के लिये उपयोगी पदार्थ का प्रयोग– प्लास्टिक की थैली के स्थान पर कागज की थैली का प्रयोग करना चाहिये। इकोमार्क युक्त चीजों का प्रयोग करना चाहिये।

वन–अपरोपण– वृक्ष अथवा वनों के काटने को वन–अपरोपण कहते हैं।

वृक्ष अथवा वन के लाभ– (1) वृक्षों से भोजन, औषधि, लकड़ी, रबर, गोंद, कागज प्राप्त होते हैं।

(2) पशुओं का चारा तथा पक्षियों का आवास स्थान प्राप्त होता है।

(3) वन वर्षा में सहायक होते हैं तथा बाढ़ को रोकते हैं।

(4) वृक्षों की जड़े मिट्टी को पकड़े रखती है, जिससे भूमि के लवण हवा, वर्षा के पानी के बहाव से बह नहीं पाते हैं, वे मिट्टी में ही बने रहते हैं, जिससे भूमि की उर्वरता नष्ट नहीं होती।

(5) वृक्ष हमारे द्वारा छोड़ी गई कार्बन–डाई–आक्साइड को ग्रहण करते हैं तथा आक्सीजन को छोड़ते हैं, जिससे वातावरण में गैस का संतुलन बना रहता है।

वनों की कटाई के दुष्परिणाम– (1) वन्य प्राणियों की क्षति, (2) सूखा व बाढ़, (3) वायु प्रदूषण में वृद्धि, (4) मृदा अपरदन।

अपने आस–पास का वातावरण को हरा–भरा बनाये रखने में सहायक कार्य–

(1) प्रत्येक व्यक्ति एक पौधा लगाये, (2) प्रत्येक व्यक्ति एक पौधे की देखभाल करे, (3) किसी को भी वृक्ष काटने या क्षति न पहुंचाने दें, (4) वन को आग से बचायें, (5) यदि वृक्ष काटना ही है तो सिर्फ शाखायें ही काटना चाहिये तथा जड़ से नहीं काटना चाहिये।

(iv) ध्वनि प्रदूषण– किसी भी अवांछित आवाज को शोर कहते हैं। इसी शोर के कारण ध्वनि प्रदूषण होता है।

ध्वनि प्रदूषण के स्रोत है– (1) मोटर कार, रेलगाड़ी तथा हवाई जहाज की आवाज, (2) ऊँची आवाज में चलाये गये लाउडस्पीकर, रेडियो आदि। (3) उद्योग या मशीनों की आवाज।

ध्वनि प्रदूषण का प्रभाव–ध्वनि प्रदूषण से नसों पर दबाव पड़ता है जिससे सिर दर्द हो जाता है। धीरे–धीरे श्रवण शक्ति पर कुप्रभाव पड़ता है। कान का पर्दा क्षति ग्रस्त हो जाता है तथा कभी–कभी बहरापन भी आ जाता है।

ध्वनि प्रदूषण पर नियंत्रण– रेडियो, टीवी धीमी आवाज में चलाना। लाउड स्पीकर का उपयोग नहीं करना चाहिये। धीमी आवाज में बातें करें, अतिआवश्यक होने पर हार्न बजाये, वाहनों में साइलेंसर लगाये, फैक्ट्रियों को रिहायशी इलाकों से दूर बनायें, हवाई अड्डे, बस स्टैण्ड, रेलवे स्टेशन आदि घरों से दूर होने चाहिये।

घर में पीने के पानी निम्न प्रकार से सुरक्षित बनाया जा सकता है–

(1) छानकर– पानी भरने से पहले बर्तन के मुंह पर मलमल का साफ कपड़ा बांधकर पानी छानने से ठोस कण मलमल के कपड़े में रह जाते हैं और छना हुआ पानी ठोस कण रहित हो जाता है।

(2) उबालकर– उबला हुआ पानी पीने योग्य हो जाता है। पानी को लगभग 20 मिनट उबालने से उसमें उपस्थित जीवाणु नष्ट हो जाते हैं और पानी शुद्ध हो जाता है। इस पानी को ठण्डा करके भर लिया जाता है।

(3) विरंजक डालकर– विरंजक चूर्ण मिलाकर पानी शुद्ध करने का आसान तरीका है। इसके लिये एक गिलास पानी में एक छोटा चम्मच विरंजक चूर्ण मिला कर इस घोल के तीन चम्मच पानी से भरी एक बाल्टी में डालकर आधे घण्टे तक रख देते हैं और फिर उपयोग में ले लेते हैं। इससे पानी में उपस्थित रोगाणु नष्ट हो जाते हैं।

(4) क्लोरीन की टिकिया या ड्राप्स डालकर– क्लोरीन की टिकिया या ड्राप्स की पैकिंग पर लिखे निर्देश को पढ़कर उसका अनुसरण करना चाहिये। जल में टिकिया घोलकर आधे घण्टे तक रख देना चाहिये और फिर उपयोग में ले लेना चाहिये।

(5) फिल्टर करके– वाटर फिल्टर के द्वारा पानी को शुद्ध किया जाता है। फिल्टर दो प्रकार के होते हैं–

(A) ऐसे फिल्टर को सीधे टोंटी पर लगाया जाता है।

(B) स्टोरेज फिल्टर।

(A) टोंटी में लगाने वाला फिल्टर– इस प्रकार के फिल्टरों द्वारा जल में विद्यमान ठोस कण, कुछ दुर्गंध तथा रोगाणु नष्ट हो जाते हैं।

(B) स्टोरेज फिल्टर– इस फिल्टर के दो हिस्से होते हैं। एक हिस्सा दूसरे हिस्से के ऊपर होता है। ऊपर वाले हिस्से में पानी भरा जाता है जो छनकर नीचे वाले हिस्से में इकट्ठा हो जाता है। ऊपर वाले हिस्से में दो सिरेमिक के बने कैण्डिल लगे होते हैं जो पानी में विद्यमान अनावश्यक संघटकों को फिल्टर होने से रोक देते हैं और नीचे वाले हिस्से में शुद्ध जल एकत्रित हो जाता है।

मृदा प्रदूषण को निम्न माध्यम से नियंत्रित किया जा सकता है–

(i) कूड़े कचरे का उचित निपटान करके– घर के तथा शहर के कूड़े–कचरे को एकत्रित करके उसका उचित निपटान करना चाहिये। कूड़े का निपटान निम्न तरीके से किया जा सकता है–

(1) शहर से बाहर ढेर लगाकर कचरे को गडढ़ों में भर कर उसको मिट्टी से ढक दिया जाता है। कुछ समय बाद वह कचरा खाद बन जाता है।

(2) भूमि भरकर– शहर का कचरा इकट्ठा करके शहर से दूर नीची सतह वाली भूमि में भर दिया जाता है।

(3) खाद बनाकर– कूड़े–कचरे को बगीचे के एक कोने में गड्ढा खोदकर डाल दिया जाता है और राख व पत्तियों से ढ़क दिया जाता है। धीरे–धीरे निचली परतें खाद बनती जाती है। इस खाद को बागवानी में इस्तेमाल किया जाता है।

(4) कूड़ा कचरा जलाना– कूड़े–कचरे को जलाने से राख कम बचती है तथा रोगाणु नष्ट हो जाते हैं तथा मक्खी मच्छर भी पैदा नहीं होते हैं।

(5) भस्मीकरण करके– आधुनिक तकनीक द्वारा भष्मकारी संयत्र के उपयोग से कचरा जलाया जाता है। इससे वायु प्रदूषण नहीं होता है तथा राख भी कम निकलती है।

(ii) स्वच्छ शौचालयों का प्रयोग करके– पेशाब, मल–मूत्र द्वारा मिट्टी को प्रदूषण से बचाने के लिये शौचालयों का प्रयोग करना चाहिये। इधर–उधर शौच नहीं करना चाहिये। सुलभ–शौचालयों का प्रयोग उत्तम रहता है।

(iii) थूकने के लिये पीकदान का प्रयोग– लोगों को इधर–उधर नहीं थूकना चाहिये। थूकने हेतु पीकदान का प्रयोग करना चाहिये।

(iv) अपशिष्ट पदार्थों का पुनः प्रयोग– व्यर्थ लोहे, प्लास्टिक, कागज के डिब्बे

व सामान का पुनः उपयोग करना चाहिये। जिससे कचरा कम होगा तथा नई सामग्री तैयार हो जायेगी।

(v) कीटनाशक पदार्थों/उर्वरकों का सीमित प्रयोग– कीटनाशक पदार्थों का सीमित मात्रा में प्रयोग करना चाहिये, क्योंकि उनके अधिक प्रयोग से ये मिट्टी की सतह पर जमा होकर उसे प्रदूषित करते हैं।

प्रदूषण को कम करने के उपाय–

(1) हमें अपने घर में धुआं रहित चूल्हों, सौर चूल्हें या बायो गैस का चूल्हों का उपयोग करना चाहिये।

(2) फैक्ट्रियों की चिमनी में फिल्टर का उपयोग करना चाहिये।

(3) कचरे को जलाना नहीं चाहिये या खुले स्थान पर जो रिहायशी स्थान न हो वहां जलाना चाहिये।

(4) वृक्षारोपण करना चाहिये।

(5) सड़कें पक्की करवानी चाहिये ताकि धूल न उड़े।

पर्यावरण में किसी पदार्थ की मात्रा का सामान्यतः पाई जाने वाली मात्रा से अधिक हो जाना और इस प्रकार पर्यावरण का दूषित हो जाना प्रदूषण कहलाता है।

प्रदूषक– वे पदार्थ जिनके कारण प्रदूषण होता है, प्रदूषक कहलाते हैं। ये पदार्थ हमारे स्वास्थ्य के लिये हानिकारक होते हैं, जैसे धूल, कूड़ा, कचरा, रसायन।

प्रदूषण के प्रकार/वर्गीकरण– प्रदूषण चार प्रकार का होता है–

(i) वायु प्रदूषण, (ii) जल प्रदूषण, (iii) मृदा प्रदूषण, (iv) ध्वनि प्रदूषण।

(i) वायु प्रदूषण– हमें शुद्ध वायु में सांस लेनी चाहिये, शुद्ध वायु में नाइट्रोजन 78 प्रतिशत, आक्सीजन 21 प्रतिशत, कार्बन–डाई–आक्साइड 0.3 प्रति, जल वाष्प एवं अन्य गैसे 0.97 प्रतिशत। इसमें आक्सीजन सबसे महत्त्वपूर्ण घटक है। मनुष्य सांस द्वारा ऑक्सीजन ग्रहण करते हैं तथा कार्बन–डाई–आक्साइड छोड़ते हैं तथा पेड़ पौधे इस कार्बन–डाई–आक्साइड को ग्रहण करते हैं तथा ऑक्सीजन गैस को छोड़ते हैं जिससे वायु में ऑक्सीजन एवं कार्बन–डाई–ऑक्साइड के संघटन में संतुलन बना रहता है। आधुनिक समय में इस संतुलन में विभिन्न प्रदूषकों के द्वारा कमी आ रही है। यह प्रदूषण विभिन्न स्रोतों द्वारा होता है–

(a) मानव स्रोत– दहन प्रक्रिया द्वारा, औद्योगिक उत्पादन प्रक्रिया, कृषि संबंधी कार्य, विलायकों के प्रयोग द्वारा

(b) प्राकृतिक स्रोत– धूल, जंगल की आग से उत्पन्न गैसें, ज्वालामुखी द्वारा निकलने वाली गैसें।

(c) अन्य स्रोत– संकीर्ण स्थान पर सांस द्वारा कार्बन–डाई–ऑक्साइड गैस छोड़ने से इसकी सघनता, खुले मल–मूत्र एवं शौचालयों की अवस्वच्छता, वृक्षों की कमी या कटाई।

वायु प्रदूषण का प्रभाव–

(i) मनुष्य पर – श्वसन संबंधी रोग, आंख संबंधी रोग

(ii) पेड़ पौधों पर– भोजन के उत्पादन में कमी एवं गुणवत्ता में कमी

(iii) पर्यावरण पर– तापमान बढ़ना, हरियाली कम होना।

वायु प्रदूषण का नियंत्रण–

- धुआं रहित चूल्हे का उपयोग करके,
- बायोगैस का उपयोग करके,
- सौर ऊर्जा का उपयोग करके,
- फैक्ट्री की चिमनी में फिल्टर लगाकर,
- वाहनों में वायु प्रदूषण निरोधक यंत्र लगाकर,
- सीसा रहित पेट्रोल या सी.एन.जी. का उपयोग बढ़ाकर,
- कूड़े कचरों को जलाने के स्थान पर भूमिगत करके,
- सड़के पक्की करके धूल को उड़ने से रोकना,
- वृक्षारोपण करके,
- खेतों में फसल उगाते रहना ताकि मृदा सुरक्षित रहे,
- फैक्ट्री रिहायशी क्षेत्र से दूर बनाकर।

(ii) जल प्रदूषण– शुद्ध जल स्वाद रहित, गंधहीन, धूल रहित तथा रोगाणु रहित होता है। जबकि प्रदूषित जल रंग युक्त हो सकता है। इसमें धूल के कण मिले हो सकते हैं, इसमें दुर्गंध आ सकती है अथवा इसका स्वाद खराब हो सकता है।

जल प्रदूषण निम्न स्रोतों द्वारा हो सकता है–

(1) घरेलू अपशिष्ट–शौचालय, स्नानघर या रसोईघर से निकलने वाले जल के द्वारा या जल स्रोत में कूड़ा कचरा डालने से।

(2) जल स्रोत में पशुओं को नहलाने, कपड़े धोने, मल त्यागने या नहाने से।

(3) औद्योगिक अपशिष्ट, फैक्ट्रियों से निकलने वाले अपशिष्ट पदार्थों को नदियों, तालाबों में बहाने से।

(4) कृषि संबंधी अपशिष्ट–खाद, कीटनाशक दवाई आदि भूमि में मिल जाते हैं और जल को प्रदूषित करते हैं।

(5) तेल रिसाव– समुद्रों में टैंकरों का तेल निकलने के कारण ।

जल प्रदूषण का प्रभाव– जल के जीव जन्तु मर जाते हैं या उन पर हानिकारक प्रभाव पड़ता है। प्रदूषित जल के सेवन से हैजा, पेचिश, टॉयफाइड, दस्त आदि बीमारियां हो जाती है।

जल प्रदूषण पर नियंत्रण–

- उद्योगों से निकले अपशिष्ट जल के रसायन द्वारा साफ किये बिना नदी या तालाबों में डालने की अनुमति नहीं देनी चाहिये।
- जल स्रोत के समीप शौच नहीं जाना चाहिये।
- जल स्रोतों में कपड़े धोना, जानवरों को नहलाना नहीं चाहिये।
- शौचालय, सोकपिट, कूड़ेदान आदि जल स्रोतों से दूर होना चाहिये,
- कूड़ा कचरा नदियों, तालाबों में नहीं डालना चाहिये
- कुएं के आसपास का फर्श पक्का होना चाहिये तथा कुआं जाली से ढका होना चाहिये।
- जल को साफ बर्तनों में ढककर रखना चाहिये।

जल को पीने योग्य बनाना (जल को शुद्ध करने के तरीके)–

(i) छानकर, (ii) उबालकर, (iii) विरंजकों का प्रयोग कर, (iv) क्लोरीन डालकर, (v) फिल्टर करके।

पानी की खेती (बरसाती पानी को इकट्ठा करना)– भूमि में जल का स्तर नीचे होता जा रहा है, तथा पानी की कमी हो रही है। अतः जल का संरक्षण करने हेतु बरसात के पानी को जमीन के अन्दर रिसने दिया जाता है, जिससे जमीन में पानी का स्तर बढ़ जाये। बरसात का पानी जमीन के नीच या छत पर इकट्ठा किया जाता है जिससे आपातकाल में यह पानी काम में लिया जा सकता है। इसी को **पानी की खेती** कहते हैं।

(iii) मृदा प्रदूषण– मृदा प्रदूषण का तात्पर्य उस हद तक होने वाले भौतिक, रासायनिक तथा जैविक परिवर्तन से है जिनका मनुष्यों और अन्य जीवों पर हानिकारक प्रभाव पड़ता है।

मृदा प्रदूषण निम्न स्रोतों से होता है–

(1) घर के कुछ अपशिश्रूट पदार्थ– जब घर का कूड़ा, कचरा मिट्टी में डाल दिया जाता है तो वह सड़ जाता है जिससे जमीन में कीट, कृमि व रोगाणु पनपने लगते हैं।

(2) **खुली जगह पर शौच करना**– खुली जगह पर शौच करने से भी मृदा प्रदूषित होती है।

(3) **थूकना**– इधर–उधर थूकने से रोगाणु मिट्टी को प्रदूषित करते हैं।

(4) **उद्योगों के अपशिष्ट पदार्थ**– फैक्ट्रियों के अपशिष्ट पदार्थ जब मिट्टी पर डाले जाते हैं, तो मिट्टी प्रदूषित हो जाती है। उद्योगों के कचरों द्वारा उसके रयासन मिट्टी में मिल जाते हैं। और पौधों द्वारा सोख लिये जाते हैं और पौधों से प्राप्त फल, फूल को भी विषैला बना देते हैं। कुछ रसायन भूमि को बंजर भी बना देते हैं।

(5) कृषि संबंधी अपशिष्ट पदार्थ– यदि कीटनाशक, जंतुनाशक, या उर्वरक ज्यादा मात्रा में डाल दिये जाते हैं, तो वे पौधों में पहुंचकर फल व सब्जियों में चिपक जाते हैं और जब हम उन्हें ग्रहण करते हैं तो बीमार पड़ जाते हैं।

मृदा प्रदूषण का प्रभाव– मृदा प्रदूषण से आदमी, जानवर रोग ग्रस्त हो जाते हैं तथा पेड़ पौधों पर हानिकारक प्रभाव पड़ता है। भूमि बंजर हो जाती है।

मृदा प्रदूषण पर नियंत्रण–

(I) कूड़े कचरे का उचित निपटान करना चाहिये।

(1) शहर से बाहर अपशिष्ट पदार्थों को गड्डों में भरकर खाद बनाने में उपयोग करना चाहिये।

(2) भूमि को भरने में कचरे का प्रयोग करना चाहिये।

(3) कूड़े कचरे को शंहर से दूर जलाना चाहिये।

(4) भस्मीकरण आधुनिक तकनीक द्वारा भस्मक भट्टी में कचरा जलाना चाहिये।

(II) स्वच्छ शौचालयों का प्रयोग करना चाहिये तथा इधर उधर शौच नहीं करना चाहिये और न ही थूकना चाहिये।

(III) अपशिष्ट पदार्थों का पुनः प्रयोग करना चाहिये,

(IV) कीटनाशक पदार्थों एवं उर्वरकों का सीमित मात्रा में प्रयोग करना चाहिये।

पर्यावरण के लिये उपयोगी पदार्थ का प्रयोग– प्लास्टिक की थैली के स्थान पर कागज की थैली का प्रयोग करना चाहिये। इकोमार्क युक्त चीजों का प्रयोग करना चाहिये।

वन–अपरोपण– वृक्ष अथवा वनों के काटने को वन–अपरोपण कहते हैं।

वृक्ष अथवा वन के लाभ– (1) वृक्षों से भोजन, औषधि, लकड़ी, रबर, गोंद, कागज प्राप्त होते हैं।

(2) पशुओं का चारा तथा पक्षियों का आवास स्थान प्राप्त होता है।

(3) वन वर्षा में सहायक होते हैं तथा बाढ़ को रोकते हैं।

(4) वृक्षों की जड़े मिट्टी को पकड़े रखती है, जिससे भूमि के लवण हवा, वर्षा के पानी के बहाव से बह नहीं पाते हैं, वे मिट्टी में ही बने रहते हैं, जिससे भूमि की उर्वरता नष्ट नहीं होती।

(5) वृक्ष हमारे द्वारा छोड़ी गई कार्बन–डाई–आक्साइड को ग्रहण करते हैं तथा आक्सीजन को छोड़ते हैं, जिससे वातावरण में गैस का संतुलन बना रहता है।

वनों की कटाई के दुष्परिणाम– (1) वन्य प्राणियों की क्षति, (2) सूखा व बाढ़, (3) वायु प्रदूषण में वृद्धि, (4) मृदा अपरदन।

अपने आस–पास का वातावरण को हरा–भरा बनाये रखने में सहायक कार्य–

(1) प्रत्येक व्यक्ति एक पौधा लगाये, (2) प्रत्येक व्यक्ति एक पौधे की देखभाल करे, (3) किसी को भी वृक्ष काटने या क्षति न पहुंचाने दें, (4) वन को आग से बचायें, (5)

यदि वृक्ष काटना ही है तो सिर्फ शाखायें ही काटना चाहिये तथा जड़ से नहीं काटना चाहिये।

(iv) ध्वनि प्रदूषण– किसी भी अवांछित आवाज को शोर कहते हैं। इसी शोर के कारण ध्वनि प्रदूषण होता है।

ध्वनि प्रदूषण के स्रोत है– (1) मोटर कार, रेलगाड़ी तथा हवाई जहाज की आवाज, (2) ऊँची आवाज में चलाये गये लाउडस्पीकर, रेडियो आदि। (3) उद्योग या मशीनों की आवाज।

ध्वनि प्रदूषण का प्रभाव–ध्वनि प्रदूषण से नसों पर दबाव पड़ता है जिससे सिर दर्द हो जाता है। धीरे–धीरे श्रवण शक्ति पर कुप्रभाव पड़ता है। कान का पर्दा क्षति ग्रस्त हो जाता है तथा कभी–कभी बहरापन भी आ जाता है।

ध्वनि प्रदूषण पर नियंत्रण– रेडियो, टीवी धीमी आवाज में चलाना। लाउड स्पीकर का उपयोग नहीं करना चाहिये। धीमी आवाज में बातें करें, अतिआवश्यक होने पर हार्न बजाये, वाहनों में साइलेंसर लगाये, फैक्ट्रियों को रिहायशी इलाकों से दूर बनायें, हवाई अड्डे, बस स्टैण्ड, रेलवे स्टेशन आदि घरों से दूर होने चाहिये।

❑❑❑

अध्याय-5

अनुपयोगी को बनाऐं उपयोगी

प्रायः घरों में ऐसी सामग्री मिलती है जिसे अनुपयोगी व बेकार समझ कर एक तरफ रख दिया जाता है या फेंक दिया जाता है। अपनी सूझ-बूझ व परिश्रम से हम इस अनुपयोगी सामग्री से आकर्षक व गृहोपयोगी वस्तुएँ बना सकते हैं।

कपड़े से बंदनवार बनाना

आवश्यक सामग्री-.

साटन/वेलवेट/चटख रंग का कपड़ा 1/4 मीटर, गोटा/लेस, कांच/गोटे के फूल/मोती, पेंसिल सुई-धागा (कपड़े के रंग का), बचा हुआ मोटा कपड़ा/बुकरम

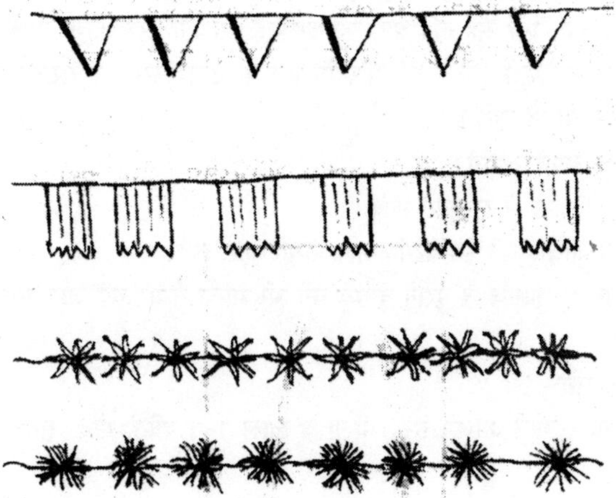

विधिः—

1. सर्वप्रथम 3.5 फीट चौड़ा व 1 फीट लंबाई का कपड़ा लेंगे। कपड़े पर चौड़ाई की तरफ तीन-तीन इंच की दूरी पर एक किनारें पर पैंसिल के निशान लगा लें। किनारें से 4 इंच ऊपर भी इसी प्रकार निशान लगा लें।
2. अब कपड़े पर चित्रानुसार पैंसिल से तिकोनी आकृतियाँ बना लें। प्रत्येक तिकोने के बीच में एक सीधी लाइन बनाएँ। इस सीधी लाइन को 4 इंच के निशान तक काट लें।
3. अब कपड़े को अंदर की तरफ मोड़ते जाएँ जिससे तिकोनी आकृतियाँ बनती जाएगी बंदनवार की मजबूती के लिए 8 इंच व 3.5 फीट चौड़ा बुकरम या मोटा कपड़ा लें। इस कपड़े / बुकरम को बंदनवार में ऊपर वाली पट्टी के साथ सफाई से अंदर की तरफ जोड़ लें।
4. पट्टी में ऊपर की तरफ एक इंच छोड़ कर सिलाई कर लें। ध्यान रखें कि इसके दोनों मुँह खुले होने चाहिए।
5. इसको आकर्षक बनाने के लिए इसके किनारों पर लेस लगा लें। बीच की खाली जगह को गोटे के फूल, मोती या काँच से सजा दें।
6. बंदनवार को बाँधने के लिए डोरी या सुतली पिरों लें।
7. आकर्षक बंदनवार तैयार है।

पोलीथीन से माला बनाना

आवश्यक सामग्री—पॉलीथीन की रंग-बिरंगी थैलियां, मोटा धागा/सुई, कैंची

विधि-

1. सर्वप्रथम पॉलीथील की थैलियों में से एक समान (दो इंच चौड़ी व पाँच इंच लम्बी) पट्टियाँ काट लें।
2. अब इसको एक बराबर लंबाई की तरफ मोड़ लें ताकि बीच में एक सीधी लाईन बन जाएगी।
3. अब मोटा धाग एवं सुई लें। धागे की लम्बाई अधिक रखें ताकि माला लंबी बनें।
4. अब एक-एक पट्टी लेते जाएँ और निशान के ऊपर सुई पर बराबर दूरी पर पिरोकर इकट्ठा कर घुमाते जाए।
5. इससे फूल बनते जाएंगे।
6. उनको नीचे धागे में सरकाते जाए।
7. इच्छानुसार लंबाई की रंगबिरंगी माला तैयार कर लें ।ण
8. इसी प्रकार से कागज़ व पुराने कपड़े की भी माला तैयार की जात सकती है।

फर्रियाँ बनाना

आवश्यक सामग्री-

पतंग वाला रनंगीन काज़ग़ हरा, पीला व लाल 1-1 शीट, गोंद, सुतली, कैंची

विधि-

1. तीनों रंगो के कागज़ से 6×6 इंच के कागज के टुकड़े काट लें।
2. चित्रानुसार ए, बी के कोने को एक साथ मोड़ लें। इस प्रकार तिकोनी आकृति बन जाएगी।
3. इन तिकोनों को काट लें।
4. अब एक समान कोनों पर गोंद लगाते जाए व सुतली पर क्रम के अनुसार लाल-पीली व हरी फर्रियाँ चिपकाते जाएँ।
5. इस प्रकार एक के बाद एक फर्रियाँ चिककाकर लड़ियाँ तैयार कर लें। सजाने के लिए फर्रियाँ तैयार है।
6. इसी प्रकार चौकोर, फूल नुमा, चमकीली पतली विभिन्न प्रकार की फर्रियाँ तैयार की जा सकती है।

कपड़े का पर्स बनाना-

आवश्यक सामग्री-

15 व 9 इंच का कपड़ा सादा /प्रिन्टेड बुकरम (अस्तर के लिए) लेस

चिपकाने वाली पट्टी 2 इंच

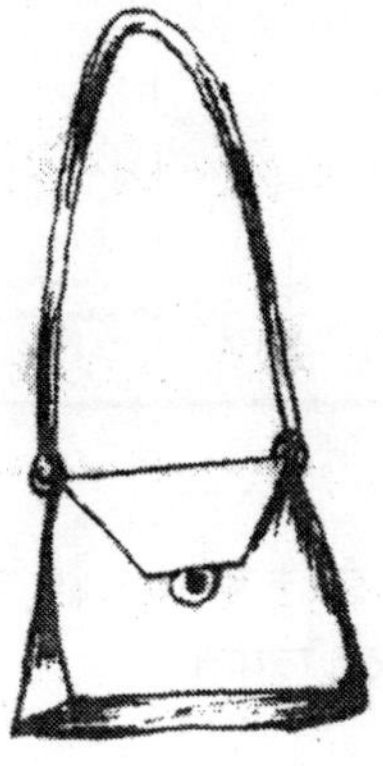

विधि-

1. पर्स के कपड़े को एक समान लंबाई में 15 इंच व चौड़ाई में 9 इंच काट लें।
2. इसी नाप के अनुसार अस्तर के लिए कपड़ा काट लें।
3. दोनों कपड़ों के सीधे भाग को अन्दर की तरफ रखते हुए ऊपर दो इंच जगह छोड़ कर चारों ओर से सिलाई कर लें।
4. ऊपर के खुले भाग में पर्स के खोल को उल्टा कर लें। इससे सीधा वाला भाग ऊपर आ जाएगा। इब इसके चारां किनारों पर सिलाई कर लें। इसके बाद लेस को सफाई से पर्स के चारों किनारों पर लगा लें।

5. ऊपर के भाग से तीन इंच पेंसिल से निशान लगा कर सीधी सिलाई करें।
6. नीचे वाले भाग को बराबर मोड़ते हुए बीच में पेंसिल का निशान लगा लेवें व सीधी सिलाई करें। नीचे 6-6 इंच के दोनों भागों को मोड़ते हुए दोनों किनारो पर अलग-अलग सिलाई कर लें। चिपकाने वाली पट्टी के चार बराबर टुकड़े काट लें। पट्टी के दो टुकड़े पर्स के ढक्कन पर दोनों किनारों पर समान दूरी छोड़ते हुए सिल ले। अन्य दो टुकड़े पर्स के मुँह वाले भाग पर ढक्कन के अनुसार सिल लें जिससे कि आपस में पट्टी के चिपकाने से पर्स का मुँह बंद हो सके।
7. सजावट हेतु लेस चारों ओर लगा लें इसके अतिरिक्त मोती, फूल व कशीदाकारी द्वारा भी पर्स को सजाया जा सकता है।

बांस के चम्मच बनाना

बांस के उपयोग से आइसक्रीम, चाट आदि खाने के लिए चम्मच बनाए जाते हैं। उपयोग के पश्चात इन्हें फेंक दिया जाता है।

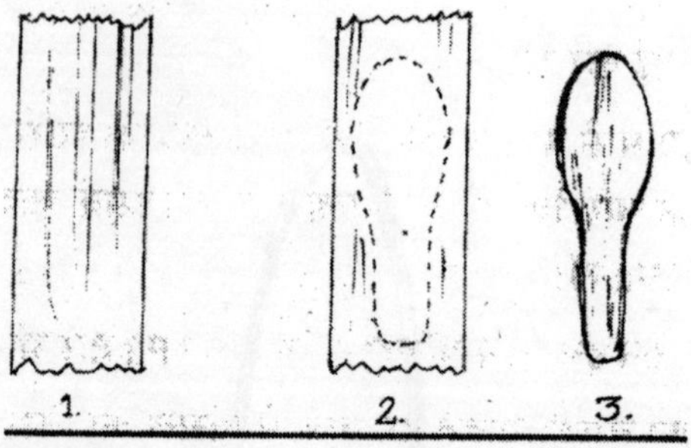

आवश्यक सामग्री-

बांस का चपटा टुकड़ा (3 इंच लंबा व 1 इंच चौड़ा),
तेज धार वाला चाकू, पेंसिल, रेतमाल

विधि-

1. सर्वप्रथम बांस के टुकड़े पर पेंसिल से चम्मच की आकृति बना लें।
2. आकृति के अनुसार चाकू की सहायता से चम्मच के आकार में छील लें एवे रेतमाल से घिसाई कर लें।
3. बहुउपयोगी चम्मच तैयार है। इसी प्रकार अन्य चम्मच भी तैयार कर लें। आइसक्रीम, चाट व छोले खाने के अलावा सजावट की वस्तुएँ तैयार करने में भी इन चम्मचों का उपयोग किया जाता है।

बांस की टोकरी

आवश्यक सामग्री

बांस की पतली व लंबी तीलियाँ, तेज धार वाला चाकू

विधि-

1. एक समान लंबाई की 12 चपटी तीलियों की सहायता से घेरा बनाना आरंभ करेंगे। इसके लिए पहले 6 तीलियाँ मिलाकर क्रोस बनाए। इस प्रकार 12 तीलियाँ गोलाई में फैल जाएंगी। इनके बीच में 2 तीली एक साथ रखते हुए गोलाई में बुनते जाएँ।

2. चपटे तले की गोल टोकरी बनाने के लिए तला पूरा होने पर कोने से सीधा मोड़कर दीवार उठा लें।
3. किनारें पर मजबूती के लिए एक डबल तार की बुनाई करके फिर उसी प्रकार दीवार बुना आरंभ कर दें।
4. पूरी बुन जाने पर ऊपरी सिरे पर मजबूती से फिर दोहरी लाईन की बुनाई करें तथा किनारा बराबर करके बची तीलियों को काटकर उनके सिर सफाई से भीतर मोड़ दें।

बांसुरी बनाना

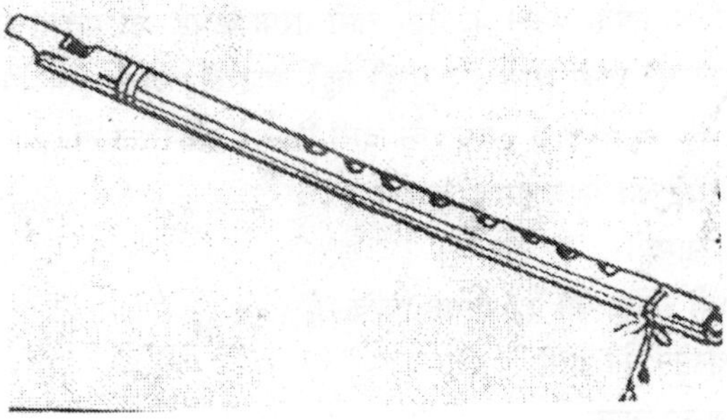

आवश्यक सामग्री

बांस का एक फीट लंबा व पतला टुकड़ा

तेज धार वाला चाकू

पेंसिल, फेविकोल, रेतमाल व वार्निश

विधि-

1. बांस के टुकड़े को रेतमाल से अच्छी तरह घिस कर चिकना कर लें।
2. उसमें पेंसिल से सात सुरों के लिए सात छेद बनाने के लिए निशान बना दें। अब इन निशानों पर छेद करें।
3. आगे से बांस को कलम के आकार में काट दें। उस कलमनुमा व कटे हुए स्थान में उसी नाम का छोटा टुकड़ा चिपका दें। ध्यान रखें कि हवा के प्रवेश का स्थान रहें।
4. अब उस पर प्लेन वार्निश कर दें जिससे कि वह आकर्षक लगे।

खजूर के पत्तों का आसन बनाना-

आवश्यक सामग्री-

खजूर के पत्ते/पिच्छियाँ

मोटा धागा, सुई

तेज धार वाला चाकू (पिच्छियों को छीलने के लिए)

कैंची (किनारे काटने के लिए)

कपड़ा

विधि-

1. खजूर की लंबी-लंबी पिच्छियाँ छाँट लें।
2. पिच्छियों को अच्छी तरह गीला करके कुछ देर रहने दें। इससे पिच्छियाँ नरम पड़ जाएंगी।
3. सादा आसन बनाने हेतु पिच्छियों को एक के ऊपर एक व नीच रखकर निकाल कर बुन लें। इन्हें आड़ा व खड़ा बुनें। सीधा खड़े आकार में भी बुना जा सकता है।
4. आसन पूरा बुन जाने पर किनारों को बंद कर लें।
5. आसन को आकर्षक बनाने के लिए चारों तरफ कपड़े की पतली गोट लगा लें। इसके लिए आसन की लंबी व 6 इंच चौड़ी पट्टी काट लें। दोनों तरफ से बराबर मोड़ते हुए सुई-धागे की सहायता से आसन के चारों किनारों पर सिल लें।

खजूर की पत्तियों का फूल झाडू बनाना

आवश्यक सामग्री-

3 फीट लंबी खजूर की 12 से 15 पिच्छियाँ

सूतली/नायलोन की डोरी

तेज धार वाला चाकू

विधि-

1. पिच्छियों को अच्छी तरह गीला करके कुछ देर रहने दें। इससे पिच्छियाँ नरम पढ़ जाएंगी।
2. इन पिच्छयों को चाकू की सहायता से लंबाई में साफ कर लेंगे।
3. साफ की गई पिच्चियों को जमा कर एक साथ रख लें। अब पत्तियों वाली तरफ से करीब दो फीट छोड़ कर सुतली/नायलोन की डोरी से कस कर बाँधना आरंभ करेंगे। ध्यान रखें कि डोरी को एकदम पास-पास बाँधना है।
4. ऊपरी सिरे पर दो इंच खुला छोड़ते हुए क़िनारों को सफाई से अंदर की तरफ मोड़ लेंगे।
5. खजूर की पत्तियों की उपयोगी फूल झाडू तैयार है।

खजूर की पिच्छियों का जाले साफ करने वाला झाड़ू बनाना

आवश्यक सामग्री-

खजूर की पिच्छियाँ 2

10 फीट लंबा बांस

सुतली/नायलोन की डोरी 2 मीटर

तेज धार वाला चाकू

विधि-

1. पिच्छियों की अच्छी तरह गीला करके कुछ देर रहने दें। इससे पिच्छियाँ नरम पड़ जाएंगी।
2. इन पिच्छियों को चाकू की सहायता से साफ कर फैला लें।
3. अब दोनों सिरों को इकट्ठा कर के मोड़ लें। दोनों सिरों को बांस के दोनों तरफ रखकर आधा फीट तब बांध लों। डोरी को एकदम पास-पास व कस कर बांधना है।
4. लीजिए, जाले साफ करने वाला झाड़ू तैयार है।

कागज़ के फूल

आवश्यक सामग्री-

पतंग वाला गुलाबी रंग का कागज़ 2

हरे रंग का कागज़ 1

कैंची

मोटी सींक

फेविकोल

विधि-

1. गुलाबी रंग के कागज़ की 24 सेमी. लंबी व 10 सेमी चौड़ी पट्टी काट लें। इसी प्रकार हरे रंग की भी पट्टी काल लें।
2. दोनों पट्टियों को चिपका कर एक लंबी पट्टी बना लें। गुलाबी पट्टी की तरफ से आरंभ करते हुए इसे गोल-गोल लपेट लें।
3. इस रोल के दो तिहाई भाग को रोल की चौड़ाई में पत्ती के आकार में काट लें।

4. रोल के ठीक बीच में से पत्तियों को एक ही दिशा मे घुमाते हुए बाहर निकालते जाएँ।
5. सारी पत्तियाँ निकल जाने के बाद अंगुली से दबाते हुए फूल की आकृति के नीचे बैठाते जाएँ।
6. फूल के दोनों सिरों को फेविकोल की सहायता से चिपका लें।
7. फूल को सींक पर चिपका लें।
8. हरे रंग के कागज़ की पतली पट्टी काट लें। फेविकोल की सहायता से इसे सींक पर गोल-गोल लपेट लें।
9. चौड़े पैंदे के प्यादे में गीली मिट्टी या रेत भर कर उसमें फूल को सीधा खड़ा कर दें।
10. सुन्दर व आकर्षक फूल तैयार हैं।

कागज़ के लिफाफे बनानाः

प्रायः इमे पत्र कार्ड आदि प्रेषित करने के लिए विभिन्न प्रकार के लिफाफों की आवश्यकता होती है। इन लिफाफों को हम स्वयं भी तैयार कर सकते हैं।

आवश्यक सामग्री- चौकोर लिफाफा तैयार करना-

एक वर्गाकार कागज़ ले। कागज को चौकोर तह कर ले। तह खोल कर कागज के प्रत्येक कोने को मध्य बिन्दु तक मोड़ें एक कोने को खुला छोड़कर शेष तीनों कोने चिपका दें। लिफाफा तैयार है।

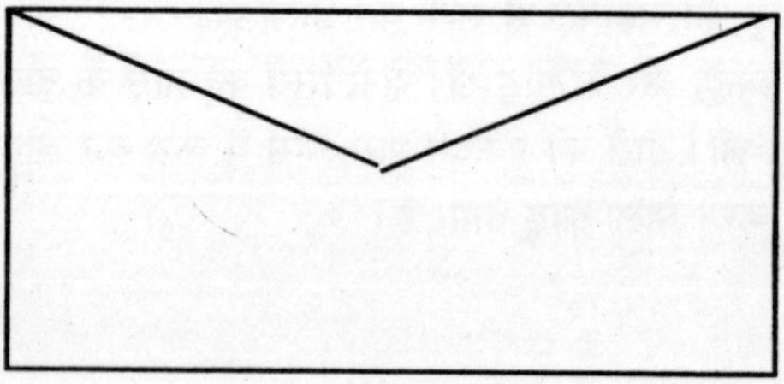

2. लम्बा लिफाफा तैयार करना-लम्बा लिफाफा तैयार करने के लिए कागज को लम्बाई में मोड़ लें तथा एक लम्बे सिरे पर गोंद लगाकर चिपका लें। इस प्रकार एक गोल थैली का आकार बन जाएगा। अब चित्रानुसार जोड़ को मध्य में रखकर दोनों किनारे लम्बाई में दबा दें।

खुले एक सिरे को 1 सेमी के बराबर मोड़ दें। इसके आधे भाग को काट दें। शेष भाग पर गोंद लगाकर चिपका दें। लिफाफे के दूसरे सिरे को 3 सेमी मोड़कर चित्रानुसार काट लें यदि आप इन लिफाफों को उपयोग विशेष अवसरों के लिए करना चाहें तो रंग या स्केच पेन का प्रयोग कर डिजाईन बना सकते है अथवा स्टीकर से सुसज्जित कर सकते है।

चटाई-टोकरियाँ बनाने वाले

प्रायः चटाई, टोकरियाँ, पंखे, झाड़ू, टोप आदि का निर्माण खजूर के पत्तों

से किया जाता है। हमारे दैनिक जीवन में इन वस्तुओं उपयोग अत्यन्त आवश्यक हो गया है। हमारे देश में इन्हें बनाकर हजारों लोग अपना तथा अपने परिवार का भरण पोषण कर रहे हैं।

प्राचीनकाल में जब मानव विकास की आरम्भिक अवस्था में था, उस समय आज की तरह पक्के मकान नही बनते थें। मानव अपने रहने और जंगली जानवरों से रक्षा के लिए कच्चे मिट्टी तथा गोबर के मकान बनाते थे। इन मकानों की छतें बनाने के लिए खजूर के तनों तथा पत्तों का उपयोग किया जाता था। आज भी गाँवों में कही–कही कच्चे मकानों की छतों का निर्माण खजूर के तनों तथा पत्तों से किया जाता है।

वर्तमान समय में खजूर की पत्तियों से दैनिक जीवन में काम आने वाली अनेकों वस्तुएँ झाड़ू, पंखे, टोप, चटाई और टोकरियाँ बनायी जाती हैं। यहाँ हम आपको उन्हें बनाने की विधियां बता रहे है, जो हमें इनके बनाने वालों से मिलने पर ज्ञात हुई हैं।

1. झाड़ू– खजूर की झाड़ू को कूँचा भी कहते हैं। यह खजूर की पत्तियों से बनाया जाता है।

खजूर की पत्तियों की लम्बी–लम्बी दो छड़ों को आसप में बाँधकर झाड़ू तैयार की जाती है। पत्तियों की दोनों छउों को एक दिशा में मिलाकर बनी छड़ के मोटे डंठल की ओर से एक फुट तक की पत्तियों को छुरे के मोटे डंठल की ओर से एक फुट तक की

पत्तियों को छुरे की सहायता से छील देते है। इसके बाँधने की रस्सी भी पत्तियाँ को आपस में बटकर ही बनाते हैं। इस प्रकार खजूर की झाड़ू का निर्माण किया जाता है।

पंखा–

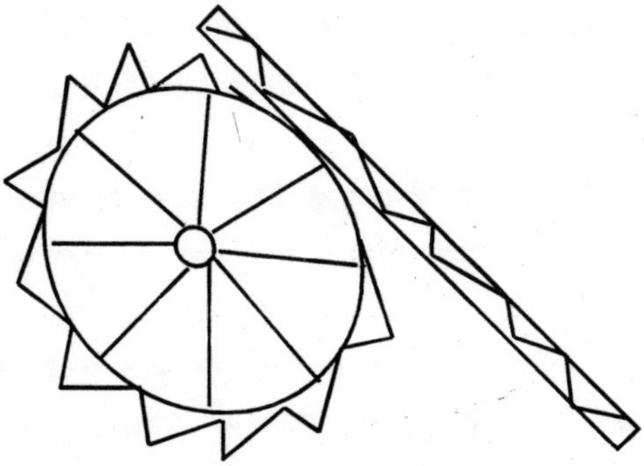

खजूर के पत्तों से पंखे बनाने की कला प्राचीन काल से ही चली आ रही है। आज भी यह हजारों लोगों के भरण–पोषण का साधन बना हुआ है। अधिकांशतः गाँवों में बिजली उपलब्ध नही होती हैं और गर्मी के मौसम में जब तेज गर्मी

पड़ती हैं, उस समय यह पंखा एक वरदान सिद्ध होता हैं। गाँवों के अतिरिक्त शहरों में भी इस पंखे का काफी उपयोंग किया जाता है।

बनाने की विधि– खजूर के पंखे बनाने के लिए प्रायः लम्बी–लम्बी पत्तियाँ उपयोग में लायी जाती हैं। पत्तियों को तहों में सुखाने के बाद लगभग 1.5 फुट छड़ को काटकर अलग कर लेते है। इस छड़ में लगी हुई पत्तियाँ लम्बाई में डबल मुड़ी होती हैं। इसमें से एक भाग (यानी पत्तियों के) को छड़ से अलग कर देते है।

कपड़े के सादे डिजायन की तरह इसे बुनना प्रारम्भ करते है। पंखे की बुनावट का प्रारम्भ छड़ से लगी पत्तियों की तरफ से किया जाता हैं। प्रायः 12 इंच का पंखा बनाया जाता है। इसमें एक इंच में प्रायः 5 पत्तियाँ होती है। पहले नीचे की पत्तियों की ओर से बुनना प्रारम्भ किया जाता हैं। एक पत्ती अगल से हाथ में लेकर (छड़ी) से लगी पत्तियों को बुनते हैं। बनने मे पहली पत्ती की नीचे, दूसरी को ऊपर, तीसरी पत्ती को नीचे, चौथी को ऊपर और पाँचवी पत्ती को नीचे की ओर ले जाते है। इसी प्रकार सभी पत्तियों को एक बार ऊपर और एक बार नीचे की ओर ले जाकर लाइन को पूरा करते है। अगर अलग से ली गयी पत्ती पूरी लाइन तक नही पहुँचती है अथवा छोटी रह जाती है तो बीच में या जहाँ आवश्यकता पड़ती है दूसरी पत्ती जोड़ लेते है। जब लाइन पूरी हो जाय और पत्ती शेष रह जाये तो उस पत्ती को वापिस मोड़ देते है और दूसरी लाइन बनाना प्रारम्भ कर देते है कि प्रत्येक पत्ती एक दूसरी पत्ती एक दूसरी पत्ती के विरूद्ध रह अर्थात् पतियाँ समान नही रहें तथा एक दूसरे से दबी रहें। पंखे को अधिक सुन्दर और साफ बनाने के लिए पत्तियों को इस प्रकार जोड़ा जाता है कि पत्तियों का मुँह या सिरा लगभग एक सा ही दिखाई दे ताकि पंखे की सुन्दरता बनी रहे।

पंखे को अधिक सुन्दर बनाने के लिए आप मनपसन्द रंगों का भी प्रयोग कर सकते है। वैसे हरा, नीला, लाल और गुलाबी रंग पंखे को रंगीन बनाने काम में लाये जाते है। पंखे को रंगीन बनाने के लिए रंगीन पत्तियों का प्रयोग किया जाता है। ये रंगीन पत्तियाँ बाद में उपयोग की जाने वाली पत्तियाँ होती है जो अगल से काम में ली जाती हैं। छड़ से लगी रंगीन नही बनायी जा सकती हैं क्योंकि इन्हें रंग पाना सम्भव नही हो पाता हैं।

चटाई– अनेकों लोग खजूर की चटाइयाँ बनाकर और उन्हें बेच कर अपना तथा परिवार का भरण–पोषण करते हैं। आइये इनके बारे में जानकारी प्राप्त करें कि ये चटाइयाँ किस प्रकार बनाते है।

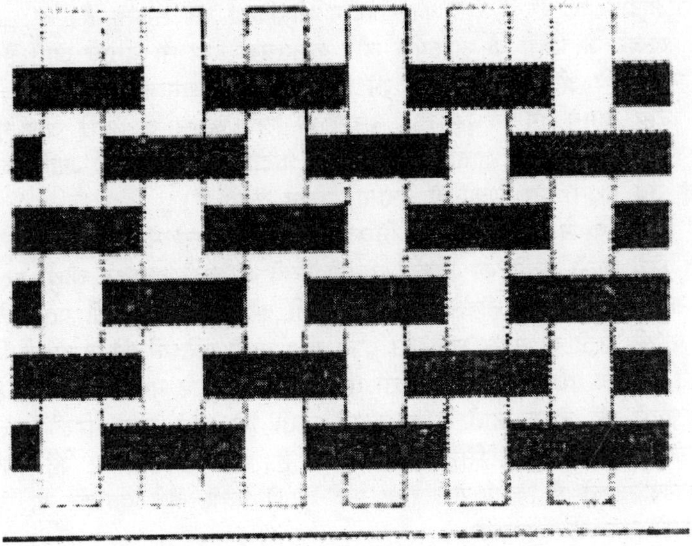

बनाने की विधि– खजूर की चटाइयाँ बनाने के लिए अच्छी और लम्बी पत्तियों का प्रयोग किया जाता है। इससे पत्तियों को आपस में बराबर जोडनें की आवश्यकता नही पड़ती हैं। चटाई बनाने के लिए तह में रखी हुई छड़ो को लेते है। उनमें पत्तियों मे लगे काँटो को काट–काट कर अगल कर देते है। फिर सभी पत्तियों को हाथों से छड़ से अलग कर लेतें हैं। पत्तियों पर अब पानी छिड़क देते हैं। इससे पत्तियाँ मुलायम रहती हैं। चटाई बनाने के लिए पहले एक लम्बी पट्टी बनाते हैं। यह पट्टी 4 से 6 इंच चौड़ी होती हैं। चटाई की पट्टी बनाना प्रारम्भ करते समय खजूर की पत्तियाँ पट्टी की चौड़ाई के अनुसार की जाती है। इस समय यह ध्यान रखना आवश्यक होता है कि पत्तियाँ डबल मुड़ी हुई न हों। यदि ऐसा हो तो छुरे की सहायता से लम्बाई की ओर से पत्तियों को दो भागों में बाँट देते है।

आवश्यकतानुसार पत्तियाँ लेकर उनको तिरछे बुनना प्रारम्भ किया जाता है। प्रत्येक लाइन की बनावट के बाद पट्टी के बीच से एक–एक पत्ती बढ़ाते जाते हैं जिससे पत्तियाँ आगे से आगे चलती रहती हैं। बाद में रखी जाने वाली पत्तियाँ एक ही तरफ से रखी जाती हैं ताकि चटाई दोनों तरफ से खराब न दिखे। इस प्रकार जब पूरी पट्टी तैयार हो जाती है तो इनको आपस में जोडकर

चटाई बना लेते है। चटाई की लम्बाई और चौड़ाई हम अपनी आवश्यकतानुसार बना सकते है। चटाई को अधिक सुन्दर बनाने के लिए उसमें हरे, लाल, नीले, पीले, गुलाबी ओर बैंगनी रंगों का उपयोग भी किया जा सकता हैं।

खजूर के पत्तों के आकर्षक और कलात्मक टोप भी बनाये जाते हैं। टोप बनाने की विधि और चटाई बनाने की विधि में काफी समानता होती हैं।

टोप बनाने की विधि– टोप बनाने के लिए खजूर के अच्छे और मुलायम पत्तों का उपयोग किया जाता है। पत्तों की कटाई, छटाई, रंगाई आदि करने के पश्चात् सर्व प्रथम चार पत्तों से बनाना प्रारम्भ करते हैं।

सबसे पहले चारों पत्तों के निचले भाग को आपस में बाँध लेते है। इसके पश्चात् बीच वाली पत्ती को तिरछी तीसरी पत्ती के नीचे दबाकर चौथी पत्ती को ऊपर रहने देते है। अब तीसरे नम्बर की पत्ती को दूसरे नम्बर की पत्ती के नीचे होकर पहली पत्ती के ऊपर लाते हैं। दोनों बीच वाली पत्तियों को दूसरे के विपरीत ले जाने के बाद चौथे नम्बर की पत्ती (जिसके नीचे दूसरे नम्बर की पत्ती है) को पहली पत्ती की तरफ लाते समय दूसरी पत्ती को नीचे तथा पहली पत्ती को ऊपर लाते है और दूसरे सिरे तक ले जाते हैं। अब दसरे नम्बर की पत्ती को इस प्रकार मोंड़ते है कि तिरछी तथा एक दूसरी पत्ती नीचे दबाकर या उठाकर दूसरे सिरे तक ले जा सके।

पत्तियाँ समाप्त हाने से पहले ही उस पत्ती में एक अलग पत्ती जोड़ लेते है। इस प्रकार टोप के लिए जितनी लम्बी पट्टी की आवश्कता होती है, बना लेते है। यह सब करने के बाद इच्छानुसार आकृति बनाकर उन पट्टियों को आपस में सुई–धागे की सहायता से जोड़ लेते है। इस प्रकार हम अपना मनपसन्द टोप बना लेते है।

टोकरियाँ– खजूर के पत्तों से भिन्न–भिन्न प्रकार और डिजायनों में टोकरियाँ बनायी जाती है। टोकरी बनाने के लिए मजबूत खजूर की पत्तियाँ काम में ली जाती हैं। भिन्न–भिन्न प्रदेशों में भिन्न–भिन्न आकार की टोकरियाँ पसन्द की जाती हैं। उस प्रदेश में उसी प्रकार की टोकरियाँ बनायी जाती हैं।

टोकरी बनाने की विधि– टोकरी बनाने के लिए एक लम्बी पट्टी बनायी जाती है। इसकी पट्टी बनाते समय तीन–चार पत्तियों को एक साथ चलाया जाता है। पत्तियों को तीन बराबर हिस्सो में बाँटकर उनको आपस में गूँथकर या बुनकर एक लम्बी पट्टी बना लेते है। आवश्यकतानुसार टोकरी को आकार देते हुए पट्टियों को आपस में जोड़ लेते है। इस प्रकार टोकरी का निर्माण करते हैं। टोकरी को रंग–बिरंगी बनाने के लिए इन पट्टियों को टोकरी बनाना प्रारम्भ करने से पूर्व ही अपने मनपसन्द रंगों में रंग लेते है।

बाँस से सामान बनाना– बाँस से विभिन्न प्रकार की टोकरियाँ, बैठने के मुड्डे, झाड़ृ और गुलदस्ता आदि बनाये जाते है। आओ, इनको बनाने की विधि क्या है, इसके बारे में जानकारी प्राप्त करें।

टोकरी बनाना– टोकरी बनाने के लिए प्रायः गीले बाँसों को काम में लिया जाता है। सबसे पहले गीले बाँसो को हँसिये दराँत, छुरे अथवा गंडासे द्वारा फाड़ लिया जाता है और उसकी आवश्यकतानुसार चौड़ाई की पट्टियाँ बना ली जाती है। इन पट्टियों को चाकू अथवा छुरी से अच्छी प्रकार साफ कर लिया जाता है। टोकरी बनाने में दो प्रकार की पट्टियाँ काम में ली जाती है। एक चौड़ी, जो कि आधार का कार्य करती है और दूसरी कुछ संकरी जो कि बुनाई के काम आती हैं। पट्टियों की चौड़ाई टोकरी के आकार पर निर्भर करती है। पहले चौड़ी पट्टियों में से एक पट्टी को नीचे दबाते हैं तथा दूसरी को ऊपर उठाते है। इस प्रकार जब एक चक्कर पूरा हो जाता है तो दूसरे चक्कर में जो पट्टी दबी हुई है उसको ऊपर उठाते हैं। इस प्रकार घुमाव देते रहते है। साथ ही साथ गहराई के लिए मोड़ते भी जाते है। इस प्रकार टोकरी का निर्माण करते है। इस प्रकार की टाकरी बनाते समय सावधानी रखनी पड़ती हैं कि बाँस कही हमारे शरीर के अंगो को नुकसान न पँहुचाये क्योकि बाँस थोड़ा सख्त होता है।

बाँस की झाडू– बाँस से झाडू भी बनायी जाती है। झाडू बनाने के लिए कागजी बाँस का उपयोग किया जाता है। दूसरे प्रकार के बाँसो से बारीक तीलियाँ बनाना अत्यधिक कठिन कार्य है। झाडू बनाने के लिए लगभग 45 सेमी बाँस का टुकड़ा लेते है। बाँस लेते समय यह ध्यान रखना चाहिए कि उसमें गँठाने दूर–दूर पर हो। छुरी या चाकू द्वारा बाँस की बारीक तीलियों को लोहे के बारीक तार द्वारा कसकर बाँस का एक बांध देते है। जितनी मोटी झाडू बनानी हो, उसी मात्रा में तीलियाँ ली जाती है। झांडू के सिरे पर तार लपेटकर एक ढलवां लकड़ी का टुकड़ा ठोक देते है। इससे झाडू में मजबूती आ जाती है ओर उसकी तीलियां नही निकलती है।

गुलदस्ता बनाना– गुलदस्ते बनाने के लिए 5 सेमी गोलकार खोखला बाँस लेते है। खोखले बाँस का एक टुकड़ा नीचे के आधार के रूप में गँठान के पास के काट लेते है। एक दूसरा बाँस का टुकडा 20 सेन्टीमीटर लम्बाई का काट लेते है, जिसकी गोलाई में व्यास लगभग 1 सेंटीमीटर हो। इसे रेगमाल से अच्छी तरह चिकना कर लेते है। ऊपरी हिस्से के लिए लगभग 2.5 सेमी गोलाई और 3 सेमी ऊँचाई या लम्बाई के टुकडे काटकर उन्हें अच्छी तरह रेगमाल या रेती से घिसकर सरेस या फेवीकोल से चिपकाकर सुखा लेते है। इसके पश्चात् आधार वाले भाग में गँठान की ओर छेद करके गोल टुकड़ा सरेस से लगा देते है। इसी प्रकार ऊपर वाले भाग को भी बीच वाले टुकड़े में लगा देते है। यदि गोल लकड़ी ढ़ीली रहे तो उस पर कागज या बारी कपड़ा लपेट देते है। आवश्यक रंगो में इसे रंग देते है। इस प्रकार एक सुन्दर और कलात्मक फूलदान या गुलदस्ता तैयार किया जा सकता हैं।

टोकरी, झाड़ू, गुलदस्ता के अतिरिक्त बाँस से बैठने की कुर्सी, मुड्डा, सन्दूक तथा दीवारों पर पुस्तके रखने के लिए रैक्स भी बनयी जा सकती हैं।

बहुरूपिये–जैसा कि नाम से प्रतीत होता है कि ये लोग बहुत रूप वाले होते हैं अर्थात् इनमें अनेकों रूप बनाने की सामर्थ्य होती हैं। ये लोग नये–नये और विचित्र रूप बनाकर अपनी इस अनोखी कला कला प्रदर्शन करते हैं। अधिकांशत गाँवों में इस प्रकार के तमाशे अधिक होते है। ये लोग अपने शरीर पर तरह–तरह के रंग पोतकर और विभिन्न पोशाकें पहनकर अनोखे रूप बनाकर लोगों का मनोरंजन करते हैं। कभी ये सिपाही–चार बनते है, तो कभी राजा–रानी, कभी टैक्स के अधिकारी तो कभी लैला–मजंनू बनते हैं। इस प्रकार ये अपनी कला का प्रदर्शन करते है। यह कला प्रदर्शन ही इनकी रोजी–रोटी हैं। प्रायः यह कार्य एक विशेष जाति के लोग ही वंशानुगत करते रहते है।

लोकनर्तक–कुछ लोगों को डमरू बजाकर बन्दरों को साथ ले जाते हुए आपने देखा होगा। ये लोग दो–तीन बन्दरों को साथ लेकर गली–गली घूमते हैं और बन्दरों को नचा–नचा कर लोगों का मनोंरजन करते है।
बन्दरों के अतिरिक्त कुछ लोग भालुओं (रीछी) को लेकर भी नचाते है तथा लोगों का मनोंरजन कर पैसा कमाते है। कभी–कभी आपने नटों का तमाशा भी देखा होगा। नट और नटिनी बाँसों तथा रस्सियों पर चढ़कर विभिन्न प्रकार के खेल दिखाते हैं। इसी प्रकार के अनेकों कलाकार हैं, जो गली–गली घूमकर डमरू आदि बजाकर बच्चों को अपने खेल दिखाते है तथा पैसा कमाते हैं।

हमारे देश के हजारो लोग इस प्रकार के प्रचलित लाकनृत्यों और तमाशों का आयोजन करके अपनी रोजी–रोटी कमाते है और लोगों का मनोंरजन करते हैं। इन कालाकारों के अरिरिक्त आल्हा, ढोला, रसिया, कब्बाली, काव्य पाठ आदि के आयोजनों द्वारा भी लोगों का मनोंरजन किया जाता है। ये कालाकार भी अपनी जीविका कमाने के अतिरिक्त लोगों का मनोरंजन करते है। इसी प्रकार के अन्य कलाकारो से आप मिल सकते है। गाँव–नगर क्षेत्र में उपलब्ध सांस्कृतिक, ऐतिहासिक, कलात्मक संग्रहालयों का भ्रमण तथा उनमे प्रदर्शित वस्तुओं का निरीक्षण तथा प्रदर्शित

वस्तुओं का सरल रेखांकन

कला का क्षेत्र बहुत व्यापक क्षेत्र है। इस विषय को समझने एवं इस विषय का कार्य करने के लिए विभिन्न कलाओं से सम्बन्धित सामग्री अर्थात् वास्तुकला के उत्तम भवनों, ऐतिहासिक भवनों, कलात्मक वस्तुओं, उत्तम कोटि के चित्रों, मूर्तियों, शिल्पों नगरों की बसावट, मन्दिरों, मस्जिदों और संग्रहालयों का भ्रमण करें एवं देखें, निरीक्षण करें और उनसें ज्ञान प्राप्त करके उनका रेखांकन और चित्रांकन करें।

आप जिस गाँव या शहर में रहते हैं। उसके आस–पास कहीं न कही जरूर संग्रहालय, म्यूजियम या अजायबघर होगे। जैसे जयपुर में चन्द महल, अलबर्ट हाल

(म्यूजियम) एवं आमेर में पौराणिक मूर्तियों का संग्रहालय हैं। रवीन्द्र मंच मे आध ुनिक कला दीर्घा है जिसमें उत्तम कृतियाँ एवं शिल्प संग्रहीत हैं। भरतपुर के किले में बने म्यूजियम में राजा शाही के जमाने की अनोखी वस्तुयें देखने को मिलती हैं, जिनसे राजाओं की पोशाकों, खान–पान के बरतनों, युद्ध और शिकार के हथियारों आदिका ज्ञान प्राप्त होता है।

संग्रहालय

जब हम किसी संग्रहालय में भम्रण के लिए जाते है तो संग्रहालय में विभिन्न विषयों से सम्बन्धित अनेको प्रकार की वस्तुएँ देखने को मिलती है। इनमें से अधि ाकांशत ऐतिहासिक वस्तुएं होती है। कला के ज्ञान के विकास के लिए इनके बारे मे जानकारी करना अति आवश्यक है। इन ऐतिहासिक वस्तुओ में तलवारें, बन्दूकें, ढाले, पुराने कवच, युद्ध की सामग्रियाँ, पुरानी तीर–कमानें, छोटी और बड़ी तोपें, पुराने समय के राजा महाराजाओ के बैठने की आलीशन कलात्मक और रत्न जड़ित कुर्सियाँ, सिहासन, हुक्के, सिक्के गाडियाँ, शिकार करने के हथियार, राजा महाराजाओं की पुरानी पोशाकें, भोजन करने के विभिन्न प्रकार के बर्तन आदि प्रमुख है। इनको गौर से दखिये। इनकी बनावट एवं उन पर की गयी बारीक कारीगरी एवं अंलकरण का भी निरीक्षण कीजिए। फिर अपनी स्केच बुक या ड्राइंग कापी मे उनका सरल चित्राकंन करें और रंग भरे। अगर आप अकेले संग्रहालय न जा सके तो आप अपने अध्यापक जी के साथ सभी छात्र मिलकर एक साथ जायें और संग्रहाय की सैर करे। संग्रहालय में उपलब्ध गाइड को साथ ले लें ताकि आपको उस संग्रहालय की पूरा जानकारी हो सके।

हमें संग्रहालयों से ऐतिहासिक जानकारी के अतिरिक्त विशेष रूप से जो जानकारी प्राप्त होती हैं, वह है सांस्कृतिक जानकारी। इन संग्रहालयों को देखने से हमें उस समय की संस्कृति का ज्ञान होता है। हमें यह भी ज्ञात होता है किस समय क्या पहनावा था, रहन–सहन का तरीका क्या था, क्या खान–पान उस समय प्रचलित था, यातायात के क्या–क्या साधन उपलब्ध थे। विवाह किस प्रकार होता था, वर्ण व्यवस्था और जाति भेद समाज में कहाँ तक विद्यमान था। बाल–विवाह और विधवा–विवाह का समाज में क्या स्थान था। समाज में किस जाति, व्यक्ति विशेष एवं नारी का क्या स्थान था। मानव कितना उन्नत था, क्या परम्परायें थी, धर्म का क्या स्थान था, शिक्ष का स्तर क्या था, भवन निर्माण कला कहाँ तक उन्नत थी। कुछ संग्रहालयों में प्रागैतिहासिक काल से लेकर वर्तमान युग में काम में आने वाली ऐतिहासिक, सास्कृतिक एवं कलात्मक वस्तुएं देखने को मिलती है। कलात्मक वस्तुएँ, ऐतिहासिक भवन, किले, महल हवेलियां व मन्दिर आदि है।

जब हम किसी भ्रमण के लिए निकलते हैं तो हमें अनेकों प्रकार के भवन दिखाई देते हैं। अजन्ता, ऐलोरा की गुफायें, साँची के स्तूप, काशी, मथुरा और वृन्दावन के मन्दिर, दिल्ली का लक्ष्मीनारायण मन्दिर, अमृतसर का स्वर्ण मन्दिर

हमारा मन मोह लेते है। आगरे का ताजमहल और एतमाद्दौला, दिल्ली की जामा मस्जिद, लाल किला, कुतुब मीनार, आमेर का किला, चन्द्र महल, नाहरगढ़ जयगढ़, फतेहपुर सीकरी की दरगाह एवं जोधाबाई का महल एवं अन्य भवन जोधपुर का छीतर पैलेस चितौड़ का किला, बूँदी की अधर शिला, गवालियर का किला आदि देखने योग्य भवन है। भरतपुर की जामा मस्जिद, बिहारी जी का मन्दिर, सर्राफा बाजार का सन्तोंषी मंदिर, उयपुर का जगदीश मंदिर पुष्कर का ब्रहां जी तथा दूसरे अन्य मन्दिर भी देखने योग्य स्थान हैं। इन भवनों में कलाकारों ने समाज की स्थिति को अपने चित्रों के माध्यम से दर्शाया हैं। यदि हम किसी मुगलकालीन या राजाशाही के किसी चित्र को देखे जिसमें राजमहल का चित्र हो तो हमे पता लगता है कि किस वैभव से वह बादशाह या राजा रहता था, किस प्रकार की उस समय भवन निर्माण कला प्रचलित थी। किस प्रकार की पोशाके और पगड़ियां राजा, महाराजा या मुगल बादशाह पहनते थे।

राजा, महाराजा या बादशाह के सामने दरबारी और कर्मचारी या अन्य व्यक्ति किस अदब या कायदे से खड़ होते थे। दरबार में उनके बैठने का स्थान कहाँ और कैसा था। राजा या बादशाह द्वारा चलायी जाने वाली शासन–व्यवस्था कैसी थी। समाज में न्याय–व्यवस्था किस प्रकार की थी। इसी प्रकार यदि चित्र धार्मिक है तो धर्म से सम्बन्धित बात पता चलेगी, समाजिक चित्र हो तो समाज की स्थिति, युद्ध का चित्र हो तो युद्ध के तौर–तैरीकों, हथियारों एवं पोशाकों, तथा शिकार के चित्र देखने से शिकार करने के तरीकों आदि का ज्ञान होता है।

इन सबके अतिरिक्त हमें इन्ही भवनों और महलों आदि से जो सबसे महत्वपूर्ण जानकारी प्राप्त होती हैं, वह है चित्र शैली की। किस शैली मे किस प्रकार के रंग प्रयुक्त होते थे। चित्रण मे किसे अधिक प्रधानता दी जाती थी। किशनगढ़शैली, ईरानी शैली, राजपूत शैली, मुगल शैली, बूँदी शैली आदि प्रमुख शैलियाँ इन भवनों में देखने को मिलती है।

आप संग्रहालय देखते समय अपने अध्यापक जी से वस्तुओं के निर्माण काल, उनकी चित्रण शैली, उनका ऐतिहासिक एवं अन्य महत्व आदि के बारे मे पूछताछ कर ज्ञान प्राप्त कर सकते हैं। स्थानीय कलाकारों, प्रसिद्ध कलाकारों व प्रदर्शनकर्ताओं के क्रिया कलापों को देखना, समझना एवं उनकी सराहना करना

सभी गाँवों, कस्बों, शहरों, ढाणियों, नगरों और महानगरों में अनेकों प्रकार के कलाकार रहते हैं। ये विभिन्न प्रकार के कार्य करते है। इनमें मूर्तियाँ बनाने वाल मूर्तिकार चित्रकारी करने वाले चित्रकार, मूर्तियां रंगने वाले पेपर मैसी का काम करने वाले, दीवारों पर, कागज पर, कपड़े पर चित्र बनाने वाले या किसी प्रकार की कलात्मक वस्तुएँ बनाने बाले कलाकार हमारे आसपास रहते हैं। आओ, इनके पास चलकर इनके बारे में जानकारी प्राप्त करें।

स्थानीय कलाकार

जो कलाकार किसी स्थान विशेष का हो, उसे स्थानीय कलाकार कहते है। कला क्षेत्र बहुत विस्तृत है। अतः प्राय सभी स्थानों पर कलाकार मिल जाते है। इन कलाकारों का क्षेत्र अपने स्थान विशेष तक ही सीमित होता है।

प्रसिद्ध कालाकार

जो व्यक्ति अपने जीवन को ही कला के समान समझते हैं अथवा कला ही जिनका जीवन होता हैं, ऐसे कलाकारों को प्रसिद्ध कलाकार कहा जाता है। जैसे–अमिताभ बच्चन, राजेश खन्ना आदि।

प्रदर्शनकर्ता

जो कलाकार अपनी कला के अधिकाधिक सुन्दर ढंग से प्रस्तुत करने की चेष्टा करते है, ऐसे कलाकारों को प्रदर्शनकर्ता कहते हैं।

चित्रकार से वार्तालाप यदि हम किसी चित्रकार के घर जायें तो हम देखते है कि चित्रकार प्रकृति प्रेमी होता है। इसलिए उसके आसपास का वातावरण शान्तिमय होता है। उसके कमरे में चित्रकारी से सम्बन्धित अनेकों पुस्तकें होती हैं, अच्छे–अच्छे चित्र टंगे होते है। कमरा प्रकाशमय होता हैं, जिसमें दिन में सूर्य की रोशनी ठीक प्रकार से आती रहती हैं। विभिन्न प्रकार के रंग तथा कागज, कैनवास, कपड़ा, ब्रुश, प्यालियाँ आदि रखी होती है।

हमें चाहिए कि हम चित्रकार से रंग बनाने की विधि, विभिन्न प्रकार के रंगों , उनके माध्यमो, ब्रुश, कागज, कैनवास, के प्रकार आदि के बारे मे पूरी जानकारी प्राप्त करने के लिए हम निम्न प्रश्न भी कर सकते हैं–

1. रंग कितने प्रकार के होते है?
2. प्राकृतिक एंव वानस्पतिक रंग कौन–कौन से है?
3. ये रंग हमें कहाँ से प्राप्त होते हैं?
4. क्या बाजार में प्राकृतिक और वानस्पतिक रंग बने बनाये मिलते हैं या उन्हें स्वयं तैयार करना पड़ता हैं?
5. रंग तैयार करने की कौन–कौन सी विधियाँ काम में ली जाती हैं?
6. रंग में क्या कुछ और भी मिलाया जाता हैं?
7. ब्रुश किस–किस प्रकार के होते हैं?
8. कौन सी ब्रुश कब काम में ली जाती हैं?
9. कितने प्रकार के बालों की ब्रुश मे मिलती हैं?
10. तैल रंग एवम् जल रंगों मे अलग–अलग प्रकार की ब्रुश काम मे क्यो ली जाती है?

उपरोक्त प्रश्नों का उत्तर जान लेने के बाद जिस कागज या कैनवास पर वह चित्रकारी कर रहा हैं, आपको उसके बारे में पूरी जानकारी करनी चाहिए। तत्पश्चात् जिस चित्रकार या कलाकार के पास आप गये हैं, उनका काम करने

का ढ़ग देखिये। वह किस प्रकार रेखाचित्र बनाता है, किस प्रकार किस रंग को किस ब्रुश द्वारा कैनवास, कपड़ा, कागज अथवा दीवार पर लगाता है। किन–किन औजारों और वस्तुओं का वह सहारा ले रहा है।

शैली– उपरोक्त क्रियाकलापों का शान्तिपूर्वक देखने और समझने के बाद उस चित्रकार से उसके चित्रों के बारे मे जानकारी कीजिए और उससे पूछिये–

1. आप किस शैली में काम कर रहे हैं, क्या काम यह परम्परागत शैली है या समसामयिक है या कोई अन्य शैली हैं।
2. आपने इस कलाकृति द्वारा क्या बनाया हैं?
3. अपने समाज का अपनी कलाकृति द्वारा क्या कहना चाहा है?
4. आपने अपने मन की भावनाओं को अपनी कलाकृति में किस प्रकार उतारा हैं?
5. ये कलाकृतियाँ आप द्वारा कहाँ प्रदर्शित की जाती हैं?
6. क्या इन कलाकृतियों का आप विक्रय करते हैं?
7. आपने अपना कलाकार जीवन कब, किस प्रकार और क्यों शरू किया?
8. आपकी प्रारम्भ की कलाकृतियाँ कैसी थी?
9. आपको इस स्थिति तक आने मे किन–किन कठिनाइयों का सामाना करना पड़ा हैं?
10. समय–समय पर आपके कलाकार जीवन मे क्या–क्या परिवर्तन आये हैं?

उपरोक्त प्रश्नों का उत्तर प्राप्त हो जाने पर आप उस कलाकार के बारे में पूर्ण जानकारी प्राप्त कर सकेंगे।

यदि कोई कलाकृति आपको पसन्द आयी हो तो उसकी सराहना कीजिए और बताइये कि आपको क्यों और किन कारणो से कोई कलाकृति अत्यधिक अच्छी लगी है। यदि समझने में किसी प्रकार की कठनाई हो तो बिना किसी संकोच के कलाकार से पूछना चाहिए।

इसी प्रकार अपने अध्यापक जी के साथ जाकर आप विभिन्न कलाकारों से जानकारी प्राप्त कर सकते हैं।

मिट्टी के पात्रों, जैसे मटकी, घडे, गमले आदि पर अंलकरण करना तथा उनकी सजावट करना

मिट्टी के बरतनों पर अलंकरण

हम दैनिक जीवन में घरो मे काम आने वाले मिट्टी के बरतनों (मटका, घड़ा, गमला, सुराही आदि) को अंलकृत करके उन्हें खूबसूरत और सुन्दर बना सकते है इन्हें अलंकृत करने के लिए हमे जो सामग्री चाहिए वह आसनी से रंगने वालों की दुकान पर उपलब्ध हो जाती है। इन्हें अस्थायी और स्थायी दो प्रकार से सजाया जा सकता हैं।

अस्थायी अलंकरण

हमें सर्वप्रथम मिट्टी का वह बर्तन लेना चाहिए जिस पर अलंकरण करना है। इसके बाद उसे पानी से धोना चाहिए। फिर एक बर्तन मे आवश्यकतानुसार पानी, फेवीकोल और गेरु घोलकर मिला लें। इस घोल को ब्रुश द्वारा पूरे बरतन पर लगा दे। यदि बर्तन काली मिट्टी का है, तो गेरु का घोल लगाने की आवश्यकता नही है। अब बर्तन पर पैन्सिल द्वारा आप आवश्यकता और इच्छानुसार उस अंकन मे रंग भर दीजिए। रंग भरते समय रंगों में आवश्यकतानुसार फेवीकोल मिला लीजिए। आवश्यकतानुसार आप कई प्रकार के रंगों जैसे– हरा, पीला, लाल, नीला, काला, कत्थई, बैगनी, भूरा, नारंगी आदि का उपयोग भी कर सकते है। जब रंग अच्छी तरह सूख जाये तब इन पर ब्रुश से बर्निश लगा दीजिए। इस प्रकार आपके बर्तन पर अस्थायी अलंकरण हो गया।

स्थायी अलंकरण

स्थायी अलंकरण के लिए आपको जिस बर्तन पर अलंकरणा करना हैं, उस पर सबसे पहले प्राइमर लगा दीजिए। यदि बर्तन में कोई खुरदरापन या गड्ढा

हो तो उस पर पीली मिट्टी का घोल लगा दीजिए। सूख जाने पर उसे हल्के रेगमाल से साफ कर दीजिए। इसके बाद उस पर फिर एक बार प्राइमर लगा दीजिए। अब जा आकृति आप बर्तन पर बनाना चाहते है, उसे पेन्सिल से रेखाकिंत कर दीजिए। अब अपने विभिन्न तैल रंगो को अपनी इच्छानुसार थोड़ा सा लिन्सिड ऑयल मिलाकर लगा लें। पहले गहरे रंग लगायें फिर क्रमशः हल्के रंग लगाये। इस बात का विशेष ध्यान रहे कि स्थायी अलंकरण में भी आप अस्थायी अलंकरण की तरह लाल, नीला, नांरगी, पीला, काला, बैगंनी, भूरा आदि रंगो का उपयोग कर सकते हैं। रंग लगाने के बाद ब्रुश से बार्निश लगा दे। इससे बर्तन पर चमक आ जायेगी। सूखने के बाद देख ले, यदि चमक कम हो तो एक बार बार्निश और लगा दे।

सावधानी – अस्थायी और स्थायी दोनों प्रकार के अलंकरण मे विशेष रूप से ध्यान देने योग्य बात यह है कि रंगो को अधिक गाढ़ा करके न लगाया जाये अन्यथा पपड़ी बनकर कुछ समय बाद ही रंग उतर जायेगा। इसलिए पतला रंग दो–तीन बार लगाना चाहिए।

विधालयों के अयोजनों, वार्षिक उत्सवों, पर्वो आदि पर प्रांगण की सज्जा हेतु **रंगोली** और अल्पनायें बनाना

पतंगी कागजों से सजावट करना– हमारे विधालय में आये दिन कभी कोई उत्सव कभी कोई आयोजन कभी कोई पर्व और कभी किसी महान व्यक्ति की जयन्ती मनायी जाती हैं। ऐसे मौके पर हम अपने विधालय को अनेक प्रकार से सजाने का प्रयास करते है। कुर्सी, टेबिल और बैंचों को साफ सुथरा करके रंगते हैं। टेबिल पर टेबिल कवर लगाते है। स्टेज पर अनेक प्रकार के पर्दे लगाते है। दीवारों पर विभिन्न प्रकार की तस्वीरें लगाते हैं। यह सब करने के बावजूद प्रमुख रूप से जो कमी रह जाती है, वह है हमारे प्रांगण की सजावट।

प्रांगण की सजावट

विधालय के प्रांगण में विभिन्न प्रकार की रंग–बिंरगी रंगोली व अल्पनायें बनाने से विधालय की सजावट में चार चांद लग जाते हैं। सजावट के लिए आवश्यक वस्तुयें हमें सजावट के लिए जिस सामान की जरूरत होती है, उनमें मिट्टी के रंग, फेवीकोल, लकड़ी का सूखा बुरादा, कपडे रंगने का विभिन्न प्रकार का पाउडर, गेरु, हिरमिच आदि प्रमुख हैं।

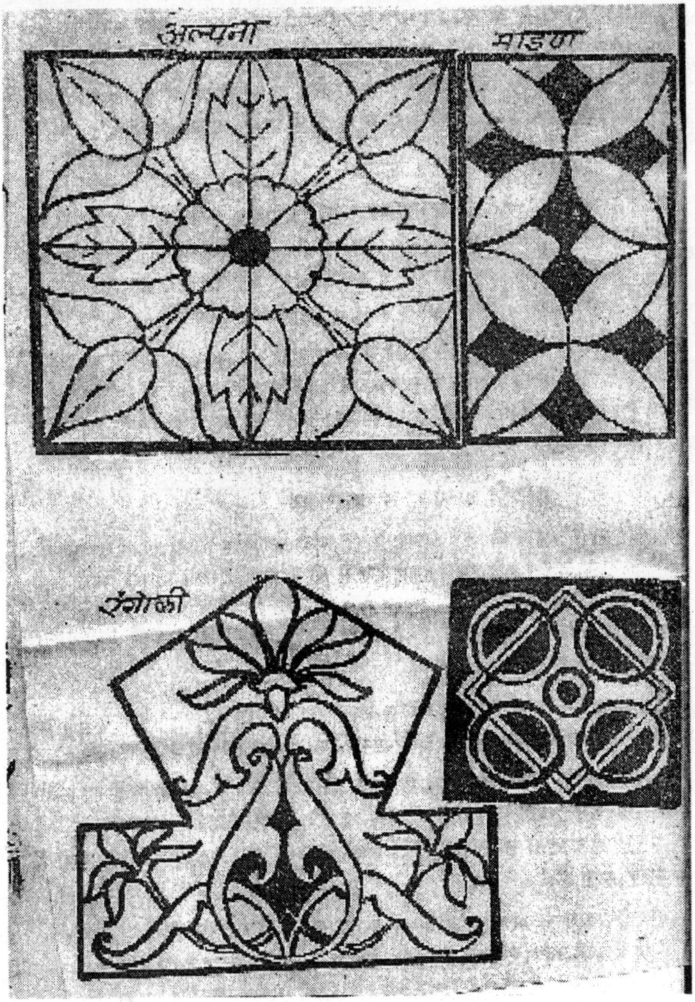

रंगोली

जिस प्रकार दीपावली के अवसर पर हम अपने प्रांगण में चूने के रंग, हिरमिच और गेरु की सहायता से मांडणो बनाते है, उसी प्रकार रंगोली बनायी जाती है। इन दोनों में प्रमुख रूप से जो अन्तर हैं, वह यह है कि मांडणों में चूने एवं गेरु का प्रयोग होता है। जबकि रंगोली पानी में विभिन्न प्रकार के मिट्टी के रंगो को अच्छी तरह घोल कर, उनमें फेवीकोल मिलाकर ब्रुश द्वारा बनायी जाती

है। यदि रंगो में फेवीकोल नही मिलाया जायेगा तो रंग कच्चे रह जायेंगे और हमारे हाथ, पैरों पर लगकर उन्हें खराब करेंगे। इससे प्रागण भी खराब हो जायेगा। रंगोली में विभिन्न प्रकार के रंग भरने से वे ज्यादा आकर्षक लगती है।

अधिकतर रंगोली गुजरात में बनायी जाती है। इसमं ज्यामितिक रचनायें ही बनायी जाती है रंगोली मांडणो का थोड़ा आधुनिक रूप हैं।

अल्पना

रंगोली की तरह ही अल्पना बनाने के लिए डिजायन बनाये जाते है। इसके लिए सबसे पहले कक्षा में ब्लैक बोर्ड पर लिखी जाने वाली चाक से जमीन पर डिजायन बना लीजिये। फिर लकड़ी के सूखे बुरादे को एक बाल्टी में डालकर पानी छिड़कर उसे नम कर लीजिए। चार पाँच खली प्लेट लेकर नम बुरादे को बाल्टी में से निकालकर खाली प्लेटों में रख लीजिए। अब बुरादे पर सूखा रंग का पाउडर अच्छी तरह मिला लीजिए। आपका बुरादा रंगीन हो जायेगा। आपको जो भी रंग अच्छे लगते है उनका चुनाव आप पहले से ही कर लीजिए। उन्हें ही इस बुरादे में मिलाइये लेकिन ध्यान रहे कि

एक रंग का बुरादा दूसरे रंग के बुरादे से न मिले। अब आपने जो डिजायन प्रांगण में बनाया हैं, वहाँ आवश्यकतानुसार अलग–अलग रंग का लकड़ी का बुरादा भर दीजिये। विशेष रूप से ध्यान देने योग्य बात यह है कि बुरादे की सतह की मोटाई एक जैसी हो।

कुछ रंगोंली एवं अल्पना के चित्र आपकी पुस्तक में दिये जा रहे हैं। अपने विधालय में ऐसे अवसरों पर इन्हें बनाकर विधालय की शोभा बढ़ाइये।

पंतगी कागजो से सजावट करना

पंतग बनाने के लिए काम में आने वाले विभिन्न प्रकार के रंगो (हरा, पीला, बैंगनी, लाल, गुलाबी और नीला आदि) के कागज बाजार से लाइये और इन्हें त्रिकोण के आकार में काटकर एक लम्बी रस्सी (सुतली) पर लेई या गोंद से चिपकाइये। त्रध्यान रहे कि नुकीला हिस्सा झूलता रहे, दूसरी तरफ के किनारे चिपकाकर तैयार कर लीजिए। कुछ लम्बी–लम्बी कागज की तीन इंच चौड़ी पट्टियाँ काटकर रख लैं। फिर उन्हें एक बार चौड़ाई में मोंड़ ले और दो या तीन बार लम्बाई में मोंड़ लें। अब कैंची की सहायता से किनारो की तरफ से पास–पास लगभग इस इंच तक काटते जाइये। इस प्रकार काफी मात्रा में पट्टियाँ काटकर उन्हें वापिस खोलकर रख लें। दो डोर के गट्टे लें, उन्हीं पतली लेई के दो अगल–अलग बर्तनों में रखे। अब पंतगी कागजों को डोर पर चिपकाते जाये, सूखने पर टांग दे। इससे सजावट का कार्य सम्पन्न होगा। इसके अतिरिक्त पंतगों कागजों से झालर, खिलौने तथा अन्य वस्तुयें बनाकर भी सजावट की जा सकती है। वार्षिक प्रदर्शनी के आयोजनों में सामूहिक रूप से सहयोग देना।

आपने विभिन्न प्रकार के द्विआयामी चित्रों का चित्रण करना, मुक्तहस्त रेखांकन

द्वारा पशु–प[illegible], फूल–पत्तों, फलों एवं सब्जियों, मूर्त एवं अमूर्त आकारों का चित्रण एवं कॅलाज बनाना आदि पिछले अध्याय में सीखा है। इसके अतिरिक्त आपने सीनीय कलाकारों के काम करने के ढ़ग, संग्रहालय का भ्रमण, उसमें दीवार पर कितनी ऊँचाई पर किस प्रकार कलाकृतियों को लटकाया जाता है। ताकि वे आकर्षण लगे, को भी देखा हैं।

वार्षिक प्रदर्शनी

हम आपसे यहाँ वार्षिक प्रदर्शनी के बारे में करेंगे। अपने विधालयों के विद्यार्थियों द्वारा बनायी गयी कलाकृतियाँ, मॉडलों और चित्रों आदि को इकट्ठा कर लीजिये। अपने अध्यापक जी की सहायता से इनमें से अच्छी–अच्छी मौलिक कृतियों को छाँट लीजिए। इसके बाद अपने विधालय के किसी ऐसे बडें कमरे, पुस्तकालय अथवा किसी बड़े हाल का चुनाव कीजियें जिसमें अच्छी प्रकार दिन में प्रकाश आता हो यानि साफ–साफ दिखाई देता हो तथा धूल आदि न आती हों तो सफेदी कर लीजिये। इसके बाद उन सभी चित्रों को एक बराबर की ऊँचाई इतनी होनी चाहिए कि जब आप चित्र के पास सीधे खड़े हो तो चित्र के सीधे खडे हो तो चित्र सीधा आँखो के सामने हो, देखने के लिए दर्शक को गर्दन उठानी या झुकानी न पड़े। यदि विधालय में सफेद या ग्रे रंग का कपड़ा हो, जिसकी चौड़ाई कम से कम तीन फुट और पूरी दीवार के बराबर लम्बाई हो तो और भी अच्छा रहेगा। इसे दीवार पर कील चोबों की सहायता से चारों ओर लगा दीजिये। ध्यान रहे कि इसकी ऊँचाई फर्श से कम से कम तीन फुट होनी चाहिये तथा बीच में कोई सलवट नही होनी चाहिये।

सावधानियाँ

1. एक ही विषय के चित्र एक साथ न लगायें।
2. एक चित्र से दूसरे चित्र की दूरी कम से कम दो फुट होनी चाहिए।
3. प्रदर्शनी का प्रवेश एवं निकास अलग–अलग द्वारों से होना चाहिए।
4. एकदम कोने में किसी चित्र को नही लगाना चाहिए। दो–तीन फुट जगह छोड़कर चित्रों को लगाना चाहिए।
5. चित्र सीधा रहना चाहिए।
6. चित्रों को समझाने के लिए चित्र को बनाने वाले विधार्थी को दही रहना चाहिए।
7. चित्रों के बीच–बीच में मुखौटे लगाने चाहिए।
8. कमरे में पाँच–छँ फुट की दूरी पर टेबल रखकर उन पर चारों तरफ कपड़ा लगा दे। कपड़ा उपलब्ध न होने पर पंतगी कागज, कार्ड शीट या सफेद कागज लगाकर उस पर माडलों को रख दें।
9. कोई भी चित्रों और प्रदर्शित माडलों को छुए नही, इस बात का सभी को विशेष ध्यान रखना चाहिए।

10. हाल या कमरे में किसी प्रकार की गंदगी नही होनी चाहिए।

सहयोग – यदि वार्षिक प्रदर्शनी का आयोजन अकेला एक विधालय नही कर सके तो कई विधालयों को आपस में मिलकर सहयोग से यह आयोजन करना चाहिए। इससे वार्षिक प्रदर्शनी का कार्य भी अच्छी प्रकार सम्पन्न हो सकेगा और आपस में मेलजोल भी बढ़ेगा। मिट्टी के ठप्पे, सब्जी (आलू, बैंगन, भिण्डी आदि) के छापे

अनुप्रस्थ काटकर बनाना व छापना

कला के छात्रों के लिए किसी वस्तु की बाहरी बनावट केसी है या उसका स्परूप क्या है? इसका ज्ञान प्राप्त कर लेना ही पर्याप्त नही हैं बल्कि कला के छात्रों को इस संसार की वस्तुओं का बारीकी से अध्ययन और निरीक्षण करना चाहिए। वस्तुओं, मानकृतियों,

पेड़–पौधो, सब्जियों, फलों और फूलों आदि के बाहरी स्वरूप के अतिरिक्त इनकी आन्तरिक रचना का भी अध्ययन करना चाहिए। मानवकृति में शरीर की आन्तरिक इनकी रचना का भी अध्ययन करना चाहिए। मानवकृति में शरीर की आन्तरिक रचना और हड्डियों की बनावट आदि के बारे में जानकारी प्राप्त करे। पेड़–पौधों में पेड़ के तने की बनावट, उसके लगने वाले पत्ते, फूलों ओर पत्तियों के अनुप्रस्थ काटकर उनका अध्ययन कर उनका सरल रेखांकन करना चाहियें। छापे बनाकर छापकर भी देखना चाहिए। छापे बनाने के लिए विभिन्न प्रकार के फल एवं सब्जियों को अलग–अलग तरीके से काटना चाहिये और उनका अध्ययन करना चाहिय।

अनुप्रस्थ काट– किसी भी फल, सब्जी आदि को काटकर उसकी आन्तरिक रचना का अध्ययन करना या उसके छापे लेना ही अनुप्रस्थ काट कहलाता है। इसको अच्छी प्रकार समझने के लिए हम एक बड़ा से बैंगन ले। उसे चाकू की सहायता से दो बराबर भागों में काट लें। इस आन्तरिक भाग की बनावट बाहरी भाग से अलग होगी, यही अनुप्रस्थ काट है। अब इस अनुप्रस्थ काट को ध्यान से देखकर रेखाकिंत कीजिये।

इसका छापा बनाकर भी देखिये। छापने के लिये काटे गये बैंगन के अनुप्रस्थ काट कर सावधानीपूर्वक ब्रुश द्वारा रंग लगाइये। फिर उसे अपनी ड्राइंग कापी पर छाप लीजिये। देखिये बैंगन के अनुप्रस्थ का छापा। इसी प्रकार आप अन्य फलों, सब्जियों भिण्डी आदि के अनुप्रस्थ काटकर उनके छापे लेकर देखिये। शकरकंद, आलू अथवा ऐसी सब्जी का फल जिसमे अंद बीज न हो के अनुप्रस्थ काट का छापा लेगें तो उसमें कोई विशेषता दिखाई नही देगी। यदि हम आलू के अनुप्रस्थ काट का छापा लेंगे तो कागज पर सिर्फ सादा रंग ही नजर आयेगा। इसके लिए देखिये आलू के काट का छापा।

यदि आलू के अनुप्रस्थ काट पर हम ब्लेड, सुई सा चाकू से कुरेदकर कोई भी आकृति बना दे तो ये हमारा (ठप्पा) कहलाता है। अब इस ठप्पे पर रंग लगाकर

छापकर देखिये। यदि आलू के अनुप्रस्थ काट पर हम ब्लेड, सुई सा चाकू से कुरेदकर कोई भी आकृति बना दें तो ये हमारा (ठप्पा) कहलाता है। अब इस ठप्पे पर रंग लगाकर छापकर देखिये। आप देखेंगे कि आपने आलू को कुरेदकर जो आकृति तैयार की थी, छापने पर उसकी उल्टी आकृति कागज पर आती है इसके लिए आलू के ठप्पे का चित्र देखिये।

आलू की तरह ही आप मिट्टी के ठप्पे भी तैयार कर सकते है। मिट्टी के ठप्पे बनाने के लिए आपको चिकनी मिट्टी काम में लेनी होगी। चिकनी मिट्टी से अच्छे छापे बनाये जा सकते हैं।

बनाने की विधि– मिट्टी को अच्छी प्रकार मसल कर (ओसन कर) उसकी एक समतल आकार की पट्टी बना लेते हैं। इसमें हमें जो भी डिजाइन चाहियें, उन्हें उल्टे आकार में छापकर गहराई में खोद लेते है। इसके पश्चात् जिस रंग से हमें छापना होता है, वह रंग उस बने हुए ब्लाक पर लगाकर छाप लेते हैं।

त्रिआयामी रचनायें एवं मॉडलिंग/लक्षणात्मक अनुभव– त्रिआयामी रचनायें बनाने से पहले आपको यह समझ लेना आवश्यक है कि त्रिआयामी क्या है? त्रिआयामी का शाब्दिक अर्थ तीन आयाम है। कहने का तात्पर्य यह है कि किसी त्रिआयामी का अर्थ किसी वस्तु के उभार यानी उस वस्तुके ठोसपन से है। इन तीनों को ही चित्र मे दर्शाना त्रिआयामी भी कहलाता हैं। आपको चित्र में त्रिआयामी प्रभाव पैदा करने के लिए त्रिआयामी रचना करते समय वस्तु या रूप पर पड़ने वाले छाया व प्रकाश का ध्यान से अध्ययन कर, चित्र मे अंकित करना होगा।

वास्तव में कोई चित्र त्रिआयामी नही होते है। हम उनमें तो सिर्फ त्रिआयामी प्रभाव या त्रिआयामी होने का भ्रम पैदा करते है। वास्तव में चित्र को छोड़कर इस दृश्य जगत की सभी वस्तुये त्रिआयामी है। यथा– कुर्सी, टेबिल, मूर्ति, पेड़, बर्तन, मानव पशु–पक्षी, फूल, फल, पत्तियाँ, खिलौने, सब्जियाँ, टी.वी., फ्रिज आदि। इन सभी को हम छूकर देख सकते है। इनको सभी तरफ से ऊपर–नीचे, दाहिने–बायें, आगे–पीछे से इनके आकारों को देख सकते है। इनके ठोसपन को भी देख सकते हैं। उदाहरण के लिए यदि हम एक कुर्सी को ले और उसका हूबहू वैसा ही चित्र बनायें जैसी वह हमें दिखाई दे रही है, वैसा ही रंग भरें, वैसी ही छाया और प्रकाश दे, जैसी कुर्सी पर पड रही त्रिआयामी प्रभाव या त्रिआयामी होने का भ्रम ही पैदा कर पाते हैं। वास्तव में वह त्रिआयामी कुर्सी, जो हमारे सामन रखी हैं। उसे हम छूकर देख सकते है। उसे उठाकर उलट–पलट कर देख सकते है। उसे अन्दर की गहराई या ऊँचाई को हाथ डालकर देख सकते है और उसे नाप भी सकते हैं, जबकि चित्र में हम ऐसा नही कर सकते है। चित्र में हम सिर्फ भ्रम पैदा कर सकते है और उसे महसूस कर सकते है। विभिन्न चित्रों की सहायता से भली प्रकार समझा जा सकता है।

मॉडलिंग

आप घर पर और कक्षा में त्रिआयामी मॉडल की रचना कर सकते हैं। मिट्टी खिलौने बनाकर, गुब्बारे फुलाकर उन पर किसी पशु–पक्षी या मानव की आकृति के कागज काटकर, चिपकाकर मॉडल की रचना की जा सकती है। शेर, हाथी, बन्दर, हिरन, तोता, सूअर, कबूतर, मोर आदि के खिलौने बनाकर उन्हें रंगकर कठपुतली की तरह धागे से बाँधकर उन्हे नचा सकते हैं। अपने मित्रों के साथ मिलकर काई भी कहानी याद करके उसके संवाद बोलकर अभिनय भी कर सकते है। जैसे गड़रिया और भेड़िया, भेड़िया और मेमना, ब्राहम्ण और चीता, प्यासा कौआ, चालाक लौमड़ी, लालची कुत्ता आदि।

गुब्बारे से मॉडल बनाना

आवश्यक सामग्री– गुब्बारा, रंगीन काग, कापी के कागज या अखबार आवश्यकतानुसार एक गत्ता, कैंची, धागा, फेवीकोल, स्केच पैन, रंग ब्रुश आदि।

विधि– गुब्बारे का मॉडल बनाने के लिए सर्वप्रथम आप एक गुब्बारा लें। उसे फुलाकर मजबूत धागे से बाँध दे। इसके बाद अखबार या कॉपी को फाड़कर

छोटे–छोटे टुकडें कर ले। अब इन्हें भिगों–भिगो कर गुब्बारे पर लगाते जायें जब एक परत लग जाये तो दूसरी परत इसी प्रकार लगा दे। इसके बाद सादे कागज पर गोंद या फेवीकोल गलाकर गुब्बारे के चारों ओर चिपका दें। इस प्रकार कागज की तीन परत चिपकाने के बाद जिस रंग का हाथी आप बनाना चाहते हैं। उस रंग के कागज को गोंद या फेवीकोल लगाकर गुब्बारे पर चिपका दे। अब इसे सूखने दें। यह थोड़ी देर मे सूख जायेगा। सूख जाने पर कैंची की सहायता से गुब्बारे को दो बराबर भागों में बाँटकर काट ले। इस प्रकार आपक पास दो हाथियों के दो बाहरी आकार (धड़) प्राप्त हो गये। अब इसके किनारे–किनारे फेवीकोल लगाकर गत्ते पर आमने–सामने चिपका दें। अब आप हाथी की आँख बनाना चाहते हैं तो इसके लिए आँख की जगह गोल आकार में कागज काटकर चिपका दें। सूँड बनाने के लिए सूँड के आकार क कागज काटकर चिपका दे। अब

स्केच पैन व रंग और ब्रुश की सहायता से हाथी की पूँछ तथा अन्य अंग बना दे। अब आपका गुब्बारे की सहायता से हाथी का मॉडल तैयार है। इसी प्रकार आप इसके स्थान पर मोर, कबूतर, बगुला, सूअर, शेर, चीता, हरिण, भालू, गाय, भैस, बकरी, भेड़, ऊँट आदि के मॉडल बना सकते हैं।

यदि आप इन्हें नचाना चाहते हैं तो इन्हें बीच में से काटकर दो भागों में विभाजित मत कीजिये बल्कि गुब्बारे पर धागा चिपका दें और नचा–नचाकर छोटे–छोटे संवाद बोलकर अभिनय कीजियें। कागज की लुगदी से लोटे या कलश या छोटी मटकी के आधार पर मुखौटे बनाना, उन्हें रंगना, पहनना तथा विभिन्न मुद्रायें बनाना

अपने होली पर तरह–तरह के मुखौटे लगाये हुए बच्चों का देखा होगा। शायद आपने कभी–कभी मुखौटे लगाये होंगें कहीं–कहीं होली के अतिरिक्त अन्य

त्यौहारों पर भी मुखौटे लगाये जाते हैं। इन मुखौटों में विभिन्न प्रकार की मुद्रायें होती हैं। कोई हँसता हुआ कोई रोता हुआ, काई क्रोध वाला, कोई वीर पुरुष वाला, कोई देवता का और कोई राक्षस का मुखौटा होता है। बच्चों को आपने दशहरा और दीपावली पर भी राम, हनुमान, रावण, कुम्भकरण, मेघनाथ, शंकर जी,नारद जी आदि के मुखौटे लगाते हुए देखा होगा। रामलीला, रासलीला, नाटकों में पात्रों को भी मुखौटे लगाते हुए देखा होगा। अब आपके मन में यह प्रश्न उठना स्वाभाविक है कि जब दूसरे बच्चे मुखौट लगाते है, तो मै भी मुखौटा लगाऊँगा। जब आपके मन में मुखौटा लगाने की इच्छा जाग्रत हुई है तो स्वाभाविक है कि इसके बनाने के बाने में भी आप जानकारी करना चाहेंगे। आओ, इस अध्याय में हम आपको मुखौटा बनाना सिखाते है।

मुखौटा बनाने की सामग्री– हमारे जीवन में कागज का महत्वपूर्ण स्थान है। स्कूलो, दफ्तरों और आम जीवन के कार्यो में कागज का प्रतिदिन उपयोग होता है। घर में अखबार, पत्र–पत्रिकायें आती हैं, वे भी एक बार पढ़ने के बाद बेकार हो जाती है। जब एक कक्षा पास कर अगली कक्षा में जाते है तो हमारी कापी किताबें भी हमारे लिए बेकार हो जाती है। हम उन्हें या तो रद्दी के भाव बेच देते है या घर से बाहर फेंक देते है। हम इन्ही रद्दी कागजों से मुखौटे और फ्लावर पाट् आदि आसान और रोचक वस्तुओं का निर्माण कर सकते है। कागज के अतिरिक्त जिन वस्तुओं की आवश्यकता होती है उनमें एक गोलाकार बर्तन प्रमुख हैं। यह एक टीन का डिब्बा, बड़ा लोटा, कलश या मटकी कुछ भी हो सकता है। इसके अतिरिक्त गोंद, खड़िया, सुई, डोरा या रबर बैण्ड और पानी आदि की आवश्यकता होती हैं।

मुखौटे बनाने की विधि– मुखौटे बनाने के लिए रद्दी कागजों को एक बड़े भगौने, बाल्टी या मटके में भिगो देना चाहिये। गलने के बाद इसकी लुगदी कूट–कूटकर बना लें। लुगदी तैयार हो जाने पर एक गोलाकार बर्तन लें। कोई बड़ा टिन का डिब्बा, बड़ा लोटा, कलश या मटकी का उपयोग किया जा सकता है। इसके बाद तैयार लुगदी को उस बर्तन की सतह पर मुखौअे की बनावट के आधार पर लगाते जाइये। मुँह, ऑख, कान और नाक की जगह उसके आकार में जगह छोड़ते जाइये या एक बराबरा–बराबर मोटाई में अपने मुँह की लम्बाई, चौड़ाई में कागज की लुगदी को बर्तन पर लगा दीजिये।

इसके पश्चात् ऑख, नाक और मुँह वाली जगह पर उसी आकार में लुगदी को चाकू की सहायता से हटा दीजिये। अब इसे सूखने के लिए छोड़ दीजिये। सूख जाने के बाद विभिन्न आकर्षक हरे, लाल, गुलाब नीले, काले तथा सफेद रंगो द्वारा ब्रुश से उसे रंग दीजिये। अब उसे सूखने दीजिए और सूखने के बाद देखिये कि रंग अच्छी तरह मुखौटे पर चढ़ गया है अथवा नहीं। यदि रंग अच्छी प्रकार नहीं चमका है तो उसे फिर दुबारा आवश्यकतानुसार रंग दीजिये और सूखने दीजिये। सूखने के बाद इसके किनारों पर सुई से छेद कीजिये और मोटा धागा या रबर बैण्ड बॉधिये। अब आपका मुखौटा पहनने के लिए तैयार है, इसे पहन कर आनन्द लीजिये। इस प्रकार आप तरह–तरह के मुखौटे तैयार कर सकते हैं।

अपनी कक्षा के सभी विद्यार्थियों के साथ मिलकर मुखौटे तैयार करें और मुखौटे पहन कर अपने साथियों के साथ रामलीला तथा अन्य नाटकों का अभिनय करें। लुगदी या कुट्टी से बनाने के विधि हम आपको अगले अध्याय में बता रहे हैं। उसी प्रकार लुगदी या कुट्टी तैयार करें।

अनुपयोगी वस्तुओं से विभिन्न प्रकार की कृतियों का निर्माण

आपके घर में अनेकों प्रकार की अनुपयोगी वस्तुएँ होती है। जैसे सुराही, पाउडर के खाली डिब्बे, पुराने कॉच और प्लास्टिक की चूड़ियॉ, टूटे खिलौने, खाली शीशियॉ, कॉच के टुकड़े, रंगीन रेत, लकड़ी का बुरादा, पाउडर के रंग आदि। इन वस्तुओं को या तो आप घर से बाहर फेंक देते हैं या उन्हें इकट्ठा करके ऐसे स्थान पर रख देते हैं, जहॉ पड़ी–पड़ी धपू, पानी या हवा से खराब होती रहती हैं। यदि आप चाहें तो इन अनुपयोगी वस्तुओं से उपयोगी एवम् खूबसूरत वस्तुओं का निर्माण कर सकते हैं इन्हीं अनुपयोगी वस्तुओं से बनायी जाने वाली कुछ वस्तुओं के निर्माण का तरीका आपको हम यहॉ बता रहे हैं।

गुलदस्ता बनाना

यदि आप चाहते हैं कि कोई सुन्दर या गुलदस्ता बनायें तो आइये इन्हीं अनुपयोगी वस्तुओं से गुलदस्ता बनाना प्रारम्भ करें। सर्वप्रथम गुलदस्ता बनाने के लिए आप सुराही लें। उस पर पैन या स्कैच पैन द्वारा अपना मनपसंद सुन्दर सा डिजायन बनायें। अब लकड़ी का सूखा बुरादा लेकर एक बाल्टी में डालिए और पानी छिड़ककर उसे गीला कर लीजिए फिर उस पर कपड़ा रंगने वाले सूखे रंग छिड़ककर अच्छी तरह मिला लें या पहले रंग को आवश्यकतानुसार पानी में घोलकर

फिर बुरादें में मिला दें। इन दोनों में से जो भी तरीका आप चाहें काम में ले सकते हैं। अब आपने जो डिजायन सुराही पर बनाया है, उस पर कॉच के टुकड़ों, रंगीन चूड़ियों के टुकड़ों को उसी आकार में प्लास द्वारा धीरे-धीरे तोड़कर फैवीकोल द्वारा चिपकाते जाइये। जिस स्थान पर आप लकड़ी का बुरादा या रेत लगाना चाहते हैं, उस स्थान पर पहले आप फैवीकोल थोड़ा पतला करके ब्रुश द्वारा लगा दीजिए। फिर सूखी मिट्टी या लकड़ी का बुरादा उस पर अच्छी तरह लगा दीजिए। जब सूख जाये तो उसे झड़कार लीजिए। यदि आप इस बुरादे को या मिट्टी को रंगीन करना चाहते हैं या कोई डिजायन बनाना चाहते हैं तो ब्रुश द्वारा पोस्टर कलर का उपयोग कर सकते हैं। आपका खूबसूरत गुलदस्ता बनकर तैयार है।

इस खूबसूरत गुलदस्ते को आप अपने कमरे में रखकर घर की शोभा बढ़ाइये। सुराही के स्थान पर आप छोटी-छोटी मटकियॉ, लोटे, गिलास, टेलकम पाउडर के डिब्बे और अन्य इसी प्रकार की वस्तुओं का उपयोग कर सकते हैं। लकड़ी के बुरादे के स्थान पर रेत का भी उपयोग किया जा सकता है।

खिलौने बनाना

गुलदस्ते की तरह ही आप इन अनुपयोगी वस्तुओं से अपनी पसन्द के खिलौने बना सकते हैं। खिलौने बनाने के लिए आपको चिकनी मिट्टी, कागज की लुगदी और छोटे कपड़ों की कतरन की आवश्यकता होगी। सबसे पहले हम चिकनी मिट्टी से खिलौना बनाने का तरीका आपको समझाते हैं।

चिकने मिट्टी से खिलौना बनाने का तरीका

आवश्यक सामग्री- चिकनी मिट्टी, सॉचा, पानी, कॉच के टुकड़े, रंगीन चूड़ियों के टुकड़े, फैवीकोल, स्केच पैन आदि।

बनाने के विधि- मिट्टी का खिलौना बनाने के लिए हमें चिकनी मिट्टी की आवश्यकता होती है। किसी बर्तन में थोड़ी सी चिकनी मिट्टी लेकर और उसमें थोड़ा सा पानी

डालकर मिट्टी को अच्छी प्रकार मॉड़ते हैं ताकि उसमें लोच अच्छी तरह बन जाये। मिट्टी को माड़ने से पूर्व उसमें से अच्छी प्रकार से बीन करके कंकड़ो को निकाल देना चाहिए। कंकड़ रह जाने पर खिलौना बनाने में परेशानी होगी और अच्छा खिलौना नहीं बनेगा।

हम यहाँ चिकनी मिट्टी से मोर बनाने का तरीका बता रहे हैं इसके लिए हम सर्वप्रथम चिकनी मिट्टी से मोर की आकृति सॉचें से बनाते हैं। मोर की आकृति बनाते समय ही एक मोटा धागा भी लटकाने के लिए इस आकृति में फिटकर देते हैं और उसे कड़ा कर देते हैं। अब मोर को सूखने देते है। सूखने के बाद स्केच पैन से मोर की ऑखें, पंख, पूँछ और शरीर के अन्य भागों का रेखांकन कर देते हैं। इसके पश्चात् प्लास से धीरे–धीरे तोड़–तोड़कर कॉच के टुकड़ों और चूड़ियों के टुकड़ों को फेवीकोल से चिपकाते हैं। सूखने पर साफ कपड़े से पोंछ लेते हैं। लीजिए आपका मनपसन्द मोर तैयार है।

यदि आप अधिक मजबूत खिलौना बनाना चाहते हैं तो मिट्टी मॉड़ते समय उसमें थोड़ी सी रूई मिला दें। इससे आपका खिलौना मजबूत बनेगा। मिट्टी से ठोस व पोले दोनों प्रकार के खिलौने बनाये जा सकते हैं। कागज की लुगदी या **कुट्टी से** खिलौने बनाना लुगदी से खिलौना बनाने में जिस सामग्री की हमें आवश्यकता **होती है,** वह कागज, खड़िया, गोंद, सेलम खड़िया, लाख के दाने, सुहागा, मुलायम **कपड़ा,** पतला व मोटा तार, विभिन्न प्रकार के रंग, वार्निश, तारपीन का तेल, सोप स्टोन पाउडर। कुट्टी या लुगदी से खिलौना बनाने से पूर्व कुट्टी तैयार करने का तरीका सीखना अत्यन्त आवश्यक है।

कुट्टी तैयार करने की विधि–घटिया रद्दी कागजों को लेकर 2–3 दिन पानी में भिगोते हैं। इसके पश्चात् उसे 1 घण्टे पानी में उबालकर ठण्डा कर लेते हैं। अब सेलक खड़िया मिट्टी लेकर कूट पीसकर बारीक छलनी से छानकर उपरोक्त रद्दी में मिला देते हैं। दोनों पदार्थो को लकड़ी के हथौड़े से कूट–कूटकर मिश्रण बना लेते हैं। कूटते समय गोंद का पानी भी बीच–बीच में डालते जाते हैं, अब कुट्टी तैयार है।

खिलौना बनाना– कुट्टी का लोआ लेकर चकला–बेलन की सहायता से एक समतल रोटी का आकार बनाया जाता है। सॉचे के अन्दर वाले भाग में सोप स्टोन की पोटरी से हल्का–हल्का छिड़काव कर देते हैं। अब रोटी को सॉचे में हल्का–हल्का दबाते हैं। आवश्यकता से अधिक बाहर, निकलती हुई कुट्टी को सॉचे के किनारों पर लगा रहने देते हैं तथा इस पर पानी लगाकर सॉचे के दोनों पलड़ों को मिला देते हैं। इससे बाहर निकली हुई कुट्टी की चाकू से सफाई कर देते हैं। इसके बाद खिलौने की हाथ से सफाई करके सूखने के लिए रख देते हैं।

ग्लेज बनाना– ग्लेज वह पदार्थ है, जिसको किसी वस्तु पर लगाने से उसकी सतह चिकनी हो जाती है तथा चमकदार भी हो जाती है। एक किलो

सफेद बढ़िया खड़िया लेकर उसमें 10–15 ग्राम बबूल या ढाक का गोंद मिला कर पानी का छिड़काव कर देते हैं तथा गीला होने पर लकड़ी की हथोड़ी से खूब कुटाई करते हैं। यह कुटाई तब तक करते रहनाचाहिए जब तक कि खड़िया रबर के समान लचीला न बन जाये। अब इसे इतने पानी में घोलें कि वह मोम के समान गाढ़ा दूध सा बन जाय। इसे बर्तन में पड़ा रहने दें। 24 घंटे बाद इसे निथार लें। ऊपर की ओर जो चिकना घोल खिलौना से प्राप्त होता है, यही ग्लेज है।

खिलौने पर ग्लेज चढ़ाना– खिलौनों को तली से पकड़ कर ग्लेज में एक डुबकी लगा दें तथा उसे सूखने के लिए धूप में रख दें। यह कोट सूख जाये तब दुबारा ग्लेज चढ़ाने के लिए उसे पुनः ग्लेज में डुबोकर निकाल लें तथा सूखने के रख दें। यदि दो कोट पर भी अच्छा ग्लेज न चढ़े तो तीसरा कोटा और चढ़ावें। कोट का तात्पर्य आवरण से है। पूरी तरह सूखने पर मुलायम कपड़े से रगड़ कर पोंछ लें। इससे चमक आ जायेगी।

लाख का पानी बनाना– 750 ग्राम पानी में 250 ग्राम सुहागा मिलाकर उबाल लें तथा इसी उबाल में 500 ग्राम लाख मिला लें। इस तब तक गरम करें तब तक कि वह अच्छी प्रकार घुल न जायें। इस घोल को बारीक कपड़े में छानकर बोतल में भर लें। यदि घोल को रंगीन करना हो तो कपड़े रंगने के रंग इसमें मिला दें।

लाख का पानी चढ़ाना– लाख का पानी चढ़ाकर कुट्टी के खिलौनों पर चमक लाई जाती है। रंगीन पानी बनाकर ब्रुश की सहायता से खिलौनों को रंगीन बनाया जा सकता है।

कुट्टी के खिलौने बनाने में हमें कुछ सावधानियां रखनी चाहिए, जो निम्न हैं–

(1) कागज घटिया किस्म का होना चाहिए।

(2) कुट्टी की रोटी एक समान बनाये तथा खिलौने के सॉंचे में एक समान दबायें।

(3) खड़िया बढ़िया किस्म की लें ताकि कुट्टी बढ़िया बने।

(4) रोटी दबाने से पूर्व सॉचे में हल्का–हल्का सोप स्टोन पाउडर डालना न भूलें।

(5) ग्लेज अच्छा बनाना चाहिए। ताकि खिलौना अधिक चिकना बन सके।

बेकार कपड़ो से खिलौना बनाना– आपके घर में जो कपड़े बेकार पड़े हो, उनमें से एक बड़ा कपड़ा लें और मनपंसद आकृति का खिलौना सुई डोरा की मदद से बना लें। खिलौने के अन्दर खराब पड़े हुए छोटे–छोटे कपड़े को भर दें। इससे खिलौना सही आकृति में आ जायेगा। अगर आप इसे टॉगना चाहते हैं तो एक मजबूत डोरा भी टॉगने के लिए खिलौना बनाते समय ही फिट कर दें।

खिलौना बनाने के लिए आप किसी भी रंग का कपड़ा काम में ले सकते हैं। अब बनी हुई आकृति पर स्केच पेन रो कान, नाक, ऑख तथा अन्य अंगो को अंकित कर दें, आपका खिलौना तैयार है। इस प्रकार आप तोता, कबूतर, मोर, मुर्गा, बतख, उल्लू आदि खिलौना बना सकते है।

भित्ति–चित्रण (चित्रात्मक तथा तक्षणात्मक)

भित्ति–चित्रण अनेकों विधियों से द्वारा किया जाता है। भित्ति–चित्रण की कुछ विधियां तो लुप्त हो चुकी हैं तथा कुछ लुप्त होती जा रही हैं। वर्तमान समय में कुछ ही विधियॉ ऐसी हैं, जिनके द्वारा भित्ति–चित्रण किया जाता है। राजस्थान में सीकर, फतेहपुर, शेखावटी, लक्ष्मणगढ़ शेखावटी, रामगढ़ शेखावटी, चूरू, मंडावा, जैसलमेर, झुँझुनु आदि स्थानों की हवेलियों के अलावा जयपुर, जोधपुर, कोटा, बूँदी, अलवर, डीग, उदयपुर आदि के महलों, मन्दिरों एवम् पुरानी हवेलियों में उत्तमकोटि का भित्ति–चित्रण दिखाई देता है।

यहाँ हम आपको भित्ति–चित्रण की सामान्य जानकारी दे रहे हैं। सबसे पहले हम आपको भित्ति–चित्रण की वह विधि बता रहे हैं, जो सर्वसुलभ है और दैनिक जीवन में उसका प्रयोग होता रहता है। यह सबसे आसान विधि है। घरों में हम अपनी मॉ या दादी को यह चित्रण करते हुए अपनी ऑखों से देख सकते हैं। इसके लिए सबसे पहले जहाँ हमें चित्रण करना है, उसी दीवार पर कली (चूने का सफेद रंग) जो घरों में सफेदी करने के काम आता है, कर देते हैं, यानी दीवार पर सफेदी पोत देते हैं। अब उस दीवार पर जो भी आकृति या दृश्य हम बनाना चाहते हैं, उसका रेखांकन कर देते हैं। चित्रण करने के लिए ब्रुश या बॉस की कूँची का प्रयोग करते हैं। बॉस की नली को ब्रुश की तरह छीलकर बना लेते हैं और उसके सिरे पर रूई अथवा कपड़ा मजबूत धागे से बॉध लेते हैं। अब अलग–अलग छोटे–छोटे मिट्टी के प्यालों में गेरू, हिरमिच तथा अन्य देशी और चूने के रंग घोल लेते हैं।

अब चित्र में मनपसन्द रंग ब्रुश या कूँची की सहायता से भरते जाते हैं और चित्र तैयार हो जाता है। यह चित्रण प्रायः आपको दीपावली पर लक्ष्मी पूजन वाले स्थान पर दिखाई देता है। कहीं--कहीं दीपावली के अतिरिक्त अन्य त्यौहारों तथा विवाह आदि के अवसर पर पूजा के स्थान पर एवं घर के बाहर दीवारों पर हम अनेक प्रकार के चित्र बनाते हैं। विवाह आदि के शुभ अवसरों पर जब अधिक भित्ति–चित्रण की आवश्यकता होती है, उस समय हम इस चित्रण को दूसरों से कराते हैं इसके लिए जिस दीवार पर हमें चित्रण करना होता है, उसके पहले अच्छी प्रकार साफ करते हैं। इसके पश्चात् उस पर सफेदी (कली) कराते हैं। इसके बाद दीवार पर जो चित्र बनाना चाहते हैं, उसका रेखांकन कराते हैं। फिर देशी मिट्टी या चूने के रंगो को पानी में घोलकर उसमें सरेस अथवा गोंद डाल

देते हैं। सरेस डालते समय सरेस को गर्म करना न भूलें। अब ब्रुश, मून्ज की बनी कूँची, बॉस से बनी कूँची आदि की सहायता से बने हुए चित्र में रंग भरे जाते हैं और चित्रों को तैयार कर लेते हैं।

ये चित्रण हमारी लोक कथाओं के श्रेष्ठ उदाहरण हैं। हमारी मॉ अथवा दादी द्वारा बनाये चित्रों तथा ऐसे चित्रांकन में विशेष अन्तर नहीं होता है।

आयल कलर द्वारा भित्ति–चित्रण– आयल कलर एवं पोस्टर कलर द्वारा भी भित्ति–चित्रण किया जाता है। इसके लिए सबसे पहले दीवार को पूरी तरह साफ करके सपाट कर लिया जाता है। आवश्यकता होने पर रेगमाल का भी उपयोग किया जा सकता है। फिर सफेद रंग करके मनपसन्द आकृति का चित्रण किया जाता है। इसके बाद आवश्यकतानुसार रंगो को भरकर चित्र को पूरा किया जाता है। सूखने के बाद चित्र के ऊपर वारनिश कर देते हैं। ऐसे चित्रों पर पानी का कोई प्रभाव नहीं पड़ता है और चित्र खराब नहीं होता है।

तक्षण

तक्षण का अर्थ खोदना, कुरेदना और खुरचना है। हम पत्थर पर खुरचकर, खोदकर या कुरेदकर जो भी आकृति, चित्र या स्वरूप बनाते हैं या पत्थर को गढ़कर किसी मूर्ति का निर्माण करते हैं, उसे हम तक्षण कहते हैं। तक्षण का प्रयोग भित्ति–चित्रों में भी किया जाता है। तक्षण का प्रयोग पत्थर के अलावा लकड़ी एवं अन्य धातुअइों पर भी किया जाता है। प्राचीन काल से आदि मानव ने गुफाओं में पत्थर की बड़ी–बड़ी शिलाओं पर किसी नुकीले पत्थर द्वारा खरोंच–खरोंच कर गुफा चित्रों में वनस्पति रंगो का भी प्रयोग किया था। प्रागैतिहासिक काल के गुफा चित्र इसके श्रेष्ठ उदाहरण हैं। आप भी पत्थर की दीवार को खुरच करके अपनी मनपसन्द आकृति बनाकर उसमें रंग भर सकते हैं।

संझा (सांझी)

हमारें गॉवों में अनेक त्यौहारों आदि पर घरों में हमारी बड़ी बहनें, दादी, मॉ आदि रंगोली, सांझी या संझा बनाती हैं। संझा या सांझी बनाने के लिए गोबर काम में लिया जाता है। गोबर को दीवार पर पोतते नहीं हैं। गोबर से दीवार पर संझाा की आकृति बनाते हैं। संझा की आकृति की रेखाओं पर गोबर को हाथों द्वारा मोटाई में लाइन के ऊपर–ऊपर लगा दिया जाता है। फिर इस पर लाल व सफेद टीका, रोली तथा अबीर से लगा दिया जाता है फिर शाम को इसकी पूजा की जाती है। यह संझा स्थायी नहीं होती है। जैसे ही गोबर सूखता है, धीरे–धीरे अपने आप गिरने लगता है। अधिकांश स्थानों पर क्वार के महीने में इसे लगाया जाता है।

विद्यालयी आयोजनों के अवसर पर प्रांगण व मंच की सजावट हेतु अल्पनाओं का बनाना तथा रंगीन कागजों के कलात्मक एवं ज्यामितीय अलंकार काटकर समारोह

स्थल की सजावट करना। हमारे जीवन में त्योहारों व पर्वो व पर्वो का विशेष महत्त्व है। त्यौहार व पर्व हमारे सामाजिक एवं सांस्कृतिक जीवन में नई स्फूर्ति एवं नवीन प्रेरणा का सृजन करते हैं। त्यौहार व पर्व जिस प्रकार सामाजिक एवं सांस्कृतिक जीवन के महत्वपूर्ण अंग हैं उसी प्रकार विद्यालयों में भी पर्वो का आयोजन किया जाता है। विद्यालयों में धार्मिक त्यौहार जैसे जन्माष्ठमी, रामनवमी आदि मनाते हैं, उसी प्रकार विद्धानों की जयन्तियॉ

भी मनाई जाती है। स्वतन्त्रता दिवस, गणतन्त्र दिवस, विद्यालय का वार्षिक उत्सव या अन्य समारोह मनाये जाते हैं। विद्यालय की अन्तिम कक्षा के छात्रों एवं किसी शिक्षक के स्थानान्तरण होने पर विदाई समारोह मनाया जाता हैं। विद्यालय में पर्वो का आयोजन केवल मात्र प्रदर्शन नहीं है अपितु उसके पीछे कई उद्धेश्य होते हैं। छात्रों में नवीन उत्साह, श्रम के प्रति निष्ठा, सामाजिक व्यवहार, उत्सव मनाने में व्यवस्था करना, शिष्टाचार आदि का भी परीक्षण किया जा सकता है। इस प्रकार के कार्यो में भाग लेना भी शिक्षा का महत्वपूर्ण अंग है।

विद्यालय में आयोजित पर्वो पर प्रायः बाहर के व्यक्तियों को आमन्त्रित किया जाता है। इस अवसर पर विद्यालय प्रांगण की सजावट व विद्यालय की सफाई तथा सजावट व्यवस्था पर विशेष बल दिया जाता है ताकि आने वाले व्यक्तियों पर विद्यालयी बालकों के व्यवहार व उनकी कार्य कुशलता का अच्छा प्रभाव पड़ सके।

विद्यालय प्रांगण की सजावट– पर्वो पर हम सर्वप्रथम विद्यालय प्रांगण की सजावट पर विशेष ध्यान देते हैं। विद्यालय के बाहर के मुख्य द्वार तो पतंगी कागजों की रंग–बिरंगी मालाओं से सजा देते हैं। कभी–कभी हरे अशोक के पत्तें की बन्दनवारों से व फूलों के गमलों से सजाते हैं, परन्तु प्रांगण की सजावट के लिये हम विशेष प्रकार के अल्पनायें बनाते हैं। हमारे घरों में भी हम मांगलिक अवसरों पर अल्पनायें बनाते हैं।

अल्पनायें कई प्रकार की होती है। कुछ वृत्ताकार, आयताकार व त्रिभुजाकार। अल्पनायें बनाकर इन्हें खड़िया, मिट्टी सूखे रंग, रंगीन आटे, रंगीन बजरी, रंग–बिरंगे चिप्स के टुकड़ों तथा रंगीन कागजों से सजाते हैं। आप अपने विद्यालय के पर्वो पर उदाहरण में दी जा रही जैसी अनेक प्रकार की अल्पनाएं बना सकते हैं। इसके अलावा भी सजावट के अन्य तरीके भी काम में लिये जा सकते हैं–

(1) किसी भी इकाई की बार–बार आवृत्ति करके। जैसे –

(2) इकाईयों को समान दूरी पर ऊपर–नीचे रखकर। जैसे–

(3) इकाईयों को विपरीत दिशा में रखकर। जैसे–

(4) इकाईयों को एक–दूसरे में फॅसा कर।

आपने चित्रकला में द्विआयामी चित्र संयोजन के बारे में पढ़ा है। आप जानते हैं कि द्विआयामी चित्र में लम्बाई व चौढ़ाई स्पष्ट रूप से दिखई देती है लेकिन

कभी–कभी कुछ चित्र ऐसे भी होते हैं जिनमें लम्बाई और चौढ़ाई के साथ–साथ में गोलाई,मोटाई या गहराई का प्रदर्शन करना विशेषकर कठिन होता है । द्विआयामी चित्रतल पर त्रिआयामी प्रभाव डालने के लिए छाया या रंग का प्रभाव दिखाया जाता है । त्रिआयामी चित्र वास्तविक नहीं होता । यह केवल काल्पनिक ही होता है ।

त्रिआयामी–जिस वस्तु की लम्बाई,मोटाई व गहराई नजर आवये उसको त्रिआयामी चित्रण कहते हैं। द्विआयामी धरातल पर त्रिआयामी आकृति का बनाना कोई आसान काम नहीं है क्यों कि त्रिआयामी में तीसरा रूप काल्पनिक होगा । वास्तविक नहीं हो सकता ।

त्रिआयामी में छाया प्रकाश का अधिक महत्व रहता है । चित्रपट केवल द्विआयामी होता है, उस पर त्रिआयामी आकृति को दिखाने के लिए कलाकार को छाया प्रकाश का उपयोग करना होगा । छाया प्रकाश रंग की तान के द्वारा ही दर्शाया जा सकता है । हल्की रंगत के पास अगर गहरी रंगत लगा दी जावे तो उसमें उभार आ जायेगा ।

त्रिआयामी चित्रण में पशु–पक्षी, मनुष्य की आकृति के चित्र तथा गोलाकार, गहरी,मोटी, वस्तुओं का प्रदर्शन किया जाता है । नीचे त्रिआयामी चित्र दिये जा रहे हैं। इन्हें देखकर आप बनाने का अभ्यास करें तथा आवश्यकतानुसार रंगों का प्रयोग करके इनकी सुन्दरता में वृद्वि कीजिये ।

मॉडलिंग–कला के विभिन्न रूप होते है। कुछ कला चित्र के माध्यम से प्रदर्शित करते हैं तथा उन्हीं चित्रों को कभी–कभी हम मिटटी, पेपर मेशी आदि के मॉडल बनाकर भी प्रदर्शित करते हैं । उदाहरण के तौर पर त्रिआयामी चित्र में हमने फलों के चित्र बनाये तथा पशु–पक्षियों की आकृतियॉ बनाईं। अब विभिन्न प्रकार के फल, पशुव पक्षियों के मॉडल भी हम बना सकते हैं। मॉडल के बनाने के लिए विशेष प्रकार की मिटटी, पेपर मेशी प्लास्रूटर ऑफ पेरिस आदि को काम में लिया जा सकता है। मॉडलिंग में हम मिटटी के चेहरे जिन्हें हम मुखौटे कहते हैं, भी बना सकते हैं । पेपर मेशी से विभिन्न प्रकार की कठपुतलियॉ बनाकर उन पर रंग करके विभन्न प्रकार के वस्त्रों से सजाकर सुन्दर मॉडल बना देते हैं। बालिकायें विभ्न्नि प्रकार की गुड़ियाएँ बनाकर उन्हें अच्छे कपड़ों से सजाकर सुन्दर मॉडल तैयार कर सकती हैं। नीचे मॉडलों के उदाहरण दिये जा रहे हैं।

तक्षण– तक्षण कला चित्रकला की तरह कला का ही एक भाग है। आपने बहुत सी मूर्तियॉ देखी होगी या सड़को के किनारे पत्थर देखे होंगे। जिन पर रास्तों के नाम आदि खुदे रहते हैं। इसी प्रकार कई दुकानों पर या कई भवनों की दीवारों पर बहुत सी चीजें दिखाई देती हैं। तक्षण कला बहुत प्राचीन समय से चली आ रही है।सिन्धु घाटी की सभ्यता में प्राप्त बर्तनों पर विभिन्न प्रकार के चित्रों का तक्षण किया हुआ है। आज भी बाजार में पीतल की बनी हुई वस्तुओं पर या सोने,

चॉदी के जेवरों पर विभिन्न प्रकार के तक्षण कार्य तक्षण कला के जीते जागते नमूने हैं।

तक्षण कला में लकड़ी, पत्थर, साबुन, प्लास्टिक आदि पर विभिन्न प्रकार के चित्र बनाकर चाकू की सहायता से खोदा जाता है। इसके बाद इस पर सफाई करके इसको रंग कर दिया जाता है। पत्थर की मूर्ति तक्षण कला की ही प्रतीक हैं।

तक्षण कला के विभिन्न नमूने–

1. साबुन पर तक्षण काय 2.प्लास्टिक पर तक्षण कार्य 3. पत्थर पर तक्षण कार्य 4. बर्तनों पर तक्षण कार्य

नाटक कला में मखौटों का बड़ा महत्व है। नाटकीय रंगमंच पर कई पात्र इस प्रकार के होते हैं जिन्हें साधारण मानव अपनी आकृति व वेशभूषा में प्रभावोत्पादक ढंग से प्रकट नहीं कर सकता है। वैसे मनोरंजन के तौर पर छोटे बच्चों को हम मुखौटे लगाकर प्रसन्न करते रहते हैं। मुखौटे से व्यक्ति जैसा भी चाहे अपना प्रदर्शन कर सकता है। उदाहरण के तौर पर यदि राक्षस का मुखौटा अपने मुॅह पर लगा लिया तो व्यक्ति राक्षस जैसा प्रतीत होता है और शेर का मुखौटा लगा लिया तो रंगमंच पर वह शेर की तरह अभिनय करता है। ये मुखौटे पहन कर बालक विभिन्न प्रकार की वेशभूषा बनाकर खेल करते हैं और बाल सुलभ क्रीड़ाओं से दर्शक का मन मोह लेते हैं।

मुखौटों का निर्माण–मुखौटे कई प्रकार की वस्तुओं के बनाये जाते हैं। इनमें से कुछ उदाहरण नीचे दिये जा रहे हैं–

1. कागजी मुखौटे– यह मुखौटे मोटे कागज के या गत्ते के बनाये जाते हैं। इस प्रकार कलाकार विभिन्न प्रकार के रंग करके और आकृतियॉ बनाकर प्रदर्शित करता है। यह मुखौटे ज्यादा लाभदायक नहीं है क्योंकि कागज के बने होने के कारण बच्चे इन्हें जल्दी ही फाड़ देते हैं या पानी लग जाने से ये नष्ट हो जाते हैं।

2. मिृटी–कुट्टी के मुखौटे– मिृटी–कुट्टी के भी मुखौटे बनाये जाते हैं। जिन पर कलाकार प्लास्टर ऑफ पेरिस की परत चढ़ा देते हैं जिससे यह मुखौटे और भी सुन्दर बन जाते हैं। यह मुखौटे विशेषकर सॉचों में ही बनाये जाते हैं। कलाकार के पास विभिन्न प्रकार के मुखौटों के अलग–अलग सॉचे होते हैं। रंग करने पर ये मुखोटे बहुत सुन्दर और टिकाऊ होते हैं। यह आसानी से टूटते भी नहीं और पानी लगने पर खराब भी नहीं होते। कुछ विशेष प्रकार के मुखौटों के नमूने नीचे दिये जा रहे हैं।

3. स्वर व प्लास्टिक के मुखौटे– आज का युग वैज्ञानिक युग है। इसे प्लास्टिक युग कहना भी अतिश्योक्ति नहीं होगी। आज के युग में अधिकतर वस्तुये प्लास्टिक की बनाई जाती है। कलाकार भी रबर व प्लास्टिक के मुखौटे बनाकर

बाजार में बचने लग गये हैं। रबर व प्लास्टिक के बने मुखौटे अधिक टिकाऊ

होते हैं। यदि इन पर अच्छा रंग कर दिया जाता है तो ये काफी समय तक खराब नहीं होते।

मुखौटों का महत्व

(1) मुखौटे नाटक में पात्रानुसार अभिनय करने के लिये आवश्यक हैं।

(2) मुखौटे लगाने से दर्शक के दिल पर पात्र की वास्तविक रूपरेखा का प्रभाव पड़ता है।

(3) मुखौटे बालकों के मनोरंजन के लिये भी आवश्यक है।

(4) कठपुतली की तरह मुखौटे लोक कथाओं के प्रदर्शन में भी आवश्यक उपकरण समझे जाते हैं। इस प्रकार यह कहा जा सकता है कि मुखौटों का भी कला के क्षेत्र में अपना महत्व है। रंगमंच पर आज भी मुखौटे पहनकर अनेक के खेल दिखाये जाते हैं। टी.वी. पर विद्यालयों में, समारोहों में, मेलों में, मुखौटे पहनकर कलाकार अपनी कलाओं का प्रदर्शन करते हैं। मुखौटे पहनकर कलाओं का प्रदर्शन करना हमारी लोक संस्कृति का सर्वोत्तम प्रदर्शन है। मनोरंजन के सस्ते साधनों के होते हुए भी इनके पीछे सांस्कृतिक, धार्मिक व भावात्मक सहृयता के तत्व विद्यमान हैं।

❑❑❑

अध्याय-6

घरेलू उपयोगी सामग्री का निर्माण

शर्बत, अचार, एवं जैली का निर्माण

निम्नलिखित वस्तुओं का निर्माण करना

(i) शर्बत एवं टमाटर साँस

(ii) अचार एवं मुरब्बा

(iii) फलों का जैम एवं जैली आदि।

स्फूर्तिदायक पेय

हमारी त्वचा में स्वेद ग्रन्थियाँ पाई जाती है जो पसीने के रूप में जल व अपशिष्ट पदार्थों को बाहर निकालती है। ग्रीष्म ऋतु में शरीर से पसीना अधिक मात्रा में बाहर निकलता है, अतः हमें जल एवं शीतल पेय की आपश्यकता अधिक महसूस होती है।

फल एवं सब्जियों से बने पेय पदार्थ शरीर में जल, विटामिन व लवणों को भी आपूर्ति करते हैं। घर पर बने पेय पदार्थ शुद्ध किफायती एवं स्वास्थ्य की दृष्टि से उत्तम होते हैं।

स्क्वैश-

नींबू, सन्तरा, आम, अंगू, अनार मौसमी आदि फलों के रस का प्रयोग कर स्वादिष्ट स्क्वैश बनाया जाता है। स्क्वैश बनाने के लिए चयन किए गए फल अच्छी किस्म के ताजे व रसदार होने चाहिए। इसके रंग, सुगन्ध और स्वाद को अधिक अच्छा बनाने के लिए फलों का **एसेन्स तथा** भोज्य पदार्थों में डालने योग्य रंगों का उपयोग किया जाता है। परिरक्षक पदार्थों का **उपयोग** कर इन्हें लम्बी अवधि तक संरक्षित रखा जा सकता है।

विविध शर्बत बनाना—

पेय पदार्थों का उपयोग मानव की स्वाभाविक वृत्ति है। वह ऋतु के अनुसार स्वपान तथा आतिथ्य के लिए पेय पदार्थों का उपयोग कर ता है। सर्दी के मौसम में गर्म और गर्मी के मौसम दिनों में शीतल पेय पदार्थों का उपयोग किया जाता है। विविध प्रकार के शर्बतों का उपयोग ग्रीष्म ऋतु में किया जाता है।

शर्बत शीतल पेय है। इसका उपयोग सामान्यत हर परिवार में होता है। यह ताप नाशक, अत्यन्त उपयोगी, सहज, सुलभ और सस्ता है। शर्बत बनाने की अनेक विधियाँ हैं। यहा हम एसेंस आधारित शर्बत और फलों के रस से शर्बत बनाने की विधि का उल्लेख करेंगे।

एसेंस आधारित शर्बत—

आवश्यक सामग्री एवं उपकरण—

(अ) सामग्री— (i)चीनी (ii) पानी (iii) साइट्रिक एसिड (iv) एसेंस (v) रंग (vi) खाली बोतल

(आ) उपकरण—(i) स्टोवा(ii) भगोना (iii) चम्चा (vi) कपड़े का टुकड़ा (v) नाप व तौल उपकरण।

क्रियान्विति के चरण—

(1) एक बोतल शर्बत के लिए 700 ग्राम चीनी को 350 ग्राम पनी में डालकर चमचे से चलाकर स्टोव पर चढ़ा दें। चीनी को भली पन्रकार घुल जाने पर घोल को हिलाना बन्द कर दें और उसे गर्म होने दे।

(2) जब चीनी के घोल में उबाल आने लगे और झाग बनने लगे तब उसमें 3 ग्राम साइट्रिक एसिड मिला दें। उबाल आने के साथ-साथ चीनी का मैल ऊपर आने लगेगा उसे चमचे की सहायता से किसी दूसरे बर्तन में निकाल दें। जब एक तार की चासनी बन जावे तो उसे स्टोव पर से उतार लें और ठण्डा होने के लिए किसी बर्तन से ढक कर रख दें।

(3) चाशनी के ठण्डा हो जाने पर उसमें लगभग 3 मि. ग्राम एसेंस और दो ग्राम रंग (जिसका भी शर्बत बनाना हो उसी के अनुरूप) मिला दें फिर शर्बत को छान कर बोतल में भर लें और आवश्यकतानुसार उपयोग में लावें।

सावधानियाँ—

(i) एसेंस एवं रंग चाशनी के ठंडा होने पर ही मिलावें।

(ii) जिस चीज का शर्बत बनाना हो एसेंस और रंग उसी के अनुसा डालें।

(iii) प्रिंजरवेटिव तभी मिलावे जब शर्बत कुछ समय बाद काम में लेना हो।

फलों के रस से शर्बत बनाना—

एसेंस आधारित शर्बतों से हम अपना शौक भले ही पूरा कर लें पर शर्बत पीने का

असली आनन्द फलों से बने शर्बतों से ही आता है। फलों के रस से शर्बत बनाने की विधि भी एसेंस आधारित शर्बतों के समान ही सरल है। विविध फलों के रस से शर्बत बनाने की विधि निम्नानुसार है।

सन्तरें का शर्बत बनाना—

आवश्यक सामग्री—(i) चीनी 1 किलो (ii) सन्तरा 500 ग्राम (iii) पानी 250 ग्राम (iv) पोटेशियम मेटानाई सल्फाइड एवं पीला रंग आवश्यकतानुसार।

निर्माण विधि—(i) चीनी को पानी में मिलाकर एक तार की चाशनी बना लें।
(ii) सन्तरा को छील कर उसका रस निकाल लें और चाशनी ठण्डा होने पर रस, पौटेशियम मेटानाई सल्फाइड एवं औरेंज कलर मिला दें।
(iii) फिर साफ की हुई बोतलों में भर दें और आवश्यकतानुसार काम में लावें।

विशेष—सन्तरें के शर्बत की भांति ही दूसरे रस वाले फलों के भी शर्बत बनाये जा सकते हैं।

गुलाब का शर्बत बनाना—

गुलाब के शर्बत को शर्बतों का बादशाह कहा जाता है। इसका उपयोग शर्बत के रूप में होने के साथ-साथ मिल्करोज में भी बहुतायत से किया जाता है।

आवश्यक सामग्री—

(i)	सूखे गुलाब के फूल	=	100 ग्राम
(ii)	अथवा ताजा गुलाब के फूल	=	25 ग्राम
(iii)	चीनी	=	2 किलो
(iv)	पानी	=	1 किलो
(v)	साइट्रिक एसिड	=	5 ग्राम
(vi)	पोटेशियम मेटाबाई सल्फाइड	=	5 ग्राम

निर्माण विधि—

(i) शर्बत बनाने के दस बारह घण्टे पूर्व गुलाब के फूलों को गुनगुने पानी में भिगो दें।
(ii) फूलों को पानी में भली प्रकार मसलकर एक बारीक कपड़े से छान लें।
(iii) इसमें चीनी मिलाकर आग पर चढ़ा दें और एक तार करी चाशनी बन जाने पर साइट्रिक एसिड डाल दें।
(iv) मैल को उतार कर दूसरे बर्तन में रखें और चाशनी नीचे उतार दें।
(v) ठण्डा होने पर उसमें थोड़ा सा गुलाब का रंग और पौटेशियम मेटाबाई सल्फाइड डाल दें।
(vi) छानकर बोतलों में भर दें और आवश्यकतानुसार काम में लें।

चन्दन का शर्बत बनाना—

आवश्यक सामग्री—(i) चन्दन का चूरा 50 ग्राम, (ii) चीनी 2 किलो, (iii) पानी 1 किलो, (iv) पोटेशियम मेटाबाई सल्फाइड व रंग (आवश्यकतानुसार)।

निर्माण विधि—गुलाब के फूलों की तरह चन्दन के चूने को पानी में भिगो लें। छन्नकर उसी पानी में चीनी डाल दें और मन्द आग पर चढ़ा दें। एक तार की चाशनी बन जाने पर उसे नीचे उतार लें और ठण्डी होने दें। ठण्डी होने पर रंग व पोटेशियम मेटाबाई सल्फाइड डाल दें।

नीबू का शर्बत बनाना

आवश्यक सामग्री—(i) 2 किलो नीबुओं का रस (ii) चीनी 2 किलो।

निर्माण विधि— नीबुओं का रस निकालकर उसे 3 बोतलों में भर दों और फिर चीनी के भी तीन बराबर के भाग करके अलग-अलग बोतलों में भर दो। चीनी व रस को अच्छी तरह मिलाओ। लगभग 15 दिन बाद इसे शर्बत की तरह काम में लो।

टमाटर साँस बनाना

टमाटर साँस यह टमाटर की चटनी है, जिसे ब्रेड, समोसा एवं आमलेट के साथ उपयोग में लाया जाता है। चूँकि टमाटर वर्ष पर्यन्त उपलब्ध नहीं होते हैं इसी कारण इन्हें संरक्षित रखने के लिए टमाटर साँस बनाई जाती है। छात्र इसे बनाना सीखकर अपनी आवश्यकता की पूर्ति कर सकेंगे।

आवश्यक सामग्री

(i)	पके हुए लाल टमाटर	=	1 किलो
(ii)	अदरख	=	25 ग्राम
(iii)	चीनी	=	250 ग्राम
(iv)	नमक	=	40 ग्राम
(v)	सोडियम बेंजोएट	=	10 ग्राम या 2 चम्मच
(vi)	सिरका	=	20 ग्राम
(vii)	लाल मिर्च	=	05 ग्राम
(viii)	पिसा हुआ गर्म मसाला	=	10 ग्राम
(ix)	प्याज, लहसुन	=	आवश्यकतानुसार

निर्माण विधि—

(i) टमाटरों को अच्छी प्रकार से साफ पानी से धो लें।

(ii) टमाटरों को काटकर स्टील की पतीली या भगोने में आँच पर चढ़ा दें।

(iii) उबल जाने पर बारीक चलनी से छान लें, जिससे बीज व छिलके अलग हो जाये।

(iv) लाल मिर्च, गर्म मसाला, पिसी अदरख, प्याज, लहसुन और चीनी एक अलग बर्तन में थोड़े पानी में उबाल लें।

(v) उबले हुए इस घोल को टमाटरों की स्टील वाली पतीली में डालकर पुनः आग पर चढ़ा दें।

(vi) रस को मन्द-मन्द आँच पर इतना पकावें कि इसकी मात्रा एक-तिहाई रह जावे।

(vii) अब इसमें नमक डाल दें।

(viii) उतार कर उसमें बैजोएट और सिरका मिला दें। टमाटर साँस तैयार है।

(ix) इसे गर्म-गर्म ही स्वच्छ बोतलों में भर दें।

सावधानियाँ—

(1) संरक्षित सामग्री को स्वच्छ बोतल में भरें।

(2) निर्मित सामग्री को शुष्क एवं ठण्डे स्थान में रखें।

फलों एवं सब्जियों के अचार बनाना—

भोजन के साथ फलों एवं सब्जियों के अचार को उपयोग में लेने से भोजन पाचक और स्वादिष्ठ बन जाता है। यही कारण है कि प्राचीन काल से गृहणियाँ विविध फलों एवं हरी सब्जियों के अचार बनाती रही हैं। वर्तमान सभ्य समाज में भोजन के साथ अचार का उपयोग एक परम्परा सी बन गई है। अतः छात्र इन्हें बनाना सीखकर अपने उपयोग में ला सकेंगे।

कैरी का अचार बनाना

आवश्यक सामग्री—

(i)	कैरी (ठोस)	=	3 किलो
(iii)	सरसों का तेल	=	1 किलो 800 ग्राम
(iv)	नमक	=	275 ग्राम
(v)	हल्दी	=	100 ग्राम
(vi)	लाल मिर्च	=	80 ग्राम
(vii)	सौंफ	=	125 ग्राम
(viii)	कलौंजी	=	125 ग्राम
(ix)	दाना मेथी	=	125 ग्राम

निर्माण विधि—

(1) कैरियों को भली प्रकार साफ पानी से धोकर स्वच्छ कपड़े से पौंछ लें और इन्हें थोड़ी देर धूप में सुखा लें।

(2) कैरियों को काटकर इनकी चार-चार फांकें बना लें।

(3) सौंफ, दानामेथी आदि को मोटा-मोटा कूट लें और सभी मसालों को एक बर्तन में मिला लें।

(4) थोड़े से तेल को गर्म करके मसालों में मिला लें और कटी हुई कैरियों के मसाले से लपेटकर जार या मर्तबान में भरकर रख दे।

(5) चार-पाँच दिन पश्चात् सरसों के तेल को थोड़ा गर्म करके ठण्डा होने दे और फिर मर्तबान में भर दें।

(6) दो सप्ताह बाद अचार खाने योग्य हो जायेगा।

सावधानियाँ—

(1) अचार में कभी भी गर्म तेल नहीं डाले।

(2) सामग्री को इमरतबान में भरकर इतना तेल अवश्य डालें कि सामग्री तेल में डूब जाये।

(3) अचार कभी हाथ से नहीं निकाले। अचार निकालने के लिए चम्मच का प्रयोग करें।

मिर्च का अचार

आवश्यक सामग्री—(1) हरी मिर्च, 1 किलों (2)नमक 100 ग्राम, (3) अमचूर 100 ग्राम, (4) राई पिसी हुई 25 ग्राम, (5) सौंफ 25 ग्राम, (6) हल्दी 8 ग्राम (7) कलौंजी 8 ग्राम, (8) सरसों का तेल 500 ग्राम (9) मिर्च लाल पिसी हुई आवश्यकतानुसार

निर्माण विधि—

(1) मिर्च को चीरकर उसमें मसाला भर दें तथा इमरतबान में भर दें।

(2) छः सात दिन बाद उसमें सरसों का तेल गर्म करने के बाद ठण्डा हो जाने पर डाल दें।

(3) तेल इतना भरें जिससे मिर्च डूब जावें।

नीबू का खट्ठा मीठा अचार

आवश्यक सामग्री—(1) खट्टे नीबू 2 किलो (2) चीनी 2 किलो (3) हल्दी 100 ग्राम (4) राई 100 ग्राम (5) सौंफ 100 ग्राम (6) मिर्च पिसी हुई 100 ग्राम (7) हींग 10 ग्राम (8) मेथी के बीज 200 ग्राम (9) साबुत धनिया 100 ग्राम।

निर्माण विधि—

(1) नीबुओं को स्वच्छ पानी में धोकर उसे दो-दो भागों में काट लें।

(2) नीबुओं के टुकड़ों पर नमक लगाकर इसे काँच की बरनी में भर दें।

(3) बरनी को 10-15 दिन तक छाया में रखा रहने दें और दिन में तीन-चार बार हिला दें।

(4) 10-15 दिन बाद समस्त मसालों को पीसकर भली प्रकार मिला लें और उसे बरनी में डालकर इतला हिलायें कि सब टुकड़ों पर मसाला लग जावे।

(5) दस पन्द्रह दिन बाद इसमें चीनी डाल दें और बरनी को पुनः भली प्रकार हिलायें।

(6) चीनी के गल जाने पर नीबू का खट्टा-मीठा अचार उपयोग हेतु तैयार हो जायेगा।

कैर (टींट) का अचार—

आवश्यक सामग्री—

(i)	कैर (टींट)	=	2 किलो
(ii)	नमक	=	350 ग्राम
(iii)	हल्दी	=	100 ग्राम
(iv)	राई	=	200 ग्राम
(v)	सौंफ	=	200 ग्राम
(vi)	मिर्च पिसी हुई	=	125 ग्राम
(vii)	हींग, जीरा	=	03 ग्राम (आवश्यकतानुसार)
(viii)	छाछ, (मट्ठा)	=	1 किलो
(ix)	सरसों का तेल	=	1 किलो

निर्माण विधि—

(1) सर्वप्रथम कैर के नाकू या डांड तोड़कर, छाछ में 200 ग्राम नमक मिलाकर भिगो दें।

(2) छाछ में डूबे कैरों को एक घड़े में भरकर 10–15 दिन तक धूप में रख दें। घड़े को किसी बर्तन से ढक दें।

(3) यदि पानी कम हो जाये तो घड़े में और पानी डाल दें।

(4) दस-पन्द्रह दिन बाद कैरों को छाछ से निकालकर स्वच्छ पानी में धो लें और दो-तीन घण्टे तक किसी कपड़े या साड़ी पर फैला दें जिससे उसका पानी सूख जावे।

(5) तेल को गर्म करके उसमें हींग व जीरा डाल दें और ठण्डा होने दें।

(6) कैर को एक इमरतबान में भरकर उस पर मसाला डालकर हिला दे जिससे कि वह कैरों में भली प्रकार मिल जावे।

(7) जब तेल नवाया रहे तो उसे इमरतबान में इतना भरें कि कैर डूब जावें। अचार तैयार है।

मुरब्बा बनाना

आँवले का मुरब्बा बनाना

आवश्यक सामग्री—आँवला 2 किलो, चीनी 4 किलो, मिश्री 100 ग्राम, इलाइची, केसर एवं चाँदी के बर्क आवश्यकतानुसार।

निर्माण विधि—

(1) अच्छे पके व बेदाग आँवलों को तीन दिन तक पानी में भिगोकर रख दें।

(2) तीन दिन बाद आँवलों को पानी से निकालकर साफ कपड़े से पौंछ लें और उन्हें स्टील के काँटों से भली प्रकार गोद लें।

(3) गोदे हुए आँवलों को चूने का पानी बनाकर तीन दिन तक उसमें भीगने दें।

(4) चौथे दिन आँवलों को चूने के पानी से निकालकर साफ पानी से धोयें।

(5) अब एक लीटर पानी में 100 ग्राम मिश्री घोलकर उन्हें इस पानी में उबालें और जब ये अधगले से हो जाय तो उन्हें उतार कर स्वच्छ कपड़े पर फैला दें।

(6) चीनी की चाशनी बनाना शुरू करें और एक उबाल आने पर उसमें आँवले डालकर पकावें तथा 10 मिनट बाद उतार कर रख दें।

(7) दूसरे दिन बर्तन को पुनः आग पर रखिये ओर एक तार की चाशनी बनने तक आँवलों को पकाइये।

(8) उतार कर ठण्डा कीजिए व इलायची का चूर्ण व केसर बुरक दीजिए।

(9) इब हन्हें इमरतबान में भर दें और आवश्यकता हो तो चाँदी के बर्क लगाकर काम में लें।

सेव का मुरब्बा

आवश्यक समग्री—सेव के फल 2 किलो, चीनी 3 किलो, साइट्रिक एसिड 5 ग्राम, नमक 10 ग्राम।

निर्माण विधि—सर्वप्रथम सेव के फलों को घीयाकस पर कसकर लच्छे बना लें। उन लच्छों को पहले से बनाये नमक के घोल में भिगो दें जिससे वे काले न पड़े। अब चीनी में अपेक्षित पानी डालकर चाशनी बनाने के लिए आग पर रख दें। एक उबाल आने पर साइट्रिक एसिड डाल दें। अब सेव के लच्छों को स्वच्छ पानी में धोकर चाशनी में डाल दें और पकने पर उतार लें और गर्म-गर्म ही इमरतबान में भर दें। ठण्डा हो जाने पर इमरतबान पर ढक्कन लगा दें और आवश्यकता होने पर उपयोग में लावें।

गाजर का मुरब्बा

आवश्यक सामग्री— गाजर 2 किलो, चीनी 3 किलो, नीबू 1 किलो और इलाइची दानें आवश्यकतानुसार।

निर्माण विधि—गाजर को स्वच्छ पानी से साफ करके उसके दो-दो टुकड़े कर लें फिर बीच के कड़े भाग को निकाल दें और फिर उसके दो-दो टुकड़े और कर ले और अपेक्षित पानी लेकर उसमें गाजर डाल दें और उबाल कर उतार लें। उबले हुए गाजर के टुकड़ों को स्वच्छ कपड़े से साफ करके स्टील के काँटे से गोद लें। चीनी की चाशनी बनाने के लिए आग पर रख दें। एक उबाल आने पर गाजर डाल दें। दस मिनिट तक पकाकर नीचे उतार लें। अगले दिन तक तार की चाशनी बनाने तक पकाइये। नीबू का रस डालिए और इलायची दाने का चूर्ण बनाकर बुरक दीजिए ओर इमरतबान में भर दें।

फलों से जैम एवं जैली बनाना

फलों एवं सब्जियों को संरक्षित करने की दो विधियाँ है—प्रथम तेल और दूसरी शक्कर की चाशनी। तेल से अचार आदि बना लेते हैं और शक्कर से जैम एवं जैली आदि बनाई जा सकती है। जैम एवं जैली में फलों की सुगन्ध एवं स्वाद बना रहता है, जिससे फलों की ऋतु न होने पर भी उनका जायका लेना सहज हो जाता है।

फलों से जैम बनाना—फलों से जैम बनाने के लिए सर्वप्रथम फलों का चुनाव करना चाहिए। पके फलों की अपेक्षा कच्चे फलों में प्रोटीन की मात्रा अधिक होती है। अतः स्वादिष्ट और अच्छा जैम बनाने के लिए कच्चे अथवा अधपके फलों को उपयोग में लाना उचित रहता है।

आम से जैम बनाना

आवश्यक सामग्री—आम 1 किलो, चीनी 375 ग्राम, नीबू 2 या साइट्रिक एसिड 5 ग्राम, पानी 250 ग्राम।

निर्माण विधि—आमों को स्वच्छ पानी में धोकर छील लें और फिर उसके छिलके उतारकर पतले-पतले टुकड़े कर लें। इन टुकड़ों को स्टील की भगोनी में रखकर पानी डाल दें और आग पर चढ़ा दें। एक उबाल आने पर चीनी भली प्रकार से धुल जावे तब उसे आग से नीचे उतार लें और किसी चौड़े मुँह की बोतल में भर दें। यदि आवश्यकता समझें तो इसमें खाने का रंग व सुगन्ध भी मिला सकते हैं।

सन्तरे का जैम

आवश्यक सामग्री—सन्तरा 1 किलों, चीनी 1 किलो, नीबू या साइट्रिक एसिड दो ग्राम, पानी 375 ग्राम।

निर्माण विधि—सन्तरा को छीलकर उसके बीज व झिल्ली निकाल दें और उसके गूदे को स्टील की भगोनी में रखकर पानी डालकर आग पर चढ़ा दें। जब तीन चौथाई पानी सूख जावे तो उसमें चीनी और नीबू या साइट्रिक एसिड डाल दे। यदि चाशनी पर मैल हो तो उसे उतारकर साफ कर दें तथा नीचे उतार कर ठण्डा होने के लिए छोड़ दें। जब जैम ठण्डा हो जाये तो उसे बोतलों में भर दें।

फलों से जैली बनाना

सेव के फल से जैली बनाना

सामग्री—सेव 1 किलोग्राम, चीनी 1 किलोग्राम, साइट्रिक अम्ल 5 ग्राम, पानी आवश्यकतानुसार

निर्माण विधि—

(1) अच्छे पके सेव लेकर उनके छिलके उतार लें और छोटे-छोटे टुकड़े कर दें।

(2) सेव के बीजों को टुकड़ों से अलग करके बाहर निकाल दें।

(3) अब सेब के इन टुकड़ों के बराबर पानी लेकर आग पर चढ़ा दो और पक जाने पर चम्मच की सहायता से उन्हें कुचल दें और साइट्रिक अम्ल डाल दें।

(4) इसे आग से नीचे उतारकर ठण्डा होने दें और हाथ से दबाकर टुकड़ों मों मसल दें और स्वच्छ सफेद कपड़े में डालकर उसकी पोटली बनायें।

(5) पोटली से निकलने वाले रस को स्वच्छ बर्तन में इकट्ठा करें और उसे पुनः धीमी आग पर रख दें। अब इसकी मात्रा आधी रह जावे तब चीनी डाल दें और उसे रस में भली प्रकार घोल दें।

(6) आग को तेज कर दें और उसे इतना उबालें कि जैली जमने के लिए तैयार हो जाये।

(7) इसे गर्म-गर्म ही किसी साफ चौड़े मुँह की बोतल या इमरतबान में भर दें और आवश्यकता के समय काम में लें।

विशेष—सेव की जैली के समान ही अन्य फलों से भी जैली बनायी जा सकती है।

नींबू का स्क्वैश

आवश्यक सामग्री-

नींबू का रस	500 मि. लीटर
पानी	750 मि. लीटर
शक्कर	1 किग्रा
पोटेशियम मेटाबाई सल्फाइट	1.5 ग्राम
पीला रंग	कुछ बूंदे
नींबू की सुगन्ध(एसेन्स)	1/2 चम्मच

विधि-

1. नींबू को धोकर, काटकर रस निकाल लीजिए। रस को छान लीजिए। रस में कुछ शक्कर डालकर रखें जिससे वह कड़वा न हो।
2. शक्कर पानी में डालकर बर्तन में तब तक गर्म करें, जब तक कि सारी शक्कर घुल न जाए।
3. इस चाशनी को ठण्डा कर छानिए।
4. रश व चाशनी का मिलाइए। इसी में रंग व खुशबू मिलाइए।
5. पोटेशियम मेटा बाई सल्फाइट लेकर थोड़े से शर्बत में घोलिये, अब इसे सारे स्क्वैश में अच्छी तरह मिला दें।
6. स्वच्छ बोतलों में भरकर उन्हें पायुरोधक बना दें।

सन्तरें का स्क्वैश

आवश्यक सामग्री

सन्तरें का रस	500 मि. मीटर
पानी	250 मि. मीटर
शक्कर	1.5 किग्रा
पोटेशियम मेटा बाई सल्फाइट	2 ग्राम
नारंगी रंग	कुछ बून्दें

विधि-

1. सन्तरें को छीलकर उसका रस निकालें। रस को छान लें जिससे बीज व रेशे अलग हो जाएं। रस में कुछ शक्कर डालकर रखें जिससे वह कड़वा न हो।
2. शक्कर को पानी में डालकर तब तक गर्म करें जब तक वह धुल न जाए।
3. तैयार चाशनी में साइट्रिक एसिड डालकर एक उबाल लेकर उतार लें।
4. ठण्डा होने पर चाशनी को छानकर उसमें सन्तरें का रस मिलाएँ।
5. इसमें रंग व एसेन्स अच्छी तरह मिला दें।
6. तैयार स्क्वैश को सूखी व स्वच्छ बोतलों में भरकर रख लें।

केरी का स्क्वैश

आवश्यक सामग्री-

कैरी का रस	500 मि. लीटर
पानी	500 मि. लीटर
शक्कर	750 ग्राम
साइट्रिक एसिड्	15 ग्राम
पोटेशियमेटा बाई सल्फाइट	2 ग्राम
हरा रंग	कुछ बून्दें

विधि:-

1. कैरी को धोकर, उबाल लें।
2. उसका गाढ़ा रस (पल्प) अलग।
3. शक्कर को पानी में डालकर तब तक गर्म करें जब तक शक्कर घुल नहीं जाए। इसमें साइट्रिक एसिड डालकर एक उबाल लेकर उतार लें।
4. छण्डा होने पर चाशनी में कैरी का रस मिला दें। एक बार पुनः इस मिश्रण को छान लें।
5. अब इसमें रंग डालकर अच्छी तरह मिला लें।
1. सूखी व स्वच्छ बोतलों में भर कर रख लें।

शरबतः-

शरबत हमेशा शक्कर एवं खुशबू द्वारा तैयार किए जाते हैं इन्हें शक्कर से ही सुरक्षित रखा

जाता है, अतः इनमें शक्कर की मात्रा अधिक (लगभग 70 प्रतिशत) होती है। गुलाब, चन्दन, बादाम, खस आदि शरबत बनाने में प्रयोग में लाए जाते हैं।

गुलाब का शरबत

आवश्यक सामग्री-

गुलाब की सूखी पत्तियाँ	50 ग्राम
गुलाब जल	100 मि. लीटर
शक्कर	1 कि. ग्राम.
पानी	500 मि. लीटर
रसबेरी रंग	5-10 बून्दें
साइट्रिक अम्ल	8 ग्राम

विधि:-

1. गुलाब की पत्तियों को पानी में 24 घण्टे भिगो कर रख दें।
2. अब इन्हें छानकर पानी अलग कर दें।
3. पत्तियों को पानी में मसलकर पुनः छान लें।
4. इस पानी में शक्कर और साइट्रिक अम्ल डाल दीजिए।
5. इसे तब तक गर्म कीजिए जब तक चाशनी एक तार की हो जाए।
6. अब इसे छाल लीजिए।
7. ठण्डा करके गुलाब जल डाल दीजिए।
8. पूर्णतया साफ एवं स्वच्छ बोतलों में भर कर रखें।

सावधानियाँ-

1. स्क्वैश बनाने में प्रयुक्त फल ताजे व अच्छी किस्म के हों।
2. स्क्वैश/शर्बत बनाने में काम में आने वाले बर्तन स्टील या कलई किए हों।
3. साइट्रिक अम्ल एवं परिक्षक पदार्थ की मात्रा के अनुसार ही प्रयोग में लें।
4. चाशनी के बिल्कुल ठंडा होने पर ही रस का मिलावे।
5. रंग व एसेन्स को शर्बत/स्क्वैश की थोड़ी मात्रा में अलग से मिलाकर फिर पूरे घोल में मिलाएं।
6. स्क्वैश/शर्बत को भरकर रखने के लिए काम में आने वाली बोतलें साफ व सूखी होनी चाहिए।
7. स्क्वैश को बोतल में भरते समय बोतल को कुछ खाली रखें।

कैरी का पानी

आवश्यक सामग्री

कैरी	500 ग्राम
पानी	1 लीटर

शक्कर	250 ग्राम
काला नमक	1/2 चम्मच
जीरा (भुना हुआ व पिसा हुआ)	1 छोटा चम्मच
पुदीना	10 से 12 पत्तियाँ

विधि-

1. सर्वप्रथम कैरी को धोकर, उबालकर उसका रस निकाल लें।
2. रस को छान लें। आवश्यकता होने पर छानने के दौरान पानी मिला लें।
3. तैयार पानी में शक्कर, नमक, काला नमक, भुना जीरा और पुदीनें की पत्तियां पीस कर मिला दें।
4. कैरी के तैयार पानी का उपयोग 24 घण्टे के अन्दर ही कर लें।

इमली का पानी

आवश्यक सामग्री-

इमली	100 ग्राम
पानी	500 मि.ली.
शक्कर	150 ग्राम
नमक	1 चाय का चम्मच
काला नमक	1 चाय का चम्मच
जीरा (भुना हुआ व पिसा हुआ)	1/2 चाय का चम्मच

विधि-

1. इमली को साफ कर, बीज निकाल ले व धो लें।
2. थोड़े पानी में इमली को उबाल लें। ठण्डा होने पर इमली को मसल कर छान लें।
3. इमली के रस में शेष पानी, शक्कर, नमक, काला नमक, भुना जीरा एवं पुदीने की पत्तियाँ पीस कर मिला दें।
4. इस प्रकार तैयार इमली के पानी का प्रयोग 24 घण्टे में कर लें।

कैरी व इमली के पानी की गर्मियों में उपयोगिताः-

1. गर्मियों में इनके उपयोग से शरीर में पानी व लवणों की कमी की पूर्ति होती है।
2. ये पेय पदार्थ स्फूर्तिदायक एवं हमें तरो-ताजा रखने में मदद करते हैं।
3. भोजन से पूर्व इनका उपयोग करने से यह भूख बढ़ाते हैं।
4. इनके उपयोग से लू नहीं लगती है।

ठण्डाई

आवश्यक सामग्री-

बादाम गिरी	15 ग्राम
पोस्त दाना	50 ग्राम

गुलाब की पत्ती	05 ग्राम
सौंफ	10 ग्राम
मिश्री	10 ग्राम
शक्कर	1 क्रिगा
काली मिर्च	1 ग्राम
छोटी इलाइची	2 ग्राम
पानी	500 मि. लीटर
तरबूज, खरबूजा, ककड़ी के छिलके रहित बीज	15 ग्राम
साइट्रिक एसिड	15 ग्राम

विधिः-

1. बादाम व पोस्तदाना को 12 घण्टे के लिये भिगों दे। बादाम का छिलका छीलकर अलग कर दें।
2. शक्कर में पानी डालकर उसे घोल लें। साइट्रिक एसिड डालकर एक उबाल लें।
3. चाशनी को छानकर ठण्डा होने रख दें।
4. ठण्डाई के लिए आवश्यक सामग्री को थोड़े पानी के साथ बारीक पीस लीजिए और कपड़े से छान लें।
5. तैयार चाशनी में उपर्युक्त पिसी हुई सामग्री को मिला दें।
6. इसे स्वच्छ बोतल में भरकर आवश्यकतानुसार दूध/पानी में मिलाकर काम में ले।
7. पिसी हुई सामग्री को दूध व पानी मे मिला कर ताजा पेय के रूप में काम में लिया जाता है।

भुने साबुत अनाज

भोजन के प्रमुख तत्त्व कार्बोहाइड्रेट, वसा, प्रोटीन, खनिज, लवण, विटामिन एवं जल हैं। अनाज, साबुत दालों, मूंगफली, सोयाबीन, मटर एवं तिल आदि में प्रोटीन प्रचुरता में पाया जाता है। शरीर की वृद्धि एवं विकास के लिए प्रोटीन अति-आवश्यक तत्त्व है। साबुत दालों एवं मूंगफली को सीधे ही आग में भूनने से प्रोटीन की अधिक मात्रा प्राप्त की जा सकती है। शुष्क दालों एवं मूंगफली को सीधे ही आग में भूनने से प्रोटीन की अधिक मात्रा प्राप्त की जा सकती है। शुष्क ताप में भूनने से अनाज सौंधा तथा सुपाच्य हो जाता है। चना, मटर व मूंगफली को घरेलू विधि से भूनकर तैयार किया जा सकता है। बालक स्वयं इस कार्य में रूचि रखते हुये इसे भविष्य में एक रोजगार के रूप में भी अपना सकते हैं।

भूनना:-साबुत दानों को कुछ समय तक पानी में भिगोने के बाद सुखाकर खूब गर्म भट्टी में भूना जाता है। प्रायः चना, काबुली चना, मूंगफली एवं मटर को भूना जाता है।

साबुत चना भूनना

सामग्रीः-

सूखे चने	500 ग्राम
पानी	चने भिगोने के लिए
नमक	दो चाय के चम्मच (10 ग्राम)
कढाई	(लोहे की), बजरी मिट्टी, चूल्हा आदि।

विधिः-

1. सर्वप्रथम बड़े आकार के चने लेवे तथा उनको अच्छी तरह साफ कर लेवें।
2. एक गहरे बर्तन में चनों को डालकर उसके ऊपर तक पानी डाल देवें ताकि सभी चने उसमें डूब जाएं।
3. अब इसमें दो चम्मच नमक डालकर मिला दें। चनों को 6 घण्टे तक भीगा रहने दे तत्पश्चात पानी से बाहर निकालकर हवा में फैला दें ताकि उनका पानी सूख जाए। इसी समय हल्दी को इस पा डालकर हाथ से सभी चनों पर लगावें।
4. पूर्णरूप से पानी सूख जाने पर इब इन चनों को एक लोहे की कढ़ाई में जिसमें बजरी पहले से गर्म है डालकर चने फटने तक सेकें। इस प्रकार नमकीन भुने चने तैयार हो जायेंगे। यदि नमकीन व पीले चने नहीं बनाना चाहें तो चनों में नमक व हल्दी का प्रयोग नही करें। इन चनों को बालक शौक से खाना पसन्द करेंगे।

हरे सूखे मटर को सैंकना

सामग्रीः-

सूखे मटर	500 ग्राम
पानी	आवश्यकतानुसार
नमक	10 ग्राम
भूनने हेतु आपश्यक उपकरण	

विधिः-

1. सूखे व स्वच्छ मटर लेवें।
2. मटर को पानी के बर्तन में डुबोकर 3-4 घंटे तक रखें।
3. इस बर्तन में नमक भी डाल देवें।
4. मटर को पानी में से निकाल कर किसी बरतन में फैला दें, तथा पानी सूखने दें।
5. आग पर लोहे की कढ़ाई में बजरी को गर्म करें। जब अच्छी तरह गर्म हो जाएं तब सभी मटर को डालकर झारी से सिकने तक हिलाते रहें।

नमकीन मूंगफली

सामग्रीः-

मूंगफली के दाने	500 ग्राम
नमक	20 ग्राम
पानी	आवश्यकतानुसार
लोहे की कढ़ाई, बजरी, झारी आदि।	

विधिः-

1. मूंगफली के दानों को साफ कर लें तथा कटे फटे फफूंद लगे दानों को हटा लेवें।
2. मूंगफली के दानों को किसी बरतन में पानी के साथ 3-4 घण्टे तक रखें।
3. दानों को पानी में से निकालकर नमक इस प्रकार दानों में लगायें कि सब दानों पर नमक अच्छी तरह लग जाये।
4. कुछ समय सूखनें के बाद इन्हें कढ़ाई में गर्म बजरी में डालकर झारी की सहायता से उलट पुलट करके सेकें।
5. सिक जाने पर जालीदार छलनी से छानकर दानों को अलग कर लेवें।

यदि मीठी मूंगफली बनाना है हो नमक का प्रयोग नहीं करें तथा उपरोक्त विधि द्वारा दानों को सेक कर शक्कर की दो तार वाली चाशनी बना दें। दानों को चाशनी में डाल लेवें तथा शक्कर जमने तक सूखने देवें। सदैव मोटे पैंदे की कढ़ाई को प्रयोग में लेवें।

मक्की के पॉपकार्न तैयार करना-

आपने पर्यटन स्थलों या मेले में पॉपकार्न खाने का लुत्फ उठाया होगा। इन्हें एक विशेष प्रकार की मशीन द्वारा तैयार करते है जो बिजली से चलने वाली होती है। रोजगार करने के लिए इन मशीनों की आवश्यकता **होती है** किन्तु हम घर पर बिना मशीन के पॉपकार्न बना सकते हैं। आओ हम घर पर प्रेशर कुकर द्वारा पॉपकार्न बनाना सीखें। इसके लिए बाजार से पॉपकार्न की मक्की खरीदें।

प्रेशर कुकर में पॉपकार्न तैयार करना

सामग्रीः-

पॉपकार्न की मक्की	250 ग्राम
नमक	स्वादानुसार
प्रेशर कुकर	
तेल (खाने वाला)	10 ग्राम

विधिः-

1. सर्वप्रथम प्रेशर कुकर में अन्दर की दीवारों व पैंदे पर तेल लगा देंगे।
2. पॉपकार्न मक्की को इसमें डाल देंगे।
3. प्रेशर कुकर को आग पर गर्म होने के लिए रखेंगे फिर उसका ढक्कन बन्द कर देंगे।
4. कुछ समय बाद प्रेशर कुकर को उठाकर बीच-बीच में हिलाते जाएंगे।
5. प्रेशर कुकर में मक्की सिक कर फूल के समान खुलती जाएंगी। इस प्रकार पॉपकार्न तैयार हो जायेंगे।
6. मक्की के कुछ दानें नहीं फूलने पर उन्हें पुनः कुकर में डालकर सिकने देवें।

सावधानियाँ:-

1. पेशर कुकर के ढक्कन पर सीटी नहीं लगानी चाहिए।
2. आँच अत्यधिक तेज नही रखनी चाहिए।

पॉपकार्न मशीन से पॉपकार्न तैयार करना

इस मशीन द्वारा शीघ्रता से पॉपकार्न तैयार किए जा सकते हैं। मक्की से पॉपकार्न बन जाने पर इसे नमकीन बनाने के लिए तैयार मसाला छिड़क दिया जाता हैं, इसे कोई भी एक रोजगार के रूप में अपना सकता है।

विभिन्न प्रकार के पापड़ बनाना

निम्नलिखित प्रकार के पापड़ तैयार करना—

1. मूंग मोगर	2. चना	3. साबूदाना
4. आलू	5. चावल	6. मक्का

उपयोग—भोजन के अन्त में पापड़ का उपयोग सामान्यतः हर भारतीय परिवार में किया जाता है। बिना पापड़ के अच्छे से अच्छा भोज भी नीरस सा प्रतीत होता है। पापड़ के खाने से मुँह का स्वाद बनता है और भोजन सुपाच्य हो जाता है। भोज्य पदार्थों में जो चिकनाई या मिठास होती है और जिसके कारण मुँह का स्वाद कुछ बिगड़ा सा प्रतीत होता है, पापड़ के उपयोग से ठीक हो जाता है। अतः छात्र-छात्राओं को इसकी निर्माण विधि का ज्ञान होना अत्यन्त आवश्यक है।

1. मूँग मोगर से पापड़ बनाना

आवश्यक सामग्री—

1. मूँग मोगर का आटा-1 किलो, 2. उड़द के मोगर का आटा-400 ग्राम, 3. पापड़ खार-75 ग्राम, 4. काली मिर्च पिसी हुई-35 ग्राम, 5. सांभर का नमक 35 ग्राम, 6. पानी आवश्यकतानुसार (लगभग 750 मिली.)

निर्माण विधि—

- दोनों प्रकार के आटों को छानकर नमक व काली मिर्च मिलाकर एक कर लें।
- पानी में पापड़ खार मिलाकर आटा गूँथ लें और गूँथे आटे पर तेल लगाकर हथौड़ी से पिटाई करें।
- फिर छोटे-छोटे लोये बना लें।
- लोयों को धीरे-धीरे बेलनी से बेलकर पापड़ बना लें और हल्की धूप में सुखा लें।
- जब कुछ नमी रह जावे तक प्लास्टितक की थैलियों में पैक कर दें।

2. चना के पापड़

सामग्री—बेसन 1 किलो, उड़द के मोगर का आटा 400 ग्राम, पापड़ खार 75 ग्राम, लाल मिर्च पिसी हुई 35 ग्राम, सांभर का नमक 35 ग्राम, जीरा पिसा हुआ 15 ग्राम, हींग सवा ग्राम।

निर्माण विधि—

- दोनों आटों को छानकर भली प्रकार मिलाकर एक कर लें फिर हींग को छोड़कर शेष मसालों को पीसकर आटे में मिला दें।
- हींग को पहले पानी में घोलें और फिर इस घोल को आटे में मिलाकर आटा गूंथ लें।
- गूंथे हुए आटे के तेल लगाकर खूब पीटे और लोये बना लें।
- लोयों को बेलन की सहायता से बेलकर पापड़ बना लें।
- हल्की धूप में पापड़ को सुखायें और थेली में पैक कर दें।

3. साबूदाने के पापड़

सामग्री—साबूदाना एक किलो, मीठा सोडा 25 ग्राम, नमक 50 ग्राम, पानी 2 लीटर।

निर्माण विधि—

- सर्वप्रथम पानी को उबाल लें और इस उबलते पानी में ही साबूदाने डालकर उबालें।
- जब खीर जैसा बन जाये तो उपर्युक्त घोल में नमक और मीठा सोडा मिला दें।
- समतल भूमि पर पोलिथीन की सीट को बिछाये और उबले साबूदाने के घोल को एक-एक चम्मच करके सीट पर डालते जावें। धोल स्वतः ही फैलकर पापड़ नुमा हो जायेगा।

4. आलू के पापड़

सामग्री—छिले हुए उबले आलू एक किलो, पापड़ खार 20 ग्राम, नमक 25 ग्राम, लाल मिर्च 50 ग्राम, जीरा 20 ग्राम।

निर्माण विधि—

- आलुओं को पानी में उबालकर छिलका छील लें।
- सभी मसाले डालकर आलुओं को गूँथ लें।
- छोटी-छोटी लोइयां बनाकर और दो पोलीथीन सीट के मध्य रखकर बेलन एवं चकले से बेल लें।
- धूप में सुखाकर थैली में पैक कर लें।

5. चावल के पापड़ बनाना

सामग्री—चावल का बारीक पिसा आटा 1 किलो, मीठा सोडा 25 ग्राम, नमक 50 ग्राम, पानी 2 लीटर।

निर्माण विधि—

- सर्वप्रथम पानी को उबाल लें।
- आटे में नमक व मीठा सोडा मिलाकर उबलते पानी में डाल दें।
- आटे को गूंथकर लोए बना लें और बेलन-चकले की सहायता से पापड़ बेल लें।
- पापड़ों को धूप में सुखाकर थैली में पैक कर दें।

6. मक्का के पापड़ बनाना

सामग्री—मक्का का आटा एक किलो, मीठा सोडा 20 ग्राम, नमक पिसा हुआ 20 ग्राम, लाल मिर्च पिसी हुई 20 ग्राम, जीरा 10 ग्राम, अजवाइन 10 ग्राम, पानी 500 मिली।

निर्माण विधि—

- एक बड़े बर्तन में मीठा सोडा डालकर पानी उबाल लें।
- सभी मसाले आटे में मिला दें और उबलते हुए पानी में डालकर लोई जैसा बना ले और लोये बना लें।
- लोयों को चकले-बेलन से बेलकर पापड़ बना लें।
- धूप में सुखाकर पैक कर दें।

सावधानियाँ—

- मूंग के पापड़ों को पूरी तरह सुखने से पहले ही थैली पैक कर देना चाहिए अन्यथा सूखने पर पापड़ टूट जायेंगे।
- चने के पापड़ों को भी पूरा सूखने से पहले ही पैक कर देना चाहिए।
- मक्का के पापड़ बनाते समय आटा कठोर होना चाहिए अन्यथा पापड़ नहीं बेले जा सकेंगे।
- आवश्यकतानुसार मसाला कम या अधिक किया जा सकता है।
- पानी आवश्यकतानुसार ही लेना चाहिए।

बिस्कुट, आइसक्रीम, केक आदि बनाना

1. बिस्कुट
2. केक
3. नॉन खठाई
4. बन्द
5. आईसक्रीम
6. कुल्फी
7. पनीर

1. बिस्कुट बनाना

वर्तमान में सुबह के नाश्ते में बिस्कुट का प्रयोग सबसे अधिक होता है। अच्छा बिस्कुट खाने से सुस्वाद, खस्ता और स्वास्थ्यवर्धक होता है। यदि उसे ठीक से पैक किया जावे तो वह साल-डेढ़ साल तक खराब नहीं होता है।

आवश्यक सामग्री

नमकीन बिस्कुट—मैदा एक किलो, अरारोट पाउडर 325 ग्राम, घी 400 ग्राम, नमक पिसा हुआ 15 ग्राम, दूध आवश्यकतानुसार, अजवाइन 15 ग्राम।

मीठे बिस्कुट—सफेद आटा एक किलो, अरारोट पाउडर 300 ग्राम, घी 500 ग्राम, चीनी 750 ग्राम, खाने का सोडा 5 ग्राम, दूध आवश्यकतानुसार, बड़ी या छोटी इलाइची 5 ग्राम।

निर्माण विधि—

- कढ़ाई में आटाा या मैदा डालकर उस में अरारोट पाउडर को भली भांति मिला लें।
- फिर इसमें घी या मक्खन डालें और इन्हें हल्का सा गूंथ लें।
- इस मिश्रण में चीनी, दूध, पानी और यदि आवश्यक हो तो फेंटा हुआ अण्डा मिलाकर खूब अच्छी प्रकार से गूथें जिससे आटा मुलायम व लोचदार हो जाय।
- गूंथे आटे को पत्थर की स्लैब पर बेलन से बेलकर बिस्कुट काट से गोल या चोकोर आकृति में बिस्कुट काट लें और लोहे की ट्रे में रख दें।
- बिस्कुट युक्त ट्रे को 230 से. ग्रे. ताप की भट्टी पर रखें। 15–20 मिनट में बिस्कुट तैयार हो जाएंगे।

सावधानियाँ—

- कच्चे बिस्कुट लोहे की ट्रे मे रखने से पूर्व ट्रे में थोड़ा सूखा आटा डाल दें ताकि बिस्कुट सिकने पर ट्रे पर चिपके न रहें।

2. केक बनाना

विवाह और जन्मोत्सवों पर केक काटने की परम्परा सभ्य समाज में प्रचलित है। बाजार से केक काफी महंगा मिलता है और वह परिवार की आवश्यकता की पूर्ति नहीं कर पाता है। घर पर बनाया केक सस्ता व स्वादिष्ट होता है। अतः छात्रों को इसकी जानकारी होना उपयोगी है।

आवश्यक सामग्री—मैदा 200 ग्राम, चीनी 190 ग्राम, बेकिंग पाउडर 12 ग्राम, दूध 60 ग्राम, चेरी 20 ग्रमा अण्डे 5 ग्राम यदि आवश्यकता हो तो।

निर्माण विधि—

- मैदा, चीनी, बैकिंग पाउडर व दूध को भलीं प्रकार मिला लें।
- यदि अण्डा मिलाया जाने वाला हो तो उसे एक अलग बर्तन में एक करके मिश्रण में डाल दें।
- चेरी भी डाल दें और मिश्रण को पुनः एक जान करलें।
- जिस आकार का बनाला हो उस बर्तन में सजाकर केक बनाने वाले 'ओवन' या भट्टी में रख दें।

- समय पूरा होने पर निकाल लें और काटकर काम में लेवें।

3. बन्द बनाना

बन्द डबल रोटी की तरह का होता है लेकिन उससे कुछ अधिक मुलायम होता है। इसका उपयोग नाश्ते के रूप में किया जाता है।

आवश्यक सामग्री—दूध का पाउडर 4 औंस, चीनी 4 औंस, ट्रस्ट (veast)8 औंस, डबल रोटी के काम में आने वाला आटा 16 औंस, पानी 500 मिली., साँचे।

निर्माण विधि—

- सभी पदार्थों को एक कढ़ाही में भी प्रकार मिलावें।
- फिर करीब दो घण्टे तक रखा रहने दें और सांचे मे भरकर भट्टी में रख दें।
- पक जाने पर लगभग 15 मिनट बाद इसे निकाल लें और फ्रेम से अलग करके, ठण्डा करके काम में लावे।

4. आइसक्रीम बनाना

आइसक्रीम बनाने केलिए हैवी ड्यूटी फ्रिक कन्डैसिंग यूनिट और फ्रीजिंग एवं स्टोरेज कैबिनेट मशीनों का उपयोग किया जाता है, जिसकी उपयोगिता व्यावसायिक दृष्टिकोण से है। यहाँ हम घर पर आइसक्रीम बनाने की विधि का उल्लेख कर रहे है, जिससे छात्र-छात्राएँ इसे सरलतापूर्वक बना सकें।

आवश्यक सामग्री—क्रीम 200 ग्राम, दूध 1 लीटर, चीनी 200 ग्राम, कास्टर्ड पाउडर 10 ग्राम, मेवे(बादाम, पिस्ता, काजू, चिरोंजी, किशमिश, इलाइची केसर आदि) आवश्यकता एवं अच्छानुसार।

निर्माण विधि—

- दूध को एक बर्तन में डालकर उसका आयतन आधा होने तक गर्म करो।
- क्रीम, चीनी, कस्टर्ड पाउडर आदि दूध के बर्तन में डालकर मिश्रण को भलीं प्रकार हिलाओं।
- मेवा जो डाल रहे हो उन्हें बारीक काटकर उक्त मिश्रण में मिलावें और अन्त में केसर डाल दें।
- मिश्रण को आग से उतार कर ठण्डा होने के लिए रख दें।
- ठण्डा होने पर साँचों या डिब्बों में भर लें। यदि घर में रेफ्रीजरेटर हो तो उसके फ्रीजिंग में रख दो अन्यथा एक घड़े में बर्फ और नमक मिलाकर उसमें डिब्बों या साँचों को भली प्रकार से बन्द करके रखो।
- दो-तीन घण्टे में आइसक्रीम जमकर तैयार हो जाती है।

नीबू की आइसक्रीम

आवश्यक सामग्री—पानी एक किलो, चीनी 150 ग्राम, नीबू 4 या आवश्यकतानुसार। लेमन कलर, सुगन्ध केवड़ा आवश्यकतानुसार।

निर्माण विधि—पानी में चीनी को भली प्रकार घोल लें फिर उसमें नीबू काटकर उसका रस डाल दें और लेमन कलर तथा केवड़े की सुगन्ध मिलाकर हिला दें। रेफ्रीजरेटर की बर्फ में ट्रे में मिश्रण को भरकर रख दें। यदि आइसक्रीम में सींक या तिल्ली लगानी हो तो मिश्रण के आधा जम जाने पर उसके हर खाने में सींक लगा दें और फिर फ्रीज में रख दें। लगभग दो घण्टे बाद नींबू की आइसक्रीम जमकर तैयार हो जाती है।

5. कुल्फी बनाना

आम की कुल्फी बनाना

आवश्यक सामग्री—दूध 250 ग्राम, क्रीम 250 ग्राम, चीनी 100 ग्राम, कस्टर्ड पाउडर 10 ग्राम, रसदार आम 500 ग्राम, इलाइची 10 ग्राम मेवे इच्छानुसार, पीला रंग 2 ग्राम या आवश्यकतानुसार।

निर्माण विधि—

- ☞ दूध को एक बर्तन में डालकर उसका आयतन आधा होने तक गर्म करें।
- ☞ क्रीम, चीनी, कस्टर्ड पाउडर आदि डालकर भली प्रकार चलायें।
- ☞ आम का रस मिलाकर उसे एक जीव करके कपड़े या चलनी से छान लें फिर इस रस को मिश्रण में डाल दें।
- ☞ इलाइची, मेवे और रंग भी मिला दें और मिश्रण को आग से उतार लें।
- ☞ ठण्डा होने पर खाली डिब्बों या साँचों में डालकर भली प्रकार बन्द करके फ्रिज में रख दें।
- ☞ लगभग दो घण्टे बाद कुल्फी तैयार हो जायेगी।

"टूटी-फूटी" कुल्फी बनाना

आवश्यक सामग्री—दूध 250 ग्राम, क्रीम 250 ग्राम, चीनी 100 ग्राम, कास्टर्ड पाउडर 10 ग्राम ऋतु फल (अंगूर, सेव, केले, आम अन्नानास आदि के बारीक टुकड़े 250 ग्राम) इलाइची 10 ग्राम, मेवे आवश्यकतानुसार।

निर्माण विधि—आम की कुल्फी बनाने की विधि की तरह ही मिश्रण तैयार कर दें और उसमें फलों के बारीक-बारीक टुकड़े करके मिला दें ठण्डा होने पर जमने हेतु फ्रिज में रख दे टूटी-फूटी कुल्फी तैयार है।

पनीर बनाना

पनीर शीघ्र पाचक शक्तिवर्द्धक और हड्डियों के बनने में सहयोगी होता है पौष्टिक

भोजन में इसका महत्त्वपूर्ण स्थान है जो लोग दूध, दही का सेवन नहीं कर सकते उन्हें पनीर काम में लेना होता है। पनीर बनाना भी सहज है। अतः छात्र-छात्राओं को इसके बनाने की विधि का ज्ञान लेना आवश्यक है।

आवश्यक सामग्री—दूध 2 किलो, नीबू-2 या दही 100 ग्राम।

निर्माण विधि—

☞ ताजा दूध लेकर उसे 62 डिग्री सेन्टीग्रेड तक गर्म करे जिससे रोगाणु नष्ट हो जावें।

☞ दूध को आग से नीचे उतार कर उसमें नीबू का रस या दही डाल दें जिससे वह फट जावे।

☞ अब इसे एक साफ कपड़े में लेकर पोटली बनाकर स्टैण्ड या खूंटी पर टांग दें।

☞ जब पानी निकलना बन्द हो जावे तो उस ठोस पदार्थ को लेकर किसी समतल बर्तन में भर दें और जमने के लिए रख दें।

☞ उपयोग में लेने के लिए चाकू से काटकर आवश्यकतानुसार टुकड़े कर लें।

❑❑❑

अध्याय-7
घरेलू उपकरण

आज के व्यस्त जीवन में काम को सरल, कम समय एवं श्रम तथा बेहतरीन तरीके से करने हेतु विभिन्न घरेलू उपकरणों का प्रयोग किया जाने लगा है।

उपकरणों का वर्गीकरण– इन उपकरणों को दो वर्गों में वर्गीकृत किया जा सकता है –

(i) विद्युत उपकरण, (ii) गैर – विद्युत उपकरण।

(i) विद्युत उपकरण – जो उपकरण बिजली से चलते हैं उन्हें विद्युत उपकरण कहा जाता है। जैसे मिक्सी, फ्रिज, वाशिंग मशीन, टोस्टर विद्युत इस्त्री आदि।

(ii) गैर–विद्युत उपकरण – जो उपकरण बिना बिजली के उपयोग में लाये जाते हैं उन्हें गैर – विद्युत उपकरण कहा जाता है। जैसे –प्रेशर कुकर, गैस स्टोव, सिलाई मशीन, कोयले की इस्त्री आदि।

विद्युत उपकरण –

(1) विद्युत इस्त्री – इसका उपयोग वस्त्रों पर प्रेस करने के लिये किया जाता है। ताकि वस्त्र की सलवटें हट जायें तथा वस्त्र चमकदार हो जाये।

बनावट– विद्युत गरमी पाकर इसकी प्रेस करने वाली सतह अथवा सोल प्लेट गर्म हो जाती है। सोल प्लेट की निचली सतह चिकनी होती है ताकि उसे कपड़े पर आसानी से घुमाया जा सके।

विद्युत इस्त्री (i) स्वचालित एवं (ii) गैर – स्वचालित दो प्रकार की होती है। स्वचालित इस्त्री में थर्मोस्टेट कंट्रोल लगा होता है जिससे जिस ताप पर सेट किया जाता है उस निश्चित ताप तक गर्म हाने के बाद इस्त्री गर्म होनी स्वतः ही बन्द हो जाती है तथा ठण्डी हाने पर पुनः गर्म होने लगती है।

उपयोग में सावधानी –(i) इस्त्री के नीचे वाली सतह समतल एवं चमकीला बनाये रखनी चाहिये ताकि वस्त्र पर आसानी से घुमाया जा सके।

(ii) गर्म इस्त्री को कपड़े के ऊपर अधिक समय तक नहीं छोड़नी चाहिये।

(iii) इस्त्री में हमेशा थ्री–पिन प्लग का ही उपयोग करना चाहिये।

(2) टोस्टर – टोस्टर का उपयोग ब्रेड को गरम और कुरकरा करने के लिये किया जाता है।

बनावट – टोस्टर में इलेक्ट्रिक ऐलीमेंट होते हैं जो धारा – प्रवाहित होने से गरम हो जाते हैं तथा ब्रेड को सेकते हैं।

टोस्टर स्वचालित एवं – गैर – स्वचालित दोनों प्रकार के होते हैं। स्वाचालित में हीट रेग्युलेटर लगा होता है जो कि निश्चित ताप तक गरम होने पर स्वतः ही बंद हो जाता है और ब्रेड को ऊपर निकाल देता है।

गैर–स्वचालित टोस्टर में बटन को दबाकर ब्रेड को खुद बाहर निकालना पड़ता है।

उपयोग में सावधानी – (i) ब्रेड को टोस्टर से बाहर निकालने के लिये काँटे या चिमटे का प्रयोग नहीं करना चाहिये इससे बिजली का झटका/करंट लग सकता है।

(ii) ब्रेड की स्लाइज के साथ अन्य भरावट सामग्री नहीं डालनी चाहिये क्यों कि उनके गिरने से आग लगने की संभावना रहती है।

(iii) टोस्टर की सफाई करते समय प्लग निकाल देना चाहिये।

(3) मिक्सर/मिक्सी – मिक्सी का उपयोग खाद्य सामग्री को पीसने (गीली/सूखी) में किया जाता है।

बनावट – मिक्सी में एक आधार होता है जिसमें मोटर लगी होती है तथा दूसरे जार होते हैं जो कि प्लास्टिक या स्टील के बने होते हैं। इन्हीं जारों में खाद्य सामग्री रखकर पीसी जाती है। इन्हीं जारो में खाद्य सामग्री रखकर पीसी जाती है। आजकल मिक्सी फूड प्रोसेसर के नये रूप में भी उपलब्ध है जिसमें कई अटैचमेंट होते हैं इसमें आटा गूथने, गाजर, नारियल कसने, चिप्स काटने, जूस निकालने का कार्य किया जा सकता है।

उपयोग में सावधानियाँ –

(i) आवश्यकतानुसार खाद्य पदार्थ भरना चाहिये।

(ii) यदि शेक आदि में बर्फ डालनी है या कोई मोटी कठोर चीज पीसते हैं तो उनके टुकड़े कर लेने चाहिये।

(iii) लम्बे समय तक लगातार चलाने की अपेक्षा उसे बीच–बीच में कुछ सैकण्ड्स के लिये बंद कर देना चाहिये।

(iv) खाद्य सामग्री पीसने के बाद भली प्रकार से धो देना चाहिये।

(4) फ्रिज– फ्रिज एक ऐसा उपकरण है जो विद्युत से चलता है। इसके अन्दर का तापमान कम रहता है जिससे अन्दर रखी गई खाद्य वस्तु जल्दी से खराब नहीं होते हैं। तथा ताजा भी रहते हैं।

बनावट– फ्रिज एक बड़ी बॉडी (आधार) के रूप में होती है। इसमें दो भाग होते हैं। ऊपर वाला बंद भाग फ्रिजर कहलाता है इसमें बर्फ जमाने का कार्य होता है यहाँ का तापमान अत्यधिक कम होता है। नीचे का भाग मुख्य द्वार द्वारा बंद होता हैं यहाँ अन्य खाद्य सामग्रियाँ रखी जाती हैं। दरवाजे के अन्दर की तरफ बोतल, अण्डे आदि रखने का स्थान होता है। यहाँ का तापमान फ्रिजर से ज्यादा किन्तु वातावरण के तापमान से कम होता है।

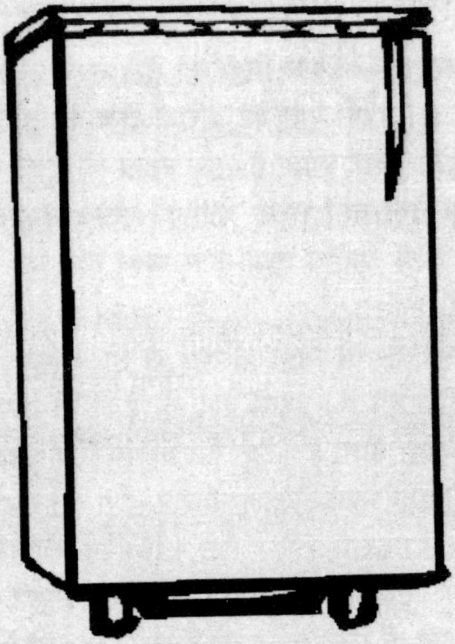

उपयोग में सावधानी–

(i) फ्रिज का दरवाजा बार –बार नहीं खोलना चाहिये क्योंकि बार – बार **खोलने** से बाहर का तापमान फ्रिज के तापमान को बढ़ा देगा और फ्रिज देर से ठण्डा होगा।

(ii) फ्रिज के पीछे लगभग एक फुट का स्थान छोड़ना चाहिये ताकि उसके कंप्रेसर को हवा मिले।

(iii) फ्रिज में अधिक गर्म भोज्य पदार्थ नहीं रखने चाहिये

(iv) फ्रिजर की बर्फ हटाने के लिये समय – समय डिफ्रॉस्ट कर देना चाहिये तथा पूरे फ्रिज की समय –समय पर सफाई करनी चाहिये। सफाई करते समय प्लग निकाल देना चाहिये।

(5) इमर्शन राड – इसका उपयोग पानी गर्म क़रने के लिये किया जाता है यह ऐसे तन्तु से बनी होती है जिसमें बिजली प्रवाहित करते ही गरम हो जाती हैं।

उपयोग में सावधानी– (1) पानी गर्म होते समय बीच में हाथ डालकर नहीं देखना चाहिये।

(2) तार या इंसुलेशन कहीं से कटा नहीं होना चाहिये।

गैर –विद्युत उपकरण –

(1) खाना पकाने का चूल्हा– खाना पकाने के लिये विभिन्न प्रकार के चूल्हों का उपयोग किया जाता है जैसे – मिट्टी के तेल का स्टोव – बत्ती वाला, हवा वाला, गैस का चूल्हा, कोयले की सिगड़ी, लकड़ी जलाने वाला चूल्हा,सोलर चूल्हा, धूआँ रहित चूल्हा।

(i) बत्ती वाला स्टोव – इसमें मिट्टी का तेल भरने के लिये नीचे टैंक होता है। तथा ऊपर चूल्हा होता है। इसमें सूत की बत्तियाँ तेल के टैंक में डूबी रहती हैं। जिन्हें जलाकर चूल्हें का उपयोग किया जाता है। इस स्टोव की टंकी में अधिक तेल नहीं भरना चाहिये, जलते स्टोव में तेल नहीं भरना चाहिए। स्टोव जलाते समय बत्ती लीवर की सहायता से ऊपर कर लेनी चाहिये तथा काम खत्म होने पर बत्ती बुझा कर लीवर से नीचे कर देनी चाहिये।

(ii) प्रेशर स्टोव– यह भी मिट्टी के तेल से ही जलता हैं। इसमें सामान्य टंकी के स्थान पर प्रेशर टंकी होती है। इसमें तेल की टंकी के ऊपर और नोजल के नीचे, बीच में एक स्प्रिट कप लगा होता है। टैंक में एक पंप, एक ढक्कन और एक हवा भरने की चाबी लगी होती है। हवा भरने से तेल नोजल द्वारा बाहर आता है ओर आग लगाने पर हवा के साथ जलता है। इसमें अधिक तेल नहीं भरना चाहिये। नोजल को पिन द्वारा साफ करते रहना चाहिये, टैंक में बहुत ज्यादा हवा नहीं भरनी चाहिये अन्यथा वह फट सकता है। स्टोव बंद करने के लिये वाल्व को खोल देना चाहिये ताकि हवा निकल जाये और स्टोव बंद हो जाये।

(iii) गैस का चूल्हा– गैस का चूल्हा सिलेण्डर में भरी हुई तरल पेट्रोलियन गैस (L.P.G.) द्वारा जलता है। गैस का चूल्हा रबरकी नली द्वारा सिलेण्डर से जुड़ा होता है।

चूल्हे में बर्नर होते हैं इस बर्नर में छोटे – **छोटे छिद्र होते हैं** जहाँ से गैस समान रूप से निकलती है। इन बर्नरों की सफाई नियमित **रूप से करते** रहना चाहिये, चूल्हे मेंलगे रेग्यूलेटर की सहायता से आवश्यकतानुसार आँच कम या अधिक कर लेनी चाहिये। पुरानी या कटी हुई रबर ट्यूब को तुरन्त बदल देना चाहिये तथा सिलेण्डर के नॉब को भी काम समाप्त होने पर बंद कर देना चाहिये इससे दुर्घटना की संभावना नहीं रहती।

(iv) सोलर कुकर – यह सौर ऊर्जा द्वारा कार्य करता है। सोलर कुकर में एक बॉक्सनुमा ढाँचा होता है जिसके अन्दर खाद्य सामग्री पकाने वाले डिब्बे रखे जाते हैं यह बॉक्स पारदर्शी काँच द्वारा ढका होता है। बॉक्स के ढक्कन के अन्दर की तरफ आइना होता है जिसको सूरज की दिशा में रखकर इस प्रकार रखा जाता है कि उसका तेज प्रकाश खाने के डिब्बों पर पडे। 3–4 घण्टों मे खाद्य पदार्थ पक जाता हैं।

(v) धूआँ रहित चूल्हा – लकड़ी या कोयले के चूल्हे या अंगीठी के धूयें से बचने के लिये धूयें रहित चूल्हे में चिमनी का प्रयोग किया जाता है। जिसके माध्यम से धूआँ पूरी तरह से बाहर निकल जाता है। इस चूल्हे से स्वास्थ्य पर कोई हानिकारक प्रभाव नहीं पड़ता हैं।

(2) रसोई के अन्य उपकरण – (i) कद्दूकस, (ii) छीलनी, (iii) मथानी, (iv) प्रेशर कुकर, (v) नॉन स्टिक पेन

कद्दूकस – इसका प्रयोग गाजर, पत्तागोभी, प्याज, अदरक आदि कसने के लिये किया जाता है।

छीलनी – इसका प्रयोग सब्जी का छिलका हटाने के लिये किया जाता है।

मथानी – यह दही, लस्सी फेंटने के काम में आती है।

प्रेशर कुकर – यह खाद्य पदार्थ को शीघ्र उबालने के काम आता है। इसमें भाप के दबाव द्वारा भोजन जल्दी उबल जाता है। इसमें एल्यूमिनियम या स्टील की बॉडी होती है। ऊपर ढक्कन पर सेफ्टी वाल्व, वेन्ट पाइप तथा वेट लगा होता है। वेट के ऊपर होने पर बजने वाली सीटी भोज्य पदार्थ के पकने का संकेत देती है।

वेंट पाइप से भाप कुछ–कुछ मात्रा में निकलती रहनी चाहिये। इसके बंद होने पर कुकर फटने की संभावना रहती है। कुकर के ठण्डा होने पर ही उसे खोलना चाहिए, गास्केट के ढीली हो जाने पर उसे बदल लेना चाहिये।

नॉन स्टिक पेन – यह भोजन पकाने का ऐसा पात्र होता है जिस पर भोज्य पदार्थ चिपकता नहीं है। पात्र के भीतरी भाग पर **'टेफलॉन'** नामक पदार्थ की परत होती है। नॉन स्टिक पेन में कम या बिना घी, तेल के भोज्य पदार्थ पकाया जा सकता है।

(3) सिलाई मशीन– इसका प्रयोग वस्त्रों को सिलाई करने हेतु किया जाता हैं। सिलाई के अलावा कढ़ाई करने, बटन – काँज लगाने, पिकू करने का कार्य भी सिलाई मशीन द्वारा किया जाता है। सिलाई मशीन बिजली – मोटर से चलने वाली भी आती हैं जिसमें समय व श्रम कम व्यय होता है।

उपकरणों का चुनाव करते समय ध्यान देने योग्य बातें–

उपकरणों का चयन करते समय निम्नलिखित बातों का ध्यान रखना चाहिये –

(i) ऐसा उपकरण खरीदें जो समय, श्रम, ईंधन एवं धन की बचत करे।

(ii) उपकरण ऐसी धातु का बना हो जिसका उपयोग एवं देखभाल सरल हो।

(iii) उपकरण सुरक्षित होना चाहिये। उनमें मानक चिन्ह देखकर ही खरीदना चाहिये।

(iv) मंहगे उपकरण की सर्विस गांरटी होनी चाहिये।

(v) उपकरण की कीमत दो – तीन जगह मालूम करके ही खरीदना चाहिये।

उपकरणों का सुरक्षित उपयोग –

उपकरणों को इस प्रकार उपयोग में लेना चाहिये कि किसी प्रकार की दुर्घटना की संभावना न हो जैसे –

(i) तार, प्लग आदि की जांच कर लेनी चाहिये। कहीं से टूटा न हो।

(ii) बिजली के उपकरण पानी से दूर होने चाहिए तथा उनमें किसी तरह की स्पाकिंग नहीं होनी चाहिये।

(iii) बिजली के उपकरणों को चलते समय गीले हाथ से नहीं छूना चाहिये।

(iv) करंट या झटका आने पर उसके तार विद्युत प्रवाह से अलग कर देने चाहिये।

(v) रसोई का काम करते समय गैस की नली चैक करते रहना चाहिये, गैस के रिसाव होने पर बदबू आती है ऐसा होने पर कोई स्विच चालू नहीं करना चाहिये और न ही माचिस, लाइटर का प्रयोग करना चाहिये। रसोई घर में नायलॉन के वस्त्र नहीं पहनने चाहिये।

घर में ईंधन, बिजली और पानी का संरक्षण –

विभिन्न घरेलू उपकरणों का इस प्रकार उपयोग करना चाहिये कि बिजली, पानी व ईंधन की बचत हो।

(A) बिजली का संरक्षण– घरों में सूर्य की रौशनी,बल्ब, ट्यूब लाइट का प्रयोग प्रकाश हेतु किया जाता है।

(i) दिन में जहाँ सूर्य का प्रकाश उपयोग में लाया जा सकता है वहाँ बल्ब, ट्यूब लाइट नहीं जलानी चाहिये।

(ii) घर से बाहर जाते समय पंखा, लाइटें बंद कर देनी चाहिये।

(iii) बाथरूम,टॉयलेट, घर के बाहर कम वॉट के बल्बों का प्रयोग करना चाहिये।

(iv) गीजर, वाशिंग मशीन, मिक्सी का प्रयोग कम करना चाहिये।

(B) ईंधन का संरक्षण – ईंधन का संरक्षण निम्न प्रकार से किया जा सकता है
(i) स्टोव के बर्नर (बत्ती वाला, प्रेशर वाला या गैस वाला) नियमित रूप से साफ करना चाहिये।

(ii) फ्रिज में रखी खाद्य सामग्री को गरम करने से पहले उनका तापमान कमरे के तापमान के समान कर लेना चाहिये अन्यथा गर्म करने से ईंधन ज्यादा व्यय होगा।

(iii) पकाने से पहले दाल व चावल को भिगों लेना चाहिये।

(iv) खाना बनाते समय बीच–बीच में आवश्यकतनुसार गैस धीमी कर लेनी चाहिये।

(C) पानी का संरक्षण – पानी का संरक्षण निम्न प्रकार से किया जा सकता है –

(i) कपड़े धाने के बाद बचे हुये पानी को गमलों में डाला जा सकता या पोछे में, आँगन धाने या गाड़ी धाने में किया जा सकता है।

(ii) ब्रश करते समय बहते पानी के स्थान पर मग में पानी लेकर प्रयोग करना चाहिये।

(iii) सब्जियों को बर्तन में पानी लेकर धोना चाहिये।

(iv) पोधों में पाइप के स्थान पर मग से पानी डालना चाहिये।

महत्वपूर्ण बिन्दु–

(a) आप उंगली से छूकर देख सकते हैं कि इस्त्री कितनी गरम है।

(b) मिक्सर के जार को ऊपर तक भरा जा सकता है।

(c) फ्रिज में खाना रखने से खाना खराब नहीं होता है।

(d) ग्रामीण शीतल के टाट को सिर्फ शाम को ही पानी से भिगोने की जरूरत पड़ती हैं।

(e) प्रत्येक विद्युत उपकरण के लिए थ्रीपिन प्लग का प्रयोग जरूरी होता है।

(f) भाप निकालने की उचित जगह होने से गीजर फटने की संभावना कम होती है।

घर में 'ईंधन के संरक्षण'

ईंधन संरक्षण से तात्पर्य ईंधन को बचाते हुये उपयोग करने से है ताकि कम ईंधन में अधिक कार्य सम्पन्न किये जा सकें। जैसे –

(i) स्टोव के बर्नर को नियमित रूप से साफ करते रहना चाहिये ताकि उसकी लौ का समान वितरण हो।

(ii) खाद्य पदार्थों को फ्रिज में से निकलने के बाद कमरे के तापमान पर लाना चाहिये फिर गर्म करना चाहिये क्यों कि ठण्डे खाद्य पदार्थ को गर्म करने में अधिक ईंधन व्यय होगा।

(iii) पकाने से पहले दाल चावल को भिगों देना चाहिये इससे वह जल्दी पक जायेंगे।

(iv) प्रेशर कुकर का प्रयोग करने से भोज्य पदार्थ जल्दी पक जाता है और ईंधन कम व्यय होता है।

(v) स्टोव की आँच को बीच – बीच में आवश्यकतानुसार कम करते रहना चाहिये।

घर में बिजली संरक्षण हेतु निम्न उपाय किये जा सकते हैं –

(i) घर से बाहर जाते समय बत्तियाँ व पखें बंदकर देने चाहिये।

(ii) घर के बाथरूम, टॉयलेट आदि में कम वॉट के बल्ब लगाने चाहिये।

(iii) गीजर, वाशिंग मशीन, मिक्सी का कम उपयोग करना चाहिये।

(iv) फ्रिज में भोज्य पदार्थों को कमरे का तापमान होने के बाद ही रखना चाहिये।

गर्म खाद्य पदार्थ फ्रिज का तापमान अधिक कर देंगे तथा फ्रिज को कम तापमान पर होने में बिजली व्यय होगी।

(v) फ्रिज बार – बार नहीं खोलना चाहिये।

(vi) फ्रिज को समय – समय पर डीफ्रॉस्ट करते रहना चाहिये।

(vii) स्वचालित इस्त्री के प्रयोग से कम बिजली व्यय होती है।

श्रम बचाने वाले उपकरण हैं – मिक्सी, वाशिंग मशीन, टोस्टर, प्रेशर कुकर, गैस चूल्हा, इमर्शन रॉड, वेक्यूम क्लीनर, फूड प्रोसेसर आदि।

रसोई में प्रयोग होने वाले उपकरण

रसोई घर में विभिन्न उपकरण काम में लाये जाते हैं जैसे – प्रेशर कुकर, स्टोव, गैस चूल्हा, मिक्सर एवं ग्राइण्डर या फूड प्रोसेसर, फ्रिज, टोस्टर आदि इनके अतिरिक्त कद्दूकस, छीलनी, मथानी, नॉनस्टिक पैन आदि भी रसोई घर के उपकरणों के अन्तर्गत सम्मिलित होते हैं।

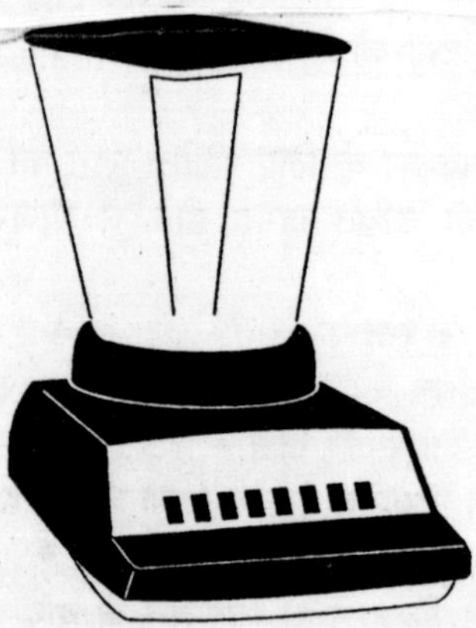

रसोई घर में काम आने वाले विद्युत उपकरणों की कार्य प्रणाली -

(i) टोस्टर – यह ब्रेड को सेकने / गर्म करने / कुरकुरा करने के काम आता है। इसमें लगे विद्युत तन्तु (इलेक्ट्रिक एलिमेंट) को गर्म करके ब्रेड को सेका जाता है।ऑटोमेटिक टोस्टर में हीट रेग्युलेटर लगा होता है। उसकी मदद से तापमान को नियंत्रित किया जाता है उस तापमान पर पहुँचने के बाद टोस्टर अपने आप बंद होकर ब्रेड को ऊपर निकाल देता है।

(ii) मिक्सर – मिक्सर के द्वारा खाद्य पदार्थों की गीली अथवा सूखी पिसाई की जाती हैं। मिक्सी के दो हिस्से होते हैं – (1) आधार – जिसमें मोटर लगी होती है (2) जार – ये शीशे या प्लास्टिक के हो सकते हैं इनमें खाद्य पदार्थ भरकर आधार में फिट कर दिया जाता है। जार में लगी पत्तियों के मोटर द्वारा घूमने से खाद्य पदार्थ पिस जाता है।

(iii) फ्रिज – यह भोजन को सुरक्षित रखने के काम आता है। यह एक अल्मारीनुमा संरचना है जिसमें विभिन्न नलियाँ होती है जिसमें फ्रियॉन गैस प्रवाहित होती रहती है जिससे फ्रिज का तापमान कम बना रहता है। इसमें ऊपर के हिस्से को फ्रिजर कहा जाता है जिसमें बर्फ जमाने का कार्य होता है तथा नीचे खाद्य सामग्री, फल – सब्जी आदि रखने की शैल्फ होती हैं। फ्रिज के दरवाजे पर पानी बोतल, अण्डा रखने का स्थान होता है। फ्रिज के बाहर पीछे की तरफ कम्प्रेसर होता है जिसमें गैस भरी होती है।

रसोई में काम आने वाले गैर–विद्युत उपकरणों की कार्य प्रणाली –

(i) खाना पकाने का चूल्हा – यह विभिन्न प्रकार के होते हैं – (A) बत्ती वाला स्टोव, (B) प्रेशर वाला स्टोव, (C) गैस का चूल्हा, (D) सोलर कुकर, (E) धुआँ रहित चूल्हा।

(A) बत्ती वाली स्टोव – इसमें तेल भरने वाला टैंक होता है और सूत की बत्तियाँ तेल में डूबी रहती हैं। इन बत्तियों को लीवर से ऊपर उठाया जा सकता है। इन बत्तियों के चारों ओर तीन सिलेण्डर होते हैं बीच का सिलेण्डर में कुछ छेद होते हैं जिसके माध्यम से हवा बत्तियों तक पहुँचती हैं। बाहर का सिलेण्डर चिमनी का कार्य कर.ता हैं। सिलेण्डर के ऊपर बर्तन रखने का उचित स्थान होता है।

(B) प्रेशर स्टोव – इसमें तेल की टंकी प्रेशर टैंक के रूप में होता है। इसके ऊपर और नोजल के बीच में स्प्रिट कप लगा होता हैं। टैंक में पंप, ढक्कन और हवा की चाबी होती हैं। हवा भरने से दबाब के कारण अन्दर का तेल नोजल से बाहर आता है यह तेल वाष्प के रूप में हवा के साथ मिलकर जलने लगता है। और नीली लौ का रूप ले लेता हैं।

(C) गैस का चूल्हा – गैस चूल्हे को जलाने के लिये सिलेण्डरों में भरी L.P.G. (लिक्विड पेट्रोलियम गैस) काम आती है। इस सिलेण्डर को एक रबर नली द्वारा गैस चूल्हे से जोड़ा जाता है। चूल्हे में लगे बर्नर में छोटे – छोटे छेद होते हैं जिससे गैस जलने के लिये पर्याप्त हवा मिलती रहती हैं।

(D) सोलर कुकर – यह एक लोहे/एल्यूमिनियम का बक्सा होता है जिसके अन्दर काले रंग के टिफिन होते हैं। यह बक्सा पारदर्शी काँच से ढका होता है। इस बक्से के ढ़क्कन को खोलकर रखा जाता है इस ढक्कन के अन्दर की तरफ आइना लगा होता है। इसे सूरज की किरणों के अनुसार कोण पर रखा जाता है। और इस सूर्य की किरणों के ताप से भोजन पक जाता है।

(E) धूआँ रहित चूल्हा – इस चूल्हे में धूआँ निकलने के लिये चिमनी का प्रयोग किया जाता है।

(ii) प्रेशर कुकर – प्रेशर कुकर एल्युमिनियम या स्टील का बना होता है। इसमें उच्च ताप व दाब के द्वारा भोजन पकता हैं। कुकर के ढ़क्कन के चारों तरफ गास्केट लगी होती है जो कि भाप को बाहर निकालने से रोकती है। ढ़क्कन पर लगा वेट भाप ज्यादा होने पर ऊपर उठता है जिससे सीटी के रूप में भाप निकल जाती है।

(iii) नॉन स्टिक पैन – नॉनस्टिक पैन के भीतरी हिस्से पर टेफलॉन नामक

विशेष पदार्थ की कोटिंग होती है। जिससे भोज्य पदार्थ पैन चिपकता नहीं हैं। टेफलॉन पदार्थ की कोटिंग होने से भोज्य पदार्थ में तेल लगाने की आवश्यकता नहीं पड़ती है या बहुत ही कम तेल की आवश्यकता होती है।

(iv) कद्दूकस – इसमें नुकीले छेद होते हैं जिसमें गाजर, प्याज, अदरख, नारियल को आसानी से कसा जा सकता हैं।

(v) छीलनी – यह तेज धार का औजार है जिसमें एक हैण्डिल के साथ ब्लेड होता है जिसमें सब्जी व फल के छिलकों को आसानी से उतारा जा सकता है।

(vi) मथानी – यह खाद्य पदार्थ को मथने या फेंटने का कार्य करता हैं। इसमें पतली पत्तियाँ लगी होती है जिसे आसानी से बर्तन पर घुमाया जा सकता है।

विद्युत उपकरणों का प्रयोग करते समय निम्न लिखित बातों को ध्यान में रखना आवश्यक हैं --

(i) विद्युत उपकरणों पर दिये गये निर्देशों को पढ़कर उनका पालन करना चाहिये।

(ii) विद्युत उपकरणों के तार व प्लग आदि ठीक होने चाहिये कहीं से कटा नहीं होना चाहिये। अन्यथा करंट लग सकता है।

(iii) विद्युत उपकरणों को पानी से दूर रखना चाहिये तथा गीले हाथों से विद्युत उपकरणों का उपयोग नहीं करना चाहिये।

(iv) विद्युत उपकरणों में थ्रीपिन प्लग काम में लेना चाहिये।

ग्रामीण शीतल फ्रिज के सिद्धान्त

यह ग्रामीण शीतल फ्रिज के सिद्धान्त पर ही कार्य करता हैं। इसमें एक जाली की अलमारी होती है। इसके सामने के हिस्से को छोड़कर तीनों तरफ से टाट द्वारा लपेटा जाता है और टाट का एक छोर पानी से भरे कटोरे में डुबो कर रखा जाता है। जिससे टाट हमेशा गीला रहता हैं। गीले टाट का पानी वाष्पीकृत होता रहता हैं और अलमारी के अन्दर का तापमान को वातावरण के तापमान से कम बनाये रखता हैं। और अलमारी में रखा खाना खराब नहीं होता है।

घरेलू उपकरण खरीदते समय निम्नलिखित बातों को ध्यान में रखना चाहिये -

(i) ऐसा उपकरण, खरीदना चाहिये जो समय, श्रम, ईंधन एवं धन की बचत करे।

(ii) उपकरण ऐसी धातु का बना हो, जिसका उपयोग एवं देखरेख सरल एवं सुविधाजनक हो।

(iii) उपकरण सुरक्षित होना चाहिये। उसमें मानक चिन्ह देखकर ही खरीदना चाहिये।

(iv) मंहगे उपकरणों की गांरटी होनी चाहिये।

(v) उपकरणों की कीमत दो – तीन जगह मालूम करके ही खरीदना चाहिये।

सावधानिया–

(i) जब बाल्टी में इमर्शन रॉड से पानी गर्म हो रहा है और आप छूकर देखने हैं कि गरम हुआ है या नहीं।

(ii) रसोई में खाना बनाते समय नायलॉन के कपड़े पहनना।

(iii) जलते स्टोव को हाथ में उठाना ।

(iv) स्टोव जलाने से पहले आस पास बिखरे तेल को पोछ कर साफ करना।

(v) प्रेशर स्टोव में ज्यादा हवा भरना।

(vi) गैस सिलेण्डर की कटी पाइप को बदलना।

(vii) अंगुलियों से छूकर इस्त्री का तापमान देखना।

(viii) गैस स्टोव को पुरानी रबर ट्यूब से जोड़ना।

(ix) नॉमस्टिक पैन को नायलॉन स्क्रबर से साफ करना।

(x) प्रेशर कुकर की सीटी को उठाकर भाप निकालना।

(xi) पाइप को छूने से पहले बिजली का स्विच बंद करना।

सावधानियां –

(i) जब बाल्टी में इमर्शन रॉड से पानी गर्म हो रहा हो और हम पानी को छूकर देखते हैं कि पानी गर्म हुआ है या नहीं तो इससे विद्युत धारा प्रवाहित होने के कारण हमें करंट लग सकता है। अतः यह असुरक्षित तरीका है।

(ii) रसोई में खाना बनाते समय नायलॉन के कपड़े नहीं पहनने चाहिये क्योंकि नायलॉन के कपड़े जल्दी आग पकड़ते हैं तथा जलने पर शरीर से चिपक भी जाते हैं। अतः यह असुरक्षित तरीका है।

(iii) जलते स्टोव को हाथ में उठाने से तेल गिर सकता है तथा आग लग सकती है तथा हवा के झोंके से आग की लपट द्वारा हम जल भी सकते हैं। अतः यह असुरक्षित तरीका है।

(iv) सुरक्षित तरीका है।

(v) प्रेशर स्टोव में ज्यादा हवा भरने से स्टोव के फटने की सम्भावना होती है इससे तेल फेलकर आग लग सकती है। अतः यह असुरक्षित तरीका है।

(vi) सुरक्षित तरिका है।

(vii) इस्त्री को अंगुली से छूकर नहीं देखना चाहिये कि वह गर्म हुई है या नहीं क्योंकि ज्यादा गर्म होने पर हमारी अंगुलियाँ जल सकती हैं। अतः यह असुरक्षित तरीका है।

(viii) गैस स्टोव को पुरानी रबर ट्यूब से नहीं जोड़ना चाहिये क्योंकि इसके कटे होने से गैस का रिसाव हो सकता है तथा आग लग सकती है। अतः यह असुरक्षित तरीका है।

(ix) सुरक्षित तरीका है।

(x) प्रेशर कुकर की सीटी उठाकर भाप नहीं निकालनी चाहिये क्योंकि गर्म भाप से हम जल सकते हैं। अतः यह असुरक्षित तरीका है।

(xi) सुरक्षित तरीका है।

❑❑❑

अध्याय-8

क्षेत्रीय वनस्पति से घरेलू उपचार एवं उपयोग

घरेलू औषधियाँ

हमारे देश मे प्राचीन समय से ही पेड़-पौधों एवं उनके उत्पादों का प्रयोग चिकित्सा के लिए किया जा रहा है। चिकित्सा की भारतीय पद्धति आयुर्वेद के नाम से जानी जाती है। चिकित्सा हेतु प्रयुक्त जंगलों में पाए जाने वाले पौधे वनौषधि या जड़ी-बूटियों के नाम से जाने जाते हैं। जड़ी-बूटियों की पहचान एवं उनकी उपयोगिता के कारण हमारे देश में विश्व में अपनी पहचान बनाई है। पेड़-पौधों के उत्तकों में पाए जाने वाले रासायनिक पदार्थों का मानव शरीर पर निश्चित प्रभाव होता है अतः इनका उपयोग विभिन्न रोगों के लक्षणों के अनुसार उपचार के लिए किया जाता है।

धनिया (Coriander)

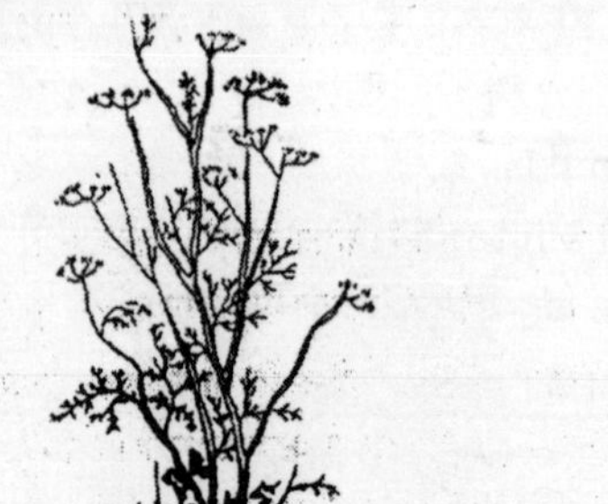

इसकी हरी पत्तियाँ और सुगन्ध युक्त होते हैं। खाध सामग्री में स्वाद एवं सुगन्ध उत्पन्न करने के लिए इसे प्रयोग में लेते हैं। इसके फलों को मसाले के रूप में काम में लिया जाता है। यह अरूचि, वमन, उदरशूल व पाचन में लाभप्रद है। धनिए के तेल का प्रयोग दवाइयों एवं पेय पदार्थों में विशिष्ट स्वाद उत्पन्न करने हेतु करते है।

सौंफ (Fennel)

सौंफ अपने विशिष्ट स्वाद के कारण उपयोग में लाई जाती है।

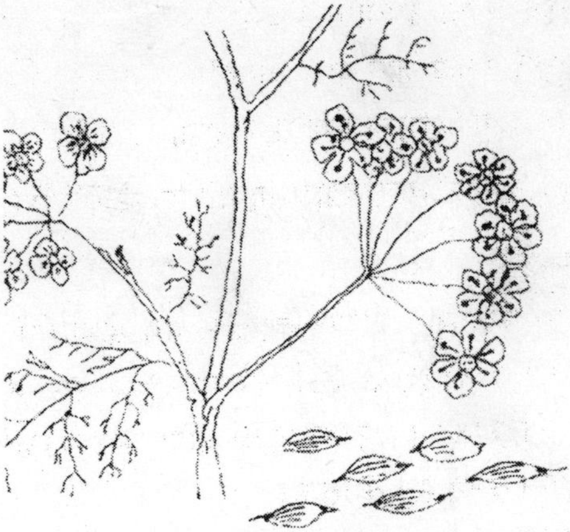

यह शीतल व पाचक होती है। यह भोजन में मसाले के रूप में व खाद्य पदार्थों में सुगन्ध हेतु प्रयुक्त की जाती है। सौंफ का तेल परफ्यूम/इत्र निर्माण में एवे सुगन्धकारक की तरह काम में आता है। सौंफ को पान में डालकर अथवा भोजन के उपरान्त भी मुखशोधन के लिए उपयोग में लेते हैं।

जीरा (Cumin)

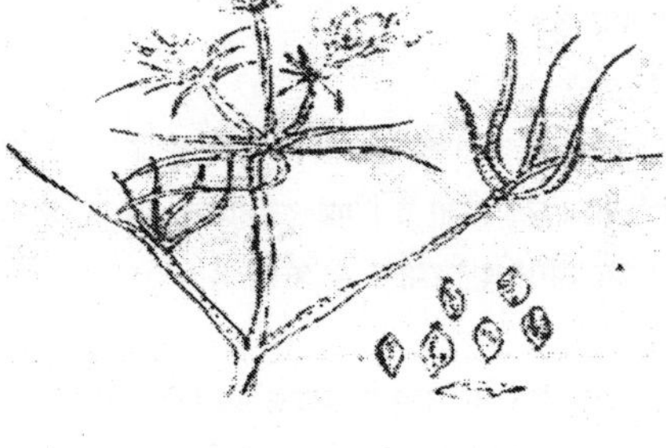

प्राचीन काल से ही यह मसाले के लिए प्रयुक्त होता रहा है। भारत में इसका अधिक उत्पादन पंजाब, उत्तरप्रदेश व राजस्थान में होता है इसके फल लम्बे एवं हल्के भूरे रंग के होते हैं।

इसका उपयोग मसाले, सूप, अचार, सब्जी आदि भोज्य पदार्थ तैयार करने में किया जाता है। यह अपच से सम्बंधित बीमारियों के उपचार में काम आता है। इसके अतिरिक्त जानवरों के लिए दवाइयाँ बनाने तथा सर्पदंश में भी इसे काम में लेते हैं।

अजवाइन (Ammi)

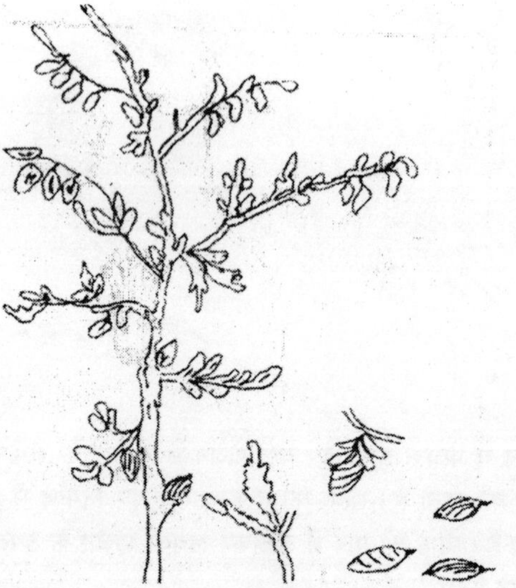

इसका उत्पादन सम्पूर्ण भारत में किया जाता है। इसका उपयोग मसाले के रूप में होता है। यह चरपरा, कड़वा, गर्म व पाचक होता है औषधि में यह पेट की बीमारियों यथा- दर्द कृमि एवं अपचनाशक है।

राई (Indian Mustard)

राई का प्रयोग अचार एवं भोज्य पदार्थों में विशिष्ट स्वाद प्रदान करने हेतु करते हैं यह चरपरी, कड़वी व गर्म प्रकृति की होती है। यह दर्दनाशक, कफ ओर कृमि क़ो भी नष्ट करती है। इसके तेल का उपयोग औषधि निर्माण में करते है।

सौंठ (Dry Ginger)

सूखा हुआ अदरख सौंठ के नाम से जाना जाता है। यह पौधे की जड़ से प्राप्त होती है। इसकी विशिष्ट खुशबू इसमें पाए जाने वाले वाष्पशील तेलों के कारण होती है। इसकी गर्म

प्रकृति के कारण इसका प्रयोग प्रायः शीत ऋतु में किया जाता है। यह खाँसी-जुकाम में औषधि के रूप में प्रयुक्त होता है। सौंठ का लेप शरीर पर चोट आदि से होने वाले दर्द के स्थान पर लगाने से राहत मिलती है।

मेथी

भारत में यह प्रायः उत्तरी भाग में पाई जाती है। इसकी हरी पत्तिया शाक एवं चारे के रूप में प्रयुक्त होती हैं। मेथी का उपयोग मसाले की तरह किया जाता है।

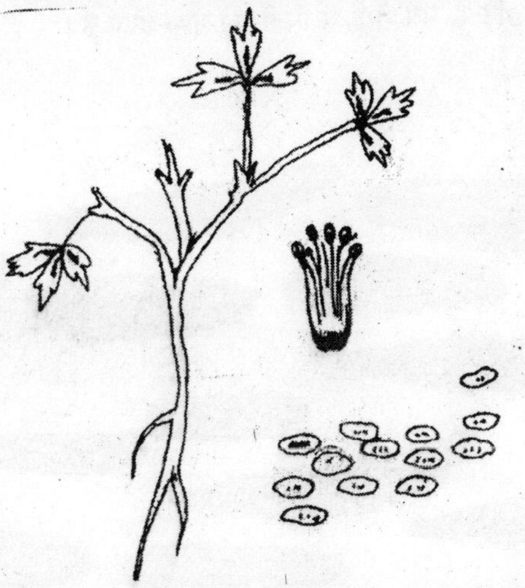

बीजों को भूनकर या उबालकर अपच से सम्बन्धित बीमारियों, गठिया, खाँसी, यकृत, प्लीहा के बढ़ने पर उपचार में काम में लिया जाता है। इसकी गर्म प्रकृति के कारण विशेष रूप से शीत ऋतु में इसका उपयोग किया जाता है।

काली मिर्च

यह भारत में पाई जाने वाली प्राचीनतम पैदावार में से एक है। इसकी लताएं साठ से सो वर्षों तक फल देती हैं। भारत में काली मिर्च के कुल उत्पाद का 95 प्रतिशत भाग तक केरल राज्य में उत्पादन होता है। इसके पके हुए सूखे फलों का उपयोग मसाले के रूप में किया जाता है। काली मिर्च का प्रयोग इसके तीखे-चरपरे स्वाद के कारण भोज्य पदार्थों में करते हैं। यूरोपीय देशों में माँस को संरक्षित रखने में इसका प्रमुखता से उपयोग किया जाता है। यह लार ग्रन्थियों तथा आमाशयी रसों के स्त्रवण को बढ़ाती है एवं शीतलता प्रदान करती है। यह मलेरिया बुखार के पश्चात् आने वाली कमजोरी के उपचार में भी काम में आती हड़ै। घी में मिला कर खाने से नैत्र रोगों व पित्ती का नाश होता है।

पीपल

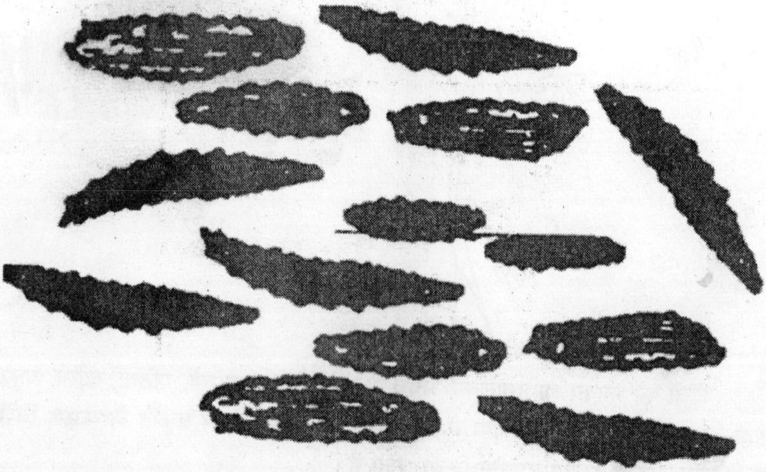

यह भारत, श्रीलंका एवं फिलिपिन्स में पाई जाती है इसके शुष्क, तीक्ष्ण, कटु, पाचक और अरूचिनाशक होते है। जिनका उपयोग मसाले के रूप में करते है। इसका तीखा मिर्च के समान स्वाद मुख में लार बनाने में सहायक होता है। यह पेट दर्द, अरूचि विकार, अजीर्ण आदि में भी प्रयुक्त होता है।

लोंग

लोंग अत्यन्त प्राचीन समय से कीमती मसाले के रूप में प्रयुक्त होता आया है। मसाले के रूप में काम में आने वाली लोंग पौधें की बिना खिली हरी पुष्पकलिकाएं होती हैं जो सूखने के बाद गहरे भूरे रंग की हो जाती है। लोंग की विशेष खुशबू उसमें पाए जाने वाले वाष्पशील तेलों के कारण होती है।

इसे मीठे एवं नमकीन दोनों ही प्रकार के व्यंजनों में सुगन्ध हेतु प्रयुक्त करते हैं अचार, केचप, सॉस व सब्जियों में भी इसे उपयोग में लेते हैं। इसका उपयोग पान के पत्तों के साथ मुखशोधन हेतु किया जाता है। इससे प्राप्त तेल कृमि नाशक एवं दांत सम्बंधित रोगों के उपचार में प्रयुक्त होता है। इसका उपयोग परफ्यूम उद्योग में भी किया जाता है।

इलाइची

(अ) छोटी इलाइची-यह भारत की स्थानीय पैदावार है। केरल, कर्नाटक, असम, महाराष्ट्र, सिक्किम व तमिलनाडु में इसका उत्पादन किया जाता है। इलायची को विशिष्ट स्वाद व सुगन्ध के कारण भोज्य पदार्थों में काम में लिया जाता है। इसे पान में डालकर भी खाते हैं। यह पाचन क्षमता को बढ़ाने वाला, शीतल एवं मुख व कण्ठ शोधक होता है। इसके बीजों के तेल का उपयोग पेय पदार्थों के स्वाद को बढ़ाने हेतु किया जाता है।

(ब) बड़ी इलाइची-इसका उपयोग विशिष्ट गन्ध व स्वाद के कारण किया जाता हैं यह गरम मसाले का प्रमुख अवयव हैं यह पाचन सम्बन्धी समस्याओं व पथरी के उपचार में प्रयुक्त होती हैं।

जायफल व जावित्री

भारत में इसका वृक्ष नीलगिरी, केरल तथा पश्चिमी बंगाल में पाया जाता है। इसका वृक्ष 30 से 60 फीट लम्बा एवं सदा हरा रहने वाला होता है।

इसके पके फल सुनहरे पीले रंग के होते है। फल के सूखने के उपरान्त चमकीला भूरा बीज जो कि लाल रंग के आवरण से ढका रहता है का उपयोग जायफल तथा आवरण का उपयोग जावित्री के रूप में किया जाता है।

यह तीखा, कड़वा, पाचक व गरम प्रकृति का होता है। अनिद्रा, अजीर्ण, वायुविकार एवं कृमि के उपचार में औषधि का कार्य करता है। मसाले के अतिरिक्त यह मिठाइयों एवं विभिन्न पेय पदार्थों में भी प्रयुक्त होता है।

हरितिका, हरड़

इसका वृक्ष प्रायः उत्तरी एवं दक्षिणी भारत में पाया जाता है। इसके फल का उपयोग पेट से सम्बंधित बीमारियों, वमन, यकृत एवं प्लीहा के बढ़ने पर किया जाता है। घाव व छालों पर ही इसे बाह्य लेप की तरह लगाते है। फल का बारीक पाउडर नेत्र रोग, दांत व मसूढ़ों की बीमारियों में काम में आता हैं।

बहेड़ा

इसका पेड़ सामान्यतः सम्पूर्ण भारत में पाया जाता है। पका सूखा फल जिसे बहेड़ा के नाम से जानते है, कड़वा, शक्तिवर्द्धक एवं पाचन तंत्र से सम्बंधित रोगों के उपचार में काम आता है। इसका उपयोग, पाइल्स, कोढ़, सिरदर्द में भी किया जाता है। इसके फलों में 'टेनिन' नामक पदार्थ होता है, जो वस्त्र एवं चमड़े की रंगाई में भी उपयोग में आता है। यह मस्तिष्क के लिए टॉनिक का कार्य करता हे। यह नेत्रों को शीतलता प्रदान करता हैं।

आंवला

इसका वृक्ष सम्पूर्ण भारत में पाया जाता है। आंवले का फल विटामिन-सी का अच्छा स्रोत है, अत: विटामिन-सी की कमी से जनित रोग के उपचार में काम में आता हे। ताजा आंवले का फल खट्टा-मीठा, कसैला व शीतल होता है। इसका प्रयोग पाचन सम्बन्धी समस्याओं, थकावट कब्ज व अपच के उपचार में करते हैं इसका सूखा फल रक्त शोधक होता हैं। फलों का बड़ी मात्रा में उपयोग स्याही बनाने, रंग बनाने तथा बालों को धोने के लिए शेम्पू निर्माण में करते हैं। नेत्र से सम्बंधित रोगो में भी इसका उपयोग करते हैं।

हरड़, बहेड़ा व आंवले का चूर्ण बनाकर एवं निश्चित अनुपात में मिलाकर प्रसिद्ध आयुर्वेदिक औषधि 'त्रिफला' का निर्माण किया जाता है। जो कई रोगो के उपचार में काम में आती है।

हल्दी

मसाले के रूप में प्रयुक्त होने वाली हल्दी पौधे की जड़ से प्राप्त होती है। जड़ों में पाई जाने वाली मोटी, फूली हुई गांठो को साफ कर धूप में सुखा दिया जाता है। इसका उपयोग मसाले के रूप में अचार व अन्य भोज्य पदार्थों के रंग व स्वाद हेतु किया जाता है। 'कुमकुम' बनाने में भी इसे उपयोग में लेते हैं हमारे देश गें इसका उपयोग वस्त्रों को पारम्परिक रूप में रंगने में भी किया जाता है। चिकित्सा में इसका उपयोग रोग प्रतिरोधक के रूप में घावों /जख्मों पर लगाने व बांधने हेतु किया जाता है। चोट लगने व इसकी पुल्टिस बनाकर बांधी जाती हैं। खांसी, जुकाम में भी इसकी गर्म प्रकृति के कारण इसे उपयोग में लेते हैं।

❑❑❑

अध्याय-9

आओ—श्रमशील बनें

व्यक्ति अपनी आवश्यकताओं की पूर्ति के लिए कोई न कोई व्यवसाय अपनाता है। कोई व्यक्ति अपने पारम्परिक एवं पैतृक उद्योग को उपनाता है, कोई नया उद्योग-धंधा स्थापित करता हैं, तो कोई अपनी दुकान में मशीनों का उपयोग कर रोजी-रोटी कमाता हैं। इस प्रकार घरेलू व्यवसाय या छोटे उद्योग स्थापित कर आवश्यकता की वस्तुएँ बनाने के कार्य को कुटीर एवं लघु उद्योग कहते हैं।

कुटीर एवं लघु उद्योग हमारे देश की अर्थव्यवस्था की रीढ़ हैं। इन उद्योगों के द्वारा देश के कुल उत्पादन का 40 प्रतिशत भाग उत्पादित किया जा रहा है। जूते-चप्पल बनाना, बाँस की टोकरियाँ,खजूर के झाडू बनाना, रंगाई-छपाई के कार्य, सिलाई, सुथारी एवं लुहारी आदि कार्य हन उद्योगों में आते हैं। वे छोटे-छोटे उद्योग-धन्धे जो पारम्परिक कौशल पर आधारित होते है। जिनमें पूँजी बहुत कम लगाई जाती है तथा उत्पादन प्रायः हाथों से होता है कुटीर उद्योग ही हैं। कुटीर उद्योग की अपेक्षा लघु उद्योग कुछ बड़े होते हैं। लघु उद्योगों में मशीनों व सयंत्रों से उत्पादन किया जाता है। आज अपने देश में पाँच हजार अधिक उत्पाद लघु उद्योगों के द्वारा उत्पादित किये जाते हैं। लघु-उद्योगों को विभिन्न क्षेत्रों में बाँटा गया है, जैसे रसायन, यांत्रिकी, इलेक्ट्रीकल, ग्लास व सिरेमिक्स, होजरी, खाद्य, चर्म व सहायक उद्योग आदि। प्लास्टिक के छोटे-छोटे उत्पाद, छोटे बल्ब बनाना, रेडिमेड वस्त्र आदि भी लघु उद्योग की श्रेणी में आते हैं।

श्यामपट्ट चॉक बनाना

चॉक एक आवश्यक उपयोगी सामग्री है जिसका उपयोग प्राथमि विद्यालय से लेकर महाविद्यालय तक में किया जाता है। इसकी खपत एवं माँग बाजार मे अत्यधिक रहती है।

आवश्यक सामग्रीः-प्लास्टर ऑफ पेरिस, चाइना क्ले, विभिन्न रंग, चिकनाई के लिए तेल, चाँक बनाने का सांचा।

निर्माण विधिः- चॉक बनाने की विधि अत्यन्त सरल है। एक पात्र में निर्धारित मात्रा में प्लास्टर ऑफ पेरिस लेकर उसमें लगभग 15 प्रतिशत चाइना क्ले मिला लें। इस मिश्रण को पानी में गाढ़ा घोल ले। यदि रंगीन चॉक बनानी हो तो इच्छित रंग इस घोल में मिला ले। जब

घोल थोड़ा गाढ़ा होने लगे तो पहले तैयार किये साँचों में भर दे। चॉक सांचों में चिपके नही इसके लिए सांचों में पहले से ही मोबिल या अन्य कोई तेल लगा देना चाहिए। प्लास्टर ऑफ पेरिस जब साँचों में जम जाए तो साँचों को खोलकर सावधानी से चॉक निकाल लेवे एवं इन्हें रद्दी अखबार बिछाकर धूप में सूखने के लिए रख दें।

सूखे हुए चाँक को सुन्दर, आकर्षक, पैकेट में रखने के लिए एक गत्ता लेकर उसे काट लेवें, प्रत्येक कटिंग वाले भाग से मोड़कर बॉक्स बनालें। इसके मोड़ों को नीचे से तथा साइड से चिपका लेवें, ऊपर का मुँह खुला रखें।

इब इसमें 30-35 चॉक सीधे रखकर उनके बीच में लकड़ी का बारीक बुरादा भर देवें। यदि बाजार में बेचने हो तो, बपनी ब्रांड का नाम कागज़ पर छपवाकर बॉक्स पर चिपका देवें।

दोने व पत्तल निर्माण

शादी, उत्सव आदि मौकों पर दोने व पत्तलों में आपने भोजन किया होगा। ये सस्ते व आसानी से उपलब्ध हो जाते है। गॉवों में ढाक (खाखरा) के पत्तों से घरों में दोने-पत्तल बनाये जाते हैं। आजकल मशीन द्वारा बने हुए दोने पत्तल बाजार में उपलब्ध हैं।

निर्माण सामग्री:-सर्वप्रथम केले, ढाक, कचनारन या महुएउ के सूखे पत्तों को बारीक सींक द्वारा सिलकर पानी में भिगों देवें भीगने के पश्चात् इन्हें व्यवस्थित कर दें। मशीन में उपयोग में आने वाली डाई को गर्म करें, इसके लिए बायोगैस बर्नर, केरोसीन बर्नर या विद्युत हीटर काम में ले सकते हैं। इस क्रिया के पश्चात् पत्तों को एक शीट की तरह जमाकर, दो शीटों के बीच में बारीक पॉलीथीन शीट लगाकर इसे गर्म साँचों में रखकर मशीन के झटके से दबा देते हैं। अब डाई व पत्तों को ऐसे ही कुछ देर ठण्डा होने के लिये छोड़ देते हैं। पैंडल को एक बार छोड़ने व दबाने से पत्तों के अनावश्यक भाग कट जाते हैं। इससे मन चाहा आकार के दोने पत्तल डाई के अनुसार बनते हैं।

इस प्रकार दोने व पत्तल अलग-अलग डाई लगाकर तैयार कर लेते हैं। इन्हें पचास-पचास या 100-100 की संख्या में जमाकर बण्डल बाँध देते हैं।

लघु और कुटीर उद्योग के अलावा स्वरोजगार के अन्य माध्यमों से मशीनों की सहायता से व्यवसाय प्रमुख है जिसमें कुछ अधिक पूँजी की आवश्यकता होती हे। टाइप, फोटोस्टेट एवं कम्प्यूटर व्यवसाय भी इनकी श्रेणी में ही आता है।

टाइपराइटर

कार्यालय पत्र, आदेश, संदेश को सुपठनीय प्राप्त करने के लिए टाइप किया हुआ कार्य ही उपयोगी होता है। टाइप सीखना आज इसलिए जरूरी हो गया है कि प्रत्येक कार्य के लिए या तो टाइप किया हुआ कागज या कम्प्यूटर द्वारा प्रिन्ट किए हुए कार्य की ही माँग होती है। अतः कम्प्यूटर सीखने से पहले टाइप सीखना जरूरी है। इससे कम्प्यूटर पर भी शीघ्रता से कार्य कर सकते हैं। टाइप सीखकर आप अपना टाइप व्यवसाय या कम्प्यूटर द्वारा टाइप व्यवसाय भी आसानी से चला सकते हैं। अलग-अलग भाषाओं के अलग-अलग टाइपराइटर होते है। हिन्दी, अंग्रेजी,गुजराती टाइप मशीन आदि। टाइप मशीन के निम्न भाग होते हैं- बटन तालिका,

केरीज या पत्र वाहक, खिंचाव रोधक या कल नियंत्रक, फीता (रिबन) टेबूलेटर या सारणी। बटन तालिका-टाइपराइटर के सामने बीच के भाग में बहुत से चोकोर गोल सिरे वाले बटन लगे रहते है जिन्हें बटन या लीज कहते हैं और उस सारे भाग को बटन तालिका ए से जेड तक एवे 0 से 1 तक के बटन होते है। विराम चिह्नों की बटन भी होती है। सबसे नीचे लम्बी पट्टी होती हे। यह स्पेस बार कहलाती है। कुल मिलाकर टाइपराइटब्र में 42 बटन होते है, प्रत्ये बटन एक लम्बी स्टील की छड़ द्वारा कैरीज रोलरन के सामने लोहे के उसी अक्षर पर लगी होती हे, जिसकी 'की' होती है।

केरीज या पत्र वाहक:- केरीज टाइप मशीन का वह गतिशील भाग होता है जो कागज लेकर अपनी छोटी-छोटी पट्टियों की सहायता से एक नियत लोहे की पटरी पर चलता है। जैसे ही कोई बटन दबता है वैसे ही सम्पूर्ण भाग चलायमान हो जाता है। पटरी की लम्बाई तक इसकी यात्रा समाप्त होते ही, इसे एक अन्य हेण्डल द्वारा पुनः पहले वाले स्थान पर लाया जाता है।

खिंचावं रोधक:-टाइप मशीन के पिछले नीचे के भाग में एक गोल डिब्बी के भीतर एक लम्बे सुचालजक पतरे की कमानी होती हे जिसे खिंचाव पहिया या टेंशन व्हील कहते हैं। खिंचाव कैरीज को सदैव दाहिनी ओर से बाँयी ओर को खींचता हैं।

रिबन या फीता:-यह कपड़े का लम्बा व पतला फीता होता है जो एक या दो प्रकार की स्याही से भीगा रहता है। जब टाइप के अक्षर इस पर पड़ते है तो यह कागज़ व अक्षर के बीच आ जाती है व अक्षर कागज़ पर छाप देती है।

सारणी यंत्र:- पत्र, बीजक तथा अन्य प्रकार के विवरणों को सारणी रूप में टाइप करने के लिए सारणी यंत्र का उपयोग करते हैं। टाइप प्रायः अंगुलियों से की जाती है, अतः की बोर्ड पर लगे बटन को निर्धारित अंगुली से ही दबाया जाता है इसके लिए प्रत्येक अंगुली से निर्धारित बटन ही दबाने का अभ्यास किया जाता है। बार-बार अभ्यास करने से अंगुलियाँ अभ्यस्त हो जाती हैं।

इस प्रकार प्रत्येक पंक्ति की टाइप का अभ्यास किसी प्रशिक्षक से प्राप्त कर सकते हैं। टाइप सीखना अभ्यास पर निर्भर करता है। यदि आप अधिक अभ्यास करेंगे तो दो तीन माह में टाइप सीख जाएंगे। टाइप सीखने के बाद आप आसानी सक कागज़, दस्तावेज टाइप कर सकते हैं।

फोटो स्टेट मशीन

फोटो स्टेट मशीन द्वारा बहुमूल्य प्रमाण-पत्र, अंकतालिका, डिग्री, मकान की रजिस्ट्री एवं अन्य दस्तावेज की वैसी की वैसी आवश्यकतानुसार प्रतियाँ प्राप्त कर सकते हैं। मूल दस्तावेज की उसके ही समान एक या अनेक प्रतियाँ प्राप्त करने की प्रक्रिया को फोटो कॉपी कहते हैं। आजकल तो बाजार में रंगीन फोटोकॉपी प्राप्त करने की मशीन भी आ गई है।

फोटो स्टेट मशीन बिजली द्वारा चलने वाली स्वचालित मशीन होती है जो फोटो इलेक्ट्रिक

अफैक्ट के सिद्धान्त पर काम करती है। मूल दस्तावेज को मशीन पर लगे बोर्ड को ऊपर उठाकर समतल काँच पर उल्टा रखा जाता है। तत्पश्चात् ऊपर का बोर्ड बन्द कर देते हैं। अब मशीन के दाई ओर नीचे फीडर प्लेट होती हे। उसमें कागज़ रख दिये जाते हैं। मशीन के ऊपर संख्या लिखे बटन होते हैं। उसे दबाया जाता है तो मशीन से तेज रोशनी वाले विशेष बल्ब से प्रकाश दस्तावेज पर गिरता है। दस्तावेज की तस्वीर सेलेनियाम धातु फोटो इलेक्ट्रिक प्रभाव से चार्ज होती है। जब विशेष यह कागज 'सेलेनियम' रोलर से गुजरता है तो मूल दस्तावेज की तस्वीर के अनुसार उसकी फोटो कागज़ पर उतार देता है। बाहर निकलते ही कागज़ ठण्डा हो जाता है व स्याही उस पर सूख जाती है एवं फोटो कॉपी प्राप्त होती हें। यह सभी क्रियाएं मशीन से स्वचालित होती है।

कम्प्यूटर

वर्तमान समय में कम्प्यूटर हमारे जीवन का एक अंग बन गया है। विद्यालयों में प्राथमिक शिक्षा से लेकर महाविद्यालयों तक में कम्प्यूटर का प्रशिक्षण.कार्य हो रहा है। प्रत्येक व्यवसाय में भी कम्प्यूटर का उपयोग हो रहा है। इन्टरनेट ने तो कम्प्यूटर के उपयोग को चरम सीमा तक पहुँचा दिया है। आज बड़े-बड़े शहरों में ही नहीं, गाँव व ढाणियों तक में कम्प्यूटर का प्रचलन हो गया है। एक साधारण कम्प्यूटर के निम्न भाग होते है-

सेन्ट्रल प्रोसेसिंग यूनिट, मॉनिटर, की बोर्ड, माऊस।

सेन्ट्रल प्रोसेसिंग यूनिट-इसका संक्षिप्त नाम सी.पी.यू. है। यह कम्प्यूटर का मस्तिष्क होता है जिसमें सम्पूर्ण याददाश्त रहती है।

की-बोर्ड— की बोर्ड कई बटनों वाला बोर्ड होता है, जिस पर अलग-अलग प्रकार के छोटे-बड़े बटन होते हैं। इन बटनों को की कहते है।

मॉनीटर-मॉनीटर टी.वी. की स्क्रीन जैसा होता है, जो निर्देशों व प्राप्त परिणामों को दिखाता है। मानीटर का विजुअल डिस्प्ले यूनिट भी कहते है।

माउस—यह एक छोटा सा उपकरण है जो एक केबल के द्वारा सी.पी.यू. से जुड़ा रहता है। इसके ऊपर दो या तीन बटन लगे होते हैं तथा नीचे की सतह पर एक छोटी सी गैंद होती है। एक तीर के चिह्न जैसा पॉइन्टर स्क्रीन के ऊपर होता है जिसे माउस पॉइन्टर कहते हैं। माउस द्वारा ही स्क्रीन पर जो बटन दिखाई देते हैं, उन्हें चालू या बन्द किया जाता है।

कम्प्यूटर चालू करना-कम्प्यूटर चाले करना बड़ा आसान है। कम्प्यूटर हमेशा 220 वोल्ट पर काम करता है। इसे चालू करने के लिए सबसे पहले इसका प्लग बिजली के प्लग से लगाकर चालू करें। जब कम्प्यूटर का पावर बटन दबाकर उसे भी चालू करें। यह सी.पी.यू. के बोनेट पर होता है अब इसके मॉनीटर का स्विच भी चालू करेंगे। कम्प्यूटर पर अब आप अपना निर्धारित कार्य प्रारंभ कर सकते हैं। कम्प्यूटर पर काम करते वक्त उसके बहुत नजदीक नहीं बैठना चाहिए। मॉनीटर से कम से कम 1.5 फीट की दूरी पर ही बैठना उचित होता है, इससे आँखों पर जोर नहीं पड़ता हैं।

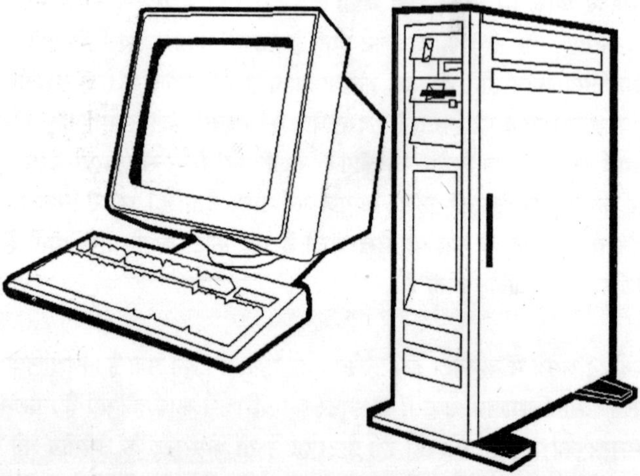

कम्प्यूटर को बन्द करना:- कम्प्यूटर बन्द करने की प्रक्रिया को शट-डाउन करना कहते हैं। कम्प्यूटर पर जब कार्य पूर्ण हो जावे तो पहले सारे प्रोग्राम बन्द कर देने चाहिए। इससे किया गया कार्य विधिवत रूप से स्टोर हो जायेगा। तब सी.पी.यू का पावर स्विच बन्द कर दें, तत्पश्चात इलेक्ट्रिक प्लग का स्विच बन्द कर दें।

❑ ❑ ❑